승인
이론

승인 이론

독일 관념론의 상호주관성 이론 연구

김준수 지음

용의 숲

| **서문** |

"저희가 가장 두려워하는 것은 잊혀지는 것입니다. 우리 아이들이 잊혀지고 우리가 잊혀지는 것입니다. … 잊지 않겠다고 위로해주십시오."[1)] 인간에게 가장 큰 생리적 고통은 고문이다. 그것은 기아나 중한 질병처럼 신체를 심각하게 훼손할 뿐만 아니라 그 안에 깃들어 있는 인격성마저 파괴한다. 인간에게 가장 큰 정신적 고통은 무시와 외면에서 오는 외로움이다. 단절의 고독은 인간의 자기정체성을 파멸시키고 삶의 의미와 자존감을 잃게 만들다가 결국은 인격성 자체를 말살한다. 그것은 잔혹한 정신적 고문이다. 고립된 곳에 유폐된 이들이 죽음보다 더 두려워하는 것은 사람들이 자기를 찾지 못해 홀로 남겨진 채 자신의 죽음조차 철저히 잊힐지 모른다는 좌절과 공포다. 니체가 말했듯이 인간은 고통 자체보다 고통의 헛됨에 더 괴로워한다.

나는 수감된 첫해를 거의 눈물로 보냈다. 가족이 그리웠고, 특히 내가 체포되고 난 뒤 자살한 어머니가 너무도 보고 싶었다. 여자 친구 생각도 났다. 천주교 신자였던 나는 기도를 드렸다. 2년이 지나자 눈물도 말라버렸다. 그 뒤로 나는 한 번도 울지 않았다. 나는 짐승이 되었다. … '나는 잘못한 것이 없다. 너희들이 나에게 올가미를 씌웠을 뿐이니, 나는 결코 어떠한 잘못도 인정할 수 없다.' 나는 참회를 거부할 생각이었다. 그들은 내 삶 속에 들어 있던

> 모든 사람들, 학교 동료, 친구, 선생님, 부모로부터 나를 차단했다. 나는 완전히 세상과 격리되었다. 생각이 바뀌기 시작했다. '다 내 잘못이야. 그들은 날 싫어해. 내가 뭔가 잘못한 일이 있을 거야. 그게 뭔지 생각해봐야겠어.' 나는 마침내 '그래, 내가 잘못한 거야'라고 여기게 되었다. 나는 서서히 존엄성을 잃어갔고, 확신 또한 사라졌다.[2)]

상호주관성 이론은 한 개인이 혼자서는 결코 온전하고 성숙한 개인이 될 수 없다고 주장한다. 그것은 단지 고립된 환경에서 직면하게 되는 생존을 위한 물리적 조건의 결핍이나 위협, 사회적 협업이 가져다주는 보다 더 안전하고 풍요로운 문화적 삶의 가능성, 또는 타인의 관심에서 얻게 되는 심리적 안정감과 자기 확신 때문만이 아니다. 우리는 오직 다른 사람들과의 상호작용 속에서만 타인과 구별되는 나로서의 자기의식과 자기정체성을 획득하고 고유한 삶의 목표를 지닌 개별 존재가 될 수 있기 때문이다. 더 나아가 우리가 가진 가치와 도덕의식, 사회제도의 규범적 준거 원리, 심지어 우리가 참이라고 믿는 진리의 인식 기준까지도 그런 사회적 상호작용을 통해 공유되는 산물이다. 법이나 정치 질서를 비롯한 사회 기구와 제도들은 개인들 사이의 상호 행위에 의해 구성된 것이고 또 역으로 이런 사회적 관계 양식은 개인이 자신의 존재를 정립하기 위한 가능성의 조건이자 지평이라는 것—바로 이런 강한 의미에서 인간은 본성상 '사회적 존재'라고 상호주관성 이론은 주장한다. 상호주관성 이론은 어떻게 타인과의 상호작용 속에서 개인의 성숙한 자기의식과 바람직한 사회제도가 원리적 차원에서 구성되고 또 구성되어야 하는지를 제시한다.

상호주관성 이론(theory of intersubjectivity)은 우선 주관성(주체성, subjectivity)의 이론이다. 그것은 개인의 의식적 자기정체성이 형성되는 과정과 구조를 주체 내부의 행위자 관점에서 서술하며, 견고하고 강력한 주체성의 자율적 자기 정립을 목표로 한다. 이런 점에서 상호주관성 이론은 해체주의나 타자 중심 이론 또는 (구조주의나 실증주의 같은) 객관주의 철학과 대비된다. 상호주관성 이론은 또한 상호 관계(interrelation) 또는 호혜성(reciprocity)의 이론이다. 그것은 주체의 자기 정립이 오직 타자와의 상호작용(상호 행위, interaction)을 통해서만 가능하다고 역설하고 강력한 주체성의 형성을 위해 주체의 탈(脫)자아중심화를 요구한다는 점에서 주체를 보편적 사회관계에 선행하는 개별 실체로 상정하는 주관주의 철학과 유아론적 개인주의에 대립한다.

상호주관성 이론은 하나의 통일된 사상 체계라기보다는 철학, 심리학, 사회학, 정신분석학 등 여러 학문 분야에서 각각 상이한 이론적 근거와 배경을 가지고서 전개되는 광범위한 사상적 흐름이다. 그것은 진리와 가치 그리고 우리 자신의 존재와 의식에 관한 문제에서 주관성과 객관성 중 어느 하나로 환원시키지 않고 다양한 차이를 인정하면서도 근본원리의 보편타당성을 포기하지 않으려는 여러 이론적 모색과 시도를 총칭한다. 현대 철학에서 상호주관성 이론은 현상학(E. 후설, M. 메를로-퐁티), 기초 존재론(M. 하이데거, J.-P. 사르트르), 언어철학(R. 카르납, L. 비트겐슈타인, D. 데이비슨), 해석학(H.-G. 가다머), 실용주의(J. 듀이, G. H. 미드), 담화이론(K.-O. 아펠, J. 하버마스), 공동체주의(M. 샌델, A. 메킨타이어) 등 여러 분야에서 이미 많은 지지자를 가지고 있고 그 폭이 계속 확장되고 있다. 이 이론의 적용 영역은 인식론, 존재론, 학문론, 의식이론, 심리철학 등의 이론철학과 윤리학, 법학, 미학, 사회이론 등의 실천철학을 포괄한다.

이처럼 이제는 일반화된 '상호주관성'이라는 용어가 철학 담론에서 전문 용어로 확립된 것은 후설(E. Husserl)을 통해서다. 그러나 그 근본 사상과 엄밀한 학문적 논의는 독일 관념론으로 거슬러 올라간다. 상호주관성 이론은 칸트가 제기했지만 해결될 수 없는 과제로 남겨두었던 다음과 같은 물음들에 그 기원을 둔다. 우리의 판단이 주관적임에도 불구하고 보편타당한 객관성을 가질 수 있도록 만드는 '공통감'(sensus communis)의 근원은 무엇인가? 모든 인식의 가능성의 근거인 '선험적 통각', 즉 '자기의식'은 그 자체가 어떻게 가능한가? 한 행위에 도덕성을 부여하고 사회규범과 제도의 규제적 원리가 되는 '윤리 법칙'(정언명법)과 그 존재 근거인 '(긍정적) 자유'의 가능성의 조건은 무엇인가? 피히테나 헤겔 같은 독일 관념론자들은 바로 이 문제들에 대한 해결책으로 승인이론이라는 정교한 상호주관성 이론을 계발한다. 객관적 인식의 가능성과 보편타당성, 실천 행위의 도덕성과 사회제도의 정당성의 최종 근거는 이성적 존재들 상호 간의 승인 관계에 있다는 것이다.

이 책은 독일 관념론의 상호주관성 이론인 승인이론에 관한 연구다. 주된 고찰 대상은 승인이론의 형태로 상호주관성 이론을 학문적으로 체계화한 최초의 사상가인 피히테와 그의 이론을 수정 · 발전시켜서 승인이론을 완성한 헤겔의 철학이다. 독일 관념론에서 승인 개념은 이론철학과 실천철학을 포괄한 철학 체계 전반의 근본원리 역할을 한다. 하지만 승인이론에 관한 우리의 탐구는 주로 실천적 규범학의 정초 이론이라는 관점에서 접근하고 이에 집중할 것이다. 그러나 실천이성이 이론이성의 근거가 되고 또 이론적 인식과 실천적 행위의 타당성을 모두 자유의 원리로부터 도출하는 독일 관념론의 체계에 따라 법과 윤리 그리고 사회제도의 규범 원리에 관한 실천철학적 논의는 필연적으로 자기의식에 관한 이론철학적 논의로 확장될 수밖에 없다. 개별적 자아의 주관적 자기의식에 관한 이론이자 동시에 보편적 사회제도의 객관적 규범 원리에 관한 이론이라는 것, 또한 개인의 개별화 과정과 사회화 과정이 상호 승인이라는 하나의 운동 속에서 서로에게 상관적이고 동근원적인 구성 조건으로 파악된다는 것은 승인이론이 지닌 가장 중요한 특징 가운데 하나다.

상호주관성 이론 가운데 한 가지 독특한 (그리고 저자의 생각으로는 가장 생산적이고 정교한) 유형으로서 승인이론은 다른 유형의 상호주관성 이론인 담화이론, 행동주의적 상호작용론, 해석학적 상호주관성 이론 등과 구별된다. 승인이론은 '다원주의적인 현대 사회의 연약한 조건 위에서 어떻게 보편적 규범 원리의 수립이 가능한가?'라는 현대 실천철학의 난해한 과제를 해결하는 데에 기존의 여러 시도에 대한 탁월한 대안이 될 수 있다.

이상적 의사소통 상황에서 언어의 이해 가능성으로부터 상호주관성의 유사(類似) 선험적 기반을 찾으려는 담화이론은 상호 이해 자체를 불가능하게 만들거나 심각하게 왜곡하는 사회 갈등과 억압 관계 앞에서 무력하다. 이에 반해 승인이론은 보편적 상호주관성을 승인 투쟁의 산물로 파악함으로써 갈등을 사회 통합에 불가결한 구성 요소로 편입시키고, 이를 통해 상호주관성을 정적인 구조가 아니라 역동적인 운동으로 제시한다. 불승인을 통한 사회적 배제나 제도적 억압은 곧 승인을 위한 투쟁을 촉발하고, 이런 부정성을 매개로 하여 기존 사회질서의 변혁 가능성이 확보된다. 또한 언어적 전회에 정향되어 있는 담화이론과는 달리 승인이론은 언어 이외에도 노동이나 정서적 관계 같은 다양한 형태의 사회적 상호작용도 상호주관성의 매개체로 고려한다는 점에서 더 큰 이론적 풍부함과 적실성을 가지고 있다.

특히 미드(G. H. Mead)가 발전시킨 행동주의적 상호작용론은 관념론적 상호주관성 이론에서 미흡한 측면인 경험적 증거와 심리학적 근거들을 설득력 있게 제시해준다는 장점을 가지고 있다. 그런데 두 가지 유형의 이론들은 뚜렷한 방법론적 차이에도 불구하고 그 내용 면에서는 대립 관계라기보다는 오히려 상보적 관계에 있다. 다만 행동주의적 상호작용론은 사회적으로 구성되는 복수(複數)의 목적격 나들(mes)이 단일한 주격 나(I)에 귀속되어 통합되어야 한다고 요청할 따름이지 어떻게 그렇게 자아가 통일될 수 있는지를 해명하지 못한다. 승인이론은 사회화의 과정을 개별적 자기의식의 형성 과정에 관한 서술 속에서 동근원적으로 주제화하면서 이런 이론적 난점을 효과적으로 해결한다.

또한 상호주관성을 이미 주어져 있는 '승인된 사태'로 전제하는 해석학과는 달리 승인이론은 상호주관성을 개인들 사이의 상호 승인 행위를 통해 구성되는 산물로 파악함으로써 개인들에 의한 '지평 융합'의 자율적 수행 가능성 그리고 이를 통한 역사적 발전 가능성을 위한 논변을 제공해준다.

승인이론에서 말하는 상호주관성은 절대적 자립성을 지닌 두 주체 간의 대칭적이고 타자 요청적인 보편적 승인 관계를 뜻한다. 이러한 상호주관성은 (자유주의자들이 내세우는) 타자를 그 직접적인 특수성 속에서 방기하는 '관용'이나 자기정체성의 보존을 위해 쌍방적으로 타자를 수단화하는 '상호 이익' 또는 (담화이론이 말하는) '상호 이해'보다 훨씬 더 강한 호혜적 연대성과 보편성을 함의한다. '승인'이란 자립적인 주체들이 서로 타자 속에서의 자기 상실과 타자로부터의 자기 회복이라는 상호적 이중 운동을 통해 자신의 자립성을 관철(자기주장, 투쟁)하면서도 자신의 배타적 개별성을 지양(자기 부정, 화해)함으로써 서로 안에서 스스로를 타자와 연대하는 '보편적 자기의식'으로 구성하고 상호주관적으로 공유하는 보편적 영역을 자율적으로 창출하는 것을 말한다.

승인이론은 상호 행위 속에 있는 주체들의 자율성, 호혜성, 평등성, 대칭성을 그 근본원리로 한다. 승인이론이 대칭적 상호성을 강조하기 때문에 등가 교환의 원칙에 따르는 계약론의 한 가지 유형 또는 그 변형으로 오해받기도 한다. 특히 해체주의나 타자 중심의 윤리를 지지하는 이들이 종종 이런 잘못된 비판을 제기하곤 한다. 실제로 (로크, 흄, 칸트 등에 의해 대표되는 자유주의적 전통의 계약론과는 대별되는) 루소나 피히테 그리고 (상당한 유보 조항을 둔다면) J. 롤스의 계약론은 비교적 강한 상호주관성의 원리를 함축하고 있고 이런 면에서 승인이론과 상당한 친화성을 갖고 있다.[3)] 그러나 개인주의에 기반을 두는 계약론과 연대적 상호주관성의 원리를 근간으로 삼는 승인이론 사이에는 근본적인 차이가 있다.

우선 계약론은 사회적 관계를 이와는 독립적인 개별 권리 주체들 사이에서 성립하는 외면적이고 파생적인 관계로 이해한다. 이에 반해 승인이론은 이제 성숙한 권리 주체로서의 자격을 갖추고 승인받아야 할 자아들 사이의 내면적 상호 구성 관계를 발생론적으로 서술한다. 여기서는 타자와의 관계가 자아의 자기 관계의 매개체이자 본질적인 구성요소로 파악된다. 또한 계약론에서는 보편적 사회규범이 자기 이익을 위해 합리적으로 선택하는 개인들이 맺는 상호 협정의 산물이다. 반면에 승인이론은 상호 승인이라는 사회적 관계의 운동 구조 또는 형식에서 보편적 규범 원리를 이끌어낸다. 여기서 사회규범이 지니는 타당성의 근거는 계몽된 타산성이 아니라 사회적 상호 관계 자체의 이성적 성격에 있다. 그리고 계약론은 그 구체적인 계약 내용이 무엇이건 모든 계약에 규범적 구속력을 부여하는 (예를 들어 홉스처럼 '약속은 지켜져야 한다'거나 롤스처럼 '정의감을 갖추어야 한다' 같은) 비계약적 근본 규범을 단언적으로 전제할 수밖에 없지만, 승인이론은 이런 근본적 규범 원리를 이성적 논증을 통해 구성하고 근거 짓는다. 또한 계약론이 경쟁적 권리 주장들 사이의 경계짓기를 통한 관용의 덕과 평화로운 공존의 질서를 목표로 삼는다면, 승인이론의 지도적 이념은 권리의 상호 구성과 중첩적 통합을 통한 배려의 덕과 연대적 질서의 수립에 있다. 간단히 말하자면 승인이론은 계약론보다 훨씬 더 강한 호혜적 상호주관성을 내포하고 있고 또 이를 엄밀한 학적 논변을 통해 정당화한다.

이 책이 다루는 핵심 용어인 '승인'은 독일어 'Anerkennung'의 번역어다. 영어권에서는 이를 주로 'recognition'으로 옮긴다. 이에 대한 우리말 번역어로 현재 학계에서는 '승인'(承認)과 '인정'(認定)이 혼용되고 있다. 필자 역시 문맥에 따라 '인정'도 사용하겠지만 이보다는 일반적으로 '승인'이라는 용어가 더 적합한 번역어라고 생각한다. 일상 용례에서는 승인 개념이 법률적 · 정치적 재가(裁可)라는 의미로 사용되는 경우가 많다. 하지만 여기서는 이 용어가 '받아들여 허락함'이라는 한자어 본래의 의미 그대로 이해되기 바란다. '옳다고 믿어 정함'이라는 사전적 의미를 가진 '인정'보다는 '받듦', '받아들임'의 의미가 보다 더 선명하게 부각되는 '승인'이 호혜성을 강조하는 헤겔적 용법에 더 잘 부합한다. 아울러 독일어 'anerkennen'이나 한자어 '認' 모두 특정한 의식적 태도만이 아니라 앎이라는 인식적 의미 역시 함축하고 있음에 유의해야 한다. 타인을 승인한다는 것은 타인을 알고서 받아들이는 것이다. 승인은 근거를 들 수 없는 비합리적 결단의 문제가 아니라 이성적 인식의 차원에서 이루어지는 정신적 사태다.

독일 관념론 외에 기존의 학문적 담론에서 승인 개념이 중요하게 사용되었던 또 하나의 맥락은 실증주의적 법이론에서다. 여기서의 승인 개념은 주어진 법질서의 심리적 수용과 이를 통한 사실적 실효성에만 주목할 뿐이지 그것의 규범적 정당성은 전혀 문제 삼지 않는다. 즉, 그 자체로는 몰가치적인 주관적 수용이라는 의미의 승인 개념으로부터 법실증주의의 승인이론이 등장하는 것이다. 법의 타당성을 그것에 구속받는 공동체의 구성원들이 현존하는 실정법에 대해 표명하는 주관적 동의에서 찾는 비얼링(E. R. Bierling)이나 옐리네크(G. Jellinek) 또는 일차적 규칙인 법의 효력을 유권적으로 확인하고 해석하고 변경할 이차적 규칙과 기준에 관해 구성원들이 공인한 '승인의 규칙'을 법의 궁극적 원천으로 제시하는 하트(H. L. A. Hart) 등이 이런 법실증주의적 승인이론을 대표한다.[4)]

독일 관념론의 승인이론은 실천적 규범 원리의 가능성과 타당성의 조건을 발생론적으로 정초하려는 규범이론이라는 점에서 현존하는 실정법에 관한 경험적 이론의 일종인 법실증주의의 승인이론과 확연히 구분된다. 독일 관념론에서 승인 개념은 단지 기존의 질서를 주관적으로 수용하고 내면화하는 것이 아니라 법의 규범적 구성 원리로서 보편적 상호주관성과 이를 자각하는 계몽된 연대적 자기의식의 자율적 형성을 그 핵심 내용으로 갖는다. 따라서 여기서는 승인 원리가 (전통적으로 자연법이 그 역할을 했듯이) 현존하는 법질서의 규범적 타당성에 대한 반(反)사실적 시금석과 비판적 준거점이 된다.

독일 관념론의 승인이론에 대한 관심은 1930년대에 코제브(A. Kojève)가 행한 헤겔의 『정신현상학』에 관한 일련의 강의에 의해 환기되었다. 하지만 승인이론에 관한 본격적인 체계적 연구는 1970년대 이후 헤겔의 예나 초·중기 철학에 대한 집중적인 분석과 더불어 일팅(K.-H. Ilting), 짚(L. Siep), 리처트(J. Ritsert), 빌트(A. Wildt), 뒤징(E. Düsing), 호네트(A. Honneth) 등 상호주관성의 관점에서 헤겔의 철학에 접근하는 일군의 탁월한 전문 연구자들에 의해 이루어지기 시작했다.[5] 그리고 헤겔의 승인이론에 관한 연구는 곧 이에 선구적인 역할을 하면서 큰 영향을 주었던 피히테의 승인이론에 관한 연구로 확장되었다. 또한 그 사이에 테일러(Ch. Taylor), 윌리엄스(R. R. Williams), 피핀(R. B. Pippin) 같은 저명한 영미권 학자들도 이 흐름에 합류한다.

우리나라에서 승인이론이 본격적으로 소개되어 학문적으로 논의되기 시작한 것은 2000년대에 들어서다. 필자 외에 김성환, 남기호, 박구용, 서정혁, 소병일, 정미라 등 역량 있는 학자들이 이에 관한 연구를 진행하고 있다.[6] 하지만 독일 관념론의 승인이론이 지닌 풍부한 생산성과 적실성에 비해 우리 학계에서 이에 대한 학문적 관심과 심도 있는 논의는 여전히 미흡한 상태다. 이에는 크게 두 가지 원인이 있다. 첫째로 다양한 논의들을 뒷받침하고 평가의 척도가 될 승인이론 자체에 대한 체계적인

이론적 기초 연구가 아직 부족하다. 둘째로 승인이론이 우리나라의 사회 현실에 어떻게 적용되고 또 보완되어야 하는지에 대한 진지한 반추도 미진했다. 두 번째 문제와 관련해서는 최근에 문성훈의 작업을 비롯해서 몇 가지 주목할 만한 성과들이 있었다. 이 책은 첫 번째 문제점을 해소하는 데에 일조하고자 한다.

이 책은 피히테의 승인이론을 다루는 제1부와 헤겔의 승인이론을 좀 더 상세하게 논하는 제2부로 구성되어 있다. 글의 내용은 우선 피히테와 헤겔의 독일 관념론에서 전개된 상호주관성 이론인 승인이론을 정확하게 이해할 수 있도록 체계적으로 재구성하고 의미를 해명하는 데에 주된 목적을 둔다. 특히 독일 관념론에 대해 통상 제기되는 '독백론적 의식철학'이라든가 '유아론적 주관철학'이라는 비난이 얼마나 왜곡되고 편향된 이해에서 비롯된 것인지가 여실히 밝혀질 것이다. 그러나 또한 피히테와 헤겔의 승인이론이 지닌 이론적 성과와 의의에 대한 평가와 더불어 논변의 결함이나 내적 부정합성에 대한 엄밀한 비판적 검토도 이루어진다. 이를 통해 피히테와 헤겔의 철학에 대한 내재적 비판의 입각점이 마련될 수 있을 것이다.

제1부의 제1장에서는 피히테의 승인이론이 칸트의 실천철학을 비판적으로 수용하면서 형성되는 문제사적 맥락을 재구성하고 그 의의를 밝힌다. 제2장에서는 피히테의 초기 저작인 『자연법의 기초』와 『윤리론』을 중심으로 승인 운동이 진행되는 구조와 과정을 면밀하게 분석하여 피히테의 승인이론이 지닌 전체적인 구조를 해명한다. 절대 자아의 극단적 주관철학이라는 피히테의 철학에 대한 피상적인 이해가 철저하게 논박되는 한편, 피히테의 승인이론이 그 범형을 이루게 되는 부정적 상호주관성 이론의 한계도 지적된다.

제2부를 시작하는 제3장에서는 예나 시기 헤겔의 정신철학에서 개진된 승인이론을 체계적으로 고찰한다. 특히 승인 개념의 세 가지 계기에

따른 변증법적 구조와 승인 운동의 세 가지 형태에 따른 진행 단계를 중점적으로 분석한다. 제4장에서는 예나 중기 헤겔의 정신철학적 초고들인 『인륜성의 체계』, 『예나 체계 기획 I』, 『예나 체계 기획 III』에서의 승인이론을 각각 분석하고 서로 비교함으로써 헤겔에게서 승인이론의 다양한 유형과 발전사적 변천 과정을 살펴본다. 제5장은 『정신현상학』과 『철학 백과전서』에서 서술된 승인이론의 차이를 '스토아적 자기의식'과 '보편적 자기의식'의 개념을 대조하여 드러낸 후에 각각의 논변을 헤겔의 승인 개념에 의거하여 비판적으로 검토한다. 마지막으로 제6장에서는 후기의 『법철학』이 가진 구조 논리와 방법론을 분석함으로써 상호주관성의 원리 및 승인 개념의 역할과 관련하여 『법철학』에 내포되어 있는 방법론적 문제점을 명료화하고 그 원인을 체계론적 관점에서 추적한다.

이 책의 각 장은 저자가 그동안 발표했던 논문들이 기초가 되었다. 이 논문들은 애초부터 실천철학의 근본원리로서의 상호주관성이라는 동일한 주제와 독일 관념론에서의 승인이론이라는 일관된 소제를 가지고 있던 것들이다. 그러나 이 논문들을 막상 한 권의 책으로 함께 엮으려고 하니 문장과 문체를 가다듬고 체계성과 통일성을 높이는 작업뿐만 아니라 부분적으로라도 상당한 수정과 보완을 더하게 되었다. 글에 따라서는 꽤 기간이 경과했음에도 새삼 이렇게 한 권의 책으로 묶어 내는 것은 독일 관념론을 올바로 이해하는 데에 도움이 되고 또 승인이론이 마땅히 받았어야 했지만 아직 미흡한 학문적 관심과 논의를 활성화하는 데에 조금이라도 기여하고 싶은 바람 때문이다.

차례

서문 5

제1부 피히테

제1장 칸트의 실천철학에 대한 비판적 수용과 승인이론의 발생 21

I. 상호주관적 승인이론의 창시자 피히테 21

II. 칸트의 실천철학에 대한 비판적 수용 25

III. 피히테의 승인이론이 거둔 성과 37

제2장 피히테의 승인이론의 구조 40

I. 실천적 규범 원리의 정초 이론으로서의 승인이론 40

II. 승인 운동의 구조와 과정 43

III. 피히테의 승인이론의 한계 61

제2부 헤겔

제3장 승인 개념의 구조와 승인 운동의 단계 67
— 예나 정신철학을 중심으로

I. 헤겔 철학에서의 승인이론 67

II. 피히테와 헤겔의 승인이론의 차이 68

III. 승인의 개념적 구조와 단계 73

IV. 의식이론이자 상호주관성 이론 그리고 사회이론인 승인이론 102

제4장 예나 중기 정신철학에서 승인이론의 변천 107
I. 예나 중기 승인이론의 구상과 특징 107
II. 『인륜성의 체계』 111
III. 『예나 체계 기획 I』 120
IV. 『예나 체계 기획 III』 131

제5장 『정신현상학』과 『철학 백과전서』에서 승인이론의 차이 140
I. 승인이론의 서술 방법 140
II. 승인 개념의 형성 과정 145
III. 『정신현상학』에서의 승인이론 155
IV. 『철학 백과전서』에서의 승인이론 164

제6장 『법철학』에서 상호주관성의 문제 171
I. 헤겔의 『법철학』은 무엇을 의도하는가? 171
II. 『법철학』에서의 상호주관성 문제에 관한 논란 174
III. 상호주관성 문제에 관한 헤겔의 입장과 그 모호성 176
IV. 『법철학』의 몇 가지 전제들에 대한 비판적 분석 184
V. 『법철학』의 구조 논리와 그 문제점 195

주 205
참고 문헌 238

제1부

피히테

1

칸트의 실천철학에 대한 비판적 수용과 승인이론의 발생

I. 상호주관적 승인이론의 창시자 피히테

피히테에 대해 지금도 널리 퍼져 있는 편견 가운데 하나는 그의 철학이 극단적인 주관주의 철학이자 유아론이라는 평가다. 그가 '관념론'의 입장에서 타자와 세계를 포함한 모든 실재성을 절대적 자아로 소급시키고 다시 이 절대적 자아를 근거로 삼아 존재 일체를 이끌어내려는 무망한 시도를 하고 있다는 것이다. 일찍이 헤겔도 피히테의 철학을 '주관적 관념론'으로 규정했다. 피히테로부터 실로 많은 빚을 지고 있으면서도 그를 거칠게 논박하곤 하는 헤겔의 이런 비판 이후 피히테의 철학에 대한 상투적인 부정적 평가가 최근에 이르기까지 끊임없이 확대 재생산되어왔다.

예를 들어 바르트의 해석을 보자. 그에 따르면 피히테는 '너'(du)를 '비아'(非我, Nicht-Ich)의 대(大)집합 속으로 함몰시키면서 〔부버(M.

Buber)의 용어를 빌려 말하자면〕 '나-너'의 고유한 인격적 관계를 '나-그것'의 사물적 관계로 환원시키는 오류를 범하고 있다.[1] 하버마스도 이와 유사한 관점에서 피히테를 비판한다. 피히테의 철학은 "의식철학의 소유 개인주의"를 전형적으로 보여주는 독백론적 반성철학이라는 것이다. 하버마스의 진단에 의하면 여기서 자아는 고독한 자기반성 속에서 자기동일성을 획득하는 주체로 설정되는 반면에, 타자는 독자적인 자기관계의 주체가 아니라 자아에 의해 타자로 정립되고 다시 그 자아에 의해 장악되는 한낱 인식 대상으로 전락한다.[2] 서구의 근대 철학 전반을 '홀로 주체성'의 철학으로 간주하는 김상봉의 평가는 더욱 혹독하다. 그는 피히테의 철학이 자아를 무제약적 절대자로 파악하려는 존재론이라고 단정한 후에 다음과 같이 결론을 내린다.

> 그리하여 존재의 절대적 진리를 유한한 '나'의 자기의식 속에서 찾으려는 것은 절망적인 시도, 결코 도달할 수 없는 것을 향한 절망적인 동경으로 남을 뿐이다. … 그것은 그들(독일 관념론자들 — 필자 삽입)이 대담하게도 '나'의 의식의 활동을 절대화시키고 신격화시키려 했을 때, 이러한 이성의 교만과 신성모독에 대해 신들이 내린 저주였던 것이다.[3]

그러나 실제로는 피히테야말로 엄밀한 의미에서의 상호주관성 이론을 창시한 철학자다. 그는 자아로 환원되지 않는 타자를, 더 나아가 자아 밖의 존재 일반으로서의 타자와는 질적으로 구별되는 타아(他我, alter ego)를 최초로 철학적 성찰의 대상으로 삼았다. 그리고 그런 타아와의 간(間)개인적 관계가 자아의 의식적 자기 관계, 즉 자기의식의 형성을 위한 내적·선험적 조건임을 밝히면서 이를 체계적인 승인이론으로 전개했다. 피히테의 철학이 유아론적 의식철학이라는 비판에 대해 여러 피히테 연구자들이 제기하는 수많은 반론 가운데 한 가지만 들어보자.

오늘날 많은 사람들이 이른바 나-너 관계에 대해 말하면서 이 관계를 독일 관념론의 '유아론'에 통상 대비시키곤 한다. 그러나 이런 견해와는 반대로 피히테가 나-너 관계 자체를 논의 주제로 삼았을 뿐만 아니라 그의 시도가 이 문제에 대한 현대의 파악 방식을 능가한다는 것을 살펴볼 필요가 있다.[4)]

피히테의 초기 주저이자 흔히 유아론적 논리의 표본으로 간주되는 『학문론』(*Grundlage der gesammten Wissenschaftslehre*, 1794)과 같은 해에 출판된 『학자의 사명』(*Einige Vorlesungen über die Bestimmung des Gelehrten*)에서 피히테는 모든 학문 체계의 수립에 앞서 먼저 해결해야 할 근본적인 철학적 물음을 다음 두 가지로 요약한다. 첫째, "인간은 무슨 권한으로 물체의 세계 중에서 특정한 부분을 **자신의** 육체라고 일컫는가?" 그리고 둘째, "인간은 어떻게 해서 자신과 동등한 이성적 존재가 자신의 순수한 자기의식에는 결코 직접적으로 주어지지 않았음에도 불구하고 그와 같은 존재를 자기 밖에 상정하고 승인하게 되는가?"[5)] 여기서 우리는 타아의 존재와 그에 대한 승인의 문제가 피히테의 초기 철학에서부터 늘 핵심적인 주제였음을 알 수 있다. 그리고 피히테 자신이 두 번째 물음에 대해 제시하는 다음과 같은 답변도 상호주관성의 문제와 관련하여 매우 의미가 깊다.

> 인간의 사회적 충동은 **교호 작용**, **서로 간의** 영향, **서로** 주고받음, **서로 간의** 피동과 능동을 지향한다. 그 충동은 단순한 인과 관계, 즉 타자는 오로지 수동적인 상태에 있게 되는 단순한 활동을 지향하는 것이 아니다. 그 충동은 우리 밖에서 **자유로운 이성적** 존재를 발견하고자 하며, 이들과 더불어 공동체를 이루고자 한다. 그것은 물체의 세계에서처럼 종속 관계(Subordination)가 아닌 **대등한 협력 관계**(Koordination)를 지향한다.[6)]

피히테의 승인이론은 자아와 타아가 상호 요청적 관계 속에서 동근원적으로 서로를 구성하며, 바로 이러한 상호주관성에서 이성적인 사회규범과 제도를 구축하기 위한 실천 원리를 찾아낼 수 있다고 주장한다. 여기서 '승인'이란 자립적 의식을 지닌 존재들이 상호적 매개 관계 속에서 각자 자유로운 자기의식적 존재로 형성되고, 이를 서로 인정함으로써 상호주관적으로 공유하는 사회적 보편성을 자율적으로 창출하는 것을 의미한다. 피히테는 이러한 승인 운동을 통해 개별 의식의 구체적 주관성의 형성(개체화)과 보편적 상호주관성의 형성(사회화)이 하나의 과정 속에서 상관적으로 이루어진다는 점을 자아로부터의 발생론적 증명을 통해 보여준다. 여기서 자아와 타아는 서로에 대해 내재적 구성 조건으로 파악되며, 이러한 승인 운동을 통해 창출되고 의식화된 자아와 타아 간의 평등하고 대칭적인 관계가 법이나 도덕 같은 사회규범의 근본원리로 제시된다.

우리는 상호주관성의 원리에 입각한 실천적 규범학의 정초 이론이라는 관점에서 피히테의 승인이론을 살펴볼 것이다. 이 장에서는 우선 칸트의 실천철학과의 연관 속에서 피히테의 승인이론이 발생하게 되는 문제사적 맥락을 재구성할 것이다. 피히테가 승인 개념을 집중적으로 논의하는 것은 대략 1794년에서 1799년에 이르는 초기의 저작들이므로 우리의 고찰 역시 이 시기의 저작들로 국한될 것이다.[7] 특히 『자연법의 기초』(*Grundlage des Naturrechts nach Prinzipien der Wissenschaftslehre*, 1796)와 『윤리론』(*System der Sittenlehre nach den Prinzipien der Wissenschaftslehre*, 1798)은 피히테의 실천철학이 집약되어 있는 주저들일 뿐만 아니라 그의 승인이론이 가장 체계적으로 전개되는 저서들이므로 이 글에서 중점적으로 다루어질 것이다.

II. 칸트의 실천철학에 대한 비판적 수용

타인으로부터 인정받고자 하는 욕망이 인간의 행위를 추동하고 사회관계를 구성하는 근본 동기 중 하나라는 심리학적 사실은 피히테 이전부터 이미 여러 사람이 지적했다. 그러나 기존의 실천철학적 논의에서 승인 개념은 아직 중심 범주의 위상을 갖지 못했을 뿐만 아니라 오히려 평가적 관점에서는 대부분 부정적으로 다루어지곤 했다. 승인의 추구는 고유한 자아를 결여한 채 타인의 시선을 통해 비로소 자신의 존재를 찾고 확인하려는 인격적 허약함과 미성숙 그리고 그 문화적 부작용인 시기, 허영, 경쟁, 사치의 징표로 이해되었다.(파스칼, 루소)[8] 혹은 그것은 자기 보존을 위해 타인을 지배하려는 권력욕의 표식으로 파악되었다.(홉스)[9] 이런 관점에서 승인 추구는 개인의 도덕적 퇴행과 사회의 갈등 및 불평등을 낳는 원인으로 지목되었다.

이런 기존의 담론과 비교해 볼 때 피히테의 승인이론은 매우 혁신적이다. 우선 승인 개념이 이제 긍정적으로 재평가되고 실천철학 일반의 근본원리로 격상된다는 점이 무엇보다도 새롭다. 피히테에 이르러 타인과의 상호 승인 관계는 각 개인의 인격 형성에 필수적인 요소이자 동시에 사회규범 일반의 구성 원리로 제시되면서 승인 개념이 하나의 체계적인 이론 형태로 전개된다.

또한 피히테의 승인이론은 근대 실천철학의 논의 지평을 처음으로 엄밀한 의미에서의 상호주관성의 영역으로 확장시킨다. 개인주의에 기초한 근대의 규범이론에서는 개인의 인격적 정체성과 자유 및 권리가 타자와의 사회관계에 선행해서 독립적으로 구성되고, 사회적 관계는 그러한 개인의 정체성과 자유와 권리를 실현하기 위해 부수적인 외적 조건으로 파악된다. 여기서 나와 타자는 외면적 배타 관계에 놓인다. 이와 달리 피히테의 승인이론은 자기 관계와 타자 관계가 서로에게 내적 · 선험적 구성 조건이 된다는 점을 치밀한 선험철학적 논변 속에서 밝힌다.

마지막으로 피히테의 승인이론은 근대 법철학을 지배하던 사회계약론을 대체할 보다 설득력 있는 규범 원리의 정초 이론으로 기획되었다. 피히테는 개인들 상호 간의 승인을 통해 사회적 법질서가 수립되는 제도화의 과정을 개인의 의식 발달이라는 의식이론과 결합시킨다. 이를 통해 법원리의 규범적 정당화와 수용 가능성의 문제가 기존의 어느 이론보다도 효과적으로 해결된다.

이러한 피히테의 승인이론은 직접적으로는 칸트의 실천철학을 비판적으로 수용함으로써 등장했다. 일단 피히테는 자신의 철학 체계 전반에서 칸트보다 더 칸트 철학의 원리에 충실한 발전적 계승자임을 자임한다.[10)]

> 저자(피히테 자신—필자 삽입)는 이미 칸트가 직·간접적으로, 명백히 또는 모호하게 지시한 것과는 다른 어떤 것을 결코 말할 수 없음을 알고 있다.[11)]
>
> 나의 체계는 칸트의 체계와 다르지 않다. 즉, 나의 체계는 사안에 대해 동일한 견해를 담고 있다. 그러나 그 방법에서는 칸트의 서술과 전혀 독립적이다.[12)]
>
> 따라서 『학문론』의 결론들은 칸트 철학의 결론들과 같다. 다만 그 결론들을 근거 지우는 방식이 『학문론』에서는 전혀 다를 따름이다.[13)]

피히테는 그의 이론철학에서 선천적 종합판단의 가능성에 관한 칸트의 물음에 대해 자아의 절대적 자기 정립 행위라는 더 근원적인 차원에서 답변하려고 모색했다. 마찬가지로 그의 실천철학은 칸트의 윤리 법칙의 타당성을 발생론적으로 근거 지우고, 칸트에게는 아직 미해결의 과제로 남아 있는 실질적인 규범학, 즉 (칸트의 용어로 말하자면) 실천이성에 대한 예비적 비판을 넘어선 본격적인 윤리형이상학을 전개하려는 시도다.[14)]

칸트는 모든 인간 행위의 규범적 판단 기준이 되는 윤리 법칙을 정언명법에서 찾았다. 여기서 정언명법은 예지적 자아가 자기 입법을 통해 스스로에게 부과하는 근본적인 규범 명령이다. 피히테는 칸트의 정언명법 자체의 유효성 및 이성의 자율성이라는 원리를 전적으로 지지하면서 받아들인다. 그러면서도 그는 또한 칸트의 실천철학이 지닌 불충분성을 지적하면서 그 원리에 보다 충실한 해결 방안을 모색한다. 그의 승인이론은 바로 이런 노력 속에서 생성된 것이다. 그러나 이렇게 태어난 승인이론은 그 모태가 되는 칸트의 실천철학에 대해 피히테 자신이 예상하고 인정했던 것보다 훨씬 더 중대하고 근본적인 수정과 변화를 부가하게 된다.

먼저 피히테가 칸트의 실천철학에 대해 지적하는 문제점들을 살펴보자. 이 비판들은 후에 헤겔이 칸트에 대해 (그리고 피히테 자신에 대해서도) 제기하는 비판들을 이미 상당 부분 선취하고 있다는 점에서도 주목할 만하다.[15]

(1) 피히테에 의하면 칸트의 실천이성(예지적 자아)과 이에 근거한 정언명법은 모든 내용을 배제한 형식적 이념에 불과하므로 공허하며 실제적인 실현 가능성을 결여하고 있다.[16]

> 우선 칸트의 명제(정언명법)에서는 다만 (주관적 준칙과 보편적 법칙, 나의 도덕적 확신과 타인의 도덕적 확신, 선의지와 현실 사이의—필자 삽입) 일치에 관한 **이념**만 거론될 뿐이지 **현실적인** 일치는 언급되지 않는다. 우리에게는 이 이념이 실질적인 용도를 지니며, 이 이념을 실현하도록 노력해야 하고 또 부분적으로는 마치 그 이념이 이미 실현되어 있는 것처럼 행위해야 한다는 점이 밝혀질 것이다.[17]

실천이성의 단순한 형식성은 우선 칸트 철학의 체계 전체에 부정적인 영향을 미친다. 라인홀드(K. L. Reinhold)나 피히테를 비롯한 칸트 철학의 계승자들은 칸트가 남겨놓은 이론이성과 실천이성, 현상과 물자체, 경험적 자아와 예지적 자아, 필연과 자유, 형식과 내용 등의 이원성을 극복하고 단일한 근본원리에 입각한 통일된 철학 체계를 수립하는 것이 시급한 과제라고 인식했다. 칸트 자신도 이 문제의 심각성을 자각하고 있었다. 그리고 그는 이미 피히테에 앞서 이를 해결할 수 있는 단초를 이론이성에 우선하는 실천이성에서 구하려고 했다.[18] 그런데 이렇게 체계 전반을 떠받치는 역할을 해야 할 실천이성이 공허한 형식성만을 지닌다면, 칸트 철학은 그 전체가 매우 허약한 토대 위에 서 있게 되는 것이다. 또한 이론이성과 실천이성의 이원성을 극복해야 한다는 과제를 해결할 역량도 그만큼 감소할 수밖에 없다.

(2) 하지만 순수 실천이성의 공허함이 초래하는 부정적인 귀결은 무엇보다도 그것에 직접 근거를 두는 실천철학의 무용성으로 나타난다. 피히테는 칸트의 형식주의적 도덕철학에 대해 참다운 규범학은 "실제적인 철학적 학문"이 되어야 한다고 반박한다.[19] 우리의 윤리적 판단과 행위에 준거가 되는 규칙들은 경험 세계에 적용 가능한 실질적인 내용을 지녀야 한다. 그리고 실천철학의 목적은 바로 그런 실제적인 규칙들을 도출해낼 수 있는 구성적(konstitutiv) 원리를 제공해주는 데에 있다. 그런데 칸트의 정언명법은 형식적이고 발견법적(heuristisch)인 검증 규칙에 불과하다. 따라서 그것을 근본원리로 삼는 칸트의 실천철학은 "한낱 형식적이고 공허한 윤리형이상학"에 머무르고 만다.[20]

> 또한 이 명제는 단지 **발견법적**일 뿐이다. 내가 나의 의무에 관해 판단하는 데에 혹시 잘못을 저지르지 않았는지를 나는 이 명제에 의거해서 용이하고 편리하게 검토할 수 있다. 하지만 이 명제는 전혀 **구성적**이지 못하다. 그 명제는 참다운 원리인 이성의 절대적 자립성이라는 명령에서 도출되는 귀결에 불과할 뿐이지 결코 그 원리는 아니다.[21]

(3) 또한 칸트의 도덕철학은 방법론적인 면에서도 심각한 결함을 안고 있다. 윤리 법칙을 최종적으로 정초해야 할 결정적인 지점에서 칸트는 직관주의적 논변을 통해 정언명법의 보편타당성은 더 이상 근거 지울 수 없는 "이성의 사실"이라고 단언한다.[22] 그리고는 이 규범 원리에 대한 근거를 적극적으로 정초하기를 포기한다. 이때 칸트는 정언명법의 선험논리적 타당성을 그 당위성에 대한 의식의 확신과 혼동하고 있다. 이런 독단적인 선언 속에서 칸트는 첫째로 정언명법에 따르는 의지 규정의 필연성이라는 실천적인 문제와 더불어 정언명법의 발생 근거라는 인식론적인 문제를 논외로 방치한다.

> 칸트에 따르면 우리는 정언명법을 의식하고 있지 않은가? 그런데 이 의식은 도대체 무엇인가? 칸트는 그 어디에서도 철학 **일체의** 토대를 다루지 않았기 때문에 이런 물음을 망각한 채 제기하지 않았다.[23]

둘째로 칸트의 정언명법은 준칙의 보편화 가능성 및 모든 이성적 존재에 대한 동등한 고려와 존중을 요구한다. 그런데 칸트는 이런 요구의 타당성의 근거를 명확하게 제시하지 못했다. 물론 칸트도 『윤리형이상학 정초』(*Grundlegung der Metaphysik der Sitten*)에서 윤리 법칙의 존재근거인 자유의 보편성에 대해 스스로 물음을 제기했다. 하지만 여기서도 그는 "자유는 모든 이성적 존재가 가진 의지의 속성으로 전제되어야 한다"라고 단언할 뿐이지 왜 그러해야만 하는지 그 근거에 대해서는 설득력 있게 논증하지 못했다.[24] 도덕 판단의 기준으로서 정언명법 자체의 보편타당성 및 수용 가능성은 실은 도덕의식의 상호주관성을 전제할 때에만 비로소 확보될 수 있다. 그런데 칸트는 이 전제에 대한 반성과 해명을 도외시한다. 이 때문에 윤리 법칙과 상호주관성의 실재성은 서로 일종의 순환논법에 빠지게 되며, 또한 개인의 자율적 자기규정과 윤리 법칙의 보편적 유효성 사이의 논리적 관계도 모호해진다.[25] 칸트의 정언명법은 분명 상호주관성을 향한 요구를 함축하고 있지만, 그 자체가 상호주관성을 통해 근거 지어진 것은 아니다.

요컨대 칸트는 정언명법의 타당성을 그 자신의 선험적 방법론에 따라 논증하지 못했다. 그렇기 때문에 그는 도덕적 의지 규정의 동기 문제도 명확하게 해결하지 못했고, 또 정언명법에 암묵적으로 전제되어 있는 윤리 법칙의 상호주관적 보편타당성도 입증하지 못했다. 피히테는 칸트가 더 이상 되물을 수 없는 최종 근거로 삼은 정언명법에 관해 그 근거를 되묻는다. 그리고 그 타당성을 "자아 자체의 개념으로부터 **발생론적으로** 증명"하려고 시도한다.[26] 피히테는 이 증명을 타자와의 관계 속에서 보편적 윤리의식으로 형성되어가는 자아(자기의식)의 발달 과정에 관한 선험철학적 서술이라는 형식으로 수행한다.

(4) 피히테가 윤리 법칙의 연역을 요구한다는 것은 칸트와 달리 윤리 법칙의 직접성 그리고 더 나아가 실천이성의 직접성을 거부한다는 것을 의미한다. 피히테에 따르면 윤리 법칙의 연역은 고독한 자아의 자기 검증적 반성이라는 틀을 넘어서 타인과의 상호주관적 관계를 도덕 주체의 실천적 자기 정립 및 도덕 입법의 가능성을 위한 선험적 조건으로 고려할 때 이루어질 수 있다. 윤리 법칙은 항상 이미 상호주관성을 매개로 하여 구성되고 그 타당성도 확보된다. 그런데 칸트에게는 이런 타자 관계에 대한 구성 원리적 차원의 논의가 없다.[27] 피히테는 바로 이 점을 "칸트의 비판주의가 완전하지 않다는 것에 대한 가장 두드러진 증거"라고 지적하면서 다음과 같이 그 이유를 상술한다.

> 칸트에게서는 우리 바깥에 이성적 존재가 있다고 전제하는 원칙이 인식 근거로 등장하지 않고 실천적 원리로 등장할 따름이다. 이를 칸트는 '나는 나의 행위 방식이 모든 이성적 존재를 위한 법칙이 될 수 있도록 행위해야 한

> 다'는 자신의 윤리 법칙의 공식으로 제시했다. 그런데 이때 나는 이미 내 바깥의 이성적 존재들을 전제해야만 한다. 그렇지 않다면 내가 어떻게 이 법칙을 그들과 관련시킬 수 있겠는가? 그러므로 사유의 질서에 따라 최초이자 최고의 것은 '내가 발견하는 바로 그것이 나다'라는 것이지만, 내 바깥에 나와 동등한 존재가 없이는 나는 나를 발견할 수 없다.[28)]

이상과 같이 칸트의 실천철학이 지닌 불충분성과 결함을 지적한 뒤 피히테는 이를 해결하기 위해 규범학의 출발점과 구성 원리에 몇 가지 중요한 수정을 가한다.

(1) 윤리 법칙의 실질적인 입법자이자 수행자며 규범학이 출발점으로 삼아야 할 주체는 더 이상 칸트에게서처럼 '상위의 욕구 능력'만으로 순수하게 자기 의지를 규정하는 예지적 자아가 될 수 없다. 예지적 자아의 절대적 자유에 기초한 도덕이론은 일종의 "예지적 숙명론"에 빠지게 되며,[29)] 앞서 본 바와 같이 단지 형식적이고 발견법적인 판단 기준만을 제공해주기 때문이다.

실천적 규범학은 더 이상 경험 세계와는 무관하게 절대적으로 자기를 규정하는 예지적 자아의 형식적 자유에 근거를 두어서는 안 된다. 그것은 이제 '상위의 욕구 능력'과 '하위의 욕구 능력'의 종합적 통일인 '객관적 활동'을 통해 현상계와 예지계를 매개하는 유한한 자아의 현실적 자유에서 출발해야 한다. 그럴 때에만 실천철학은 경험 세계에 적용 가능한 실질적인 내용을 지닌 규범 원리를 제공해줄 수 있다.[30)] 피히테는 실천철학의 출발점을 유한한 자아로 설정한다. 그리고 그렇게 함으로써 그는 규범 원리를 자아의 자유로부터 선험적으로 연역할 때 동시에 시 · 공간적 사건들이라는 경험적 요소들도 함께 고려할 수 있게 된다.[31)]

그러므로 『자연법의 기초』는 다음과 같은 제1정리로 시작한다.

> 유한한 이성적 존재는 자신에게 자기의 자유로운 작용성을 귀속시키지 않고서는 자기 자신을 정립할 수 없다.[32)]

마찬가지로 『윤리론』의 제1정리도 자기 외부의 대상과 일정한 관계 속에 있는 이성 존재를 주제로 삼는다.[33)] 그런데 이런 유한한 자아로의 전환은 실은 이미 『학문론』에서 그 기초가 마련된 것이다. 많은 사람들이 피히테의 학문론을 흔히 절대적 자아의 주관적 관념론으로만 피상적으로 이해한다. 그러나 피히테에 의하면 자신의 학문론의 중심 범주는 자아와 비아의 교호 작용(Wechselwirkung)에 있다.[34)] 피히테의 학문론의 체계는 분명 자아의 절대적 자기 정립을 논하는 제1원칙을 근본원리로 삼지만, 그 체계를 실질적으로 구성하는 지도 원리는 자아와 비아의 상호 규정과 종합적 통일을 논하는 제3원칙에 있다.

(2) 자아의 유한성이라는 개념은 자아가 자기 밖의 비아(자연 및 타아)와 상호작용 속에 있다는 것을 함의한다. 유한한 자아는 항상 세계-내-존재며 함께-존재다. 그리고 그런 유한한 자아의 자유로운 행위는 형식적으로는 무제약적일 수 있지만 질료적으로는 늘 제약되어 있다. 그렇기 때문에 피히테는 자아의 절대적 자유를 이성적 존재가 추구해야 할 궁극적인 이상으로 설정하면서도 또한 동시에 현실적 자유에 필연적으로 내재하는 근원적 제약성을 강조한다.[35)]

유한한 자아의 자유는 자기 밖의 비아와의 부딪힘(Anstoß) 그리고 무엇보다도 타아가 제기하는 자유로의 촉구(Aufforderung)에 의해 제약을 받는다.[36)] 이와 같은 타자 관계는 단지 하나의 경험적 사실로서 유한한 자아에 불가피하게 부착되어 있는 현존재적 속성에 지나지 않는 것이 아니다. 그것은 유한한 자아의 자기 정립을 위한, 즉 자아가 '개인'이 될 수 있는 선험적·존재론적 조건이다. 이런 사유를 통해 피히테는 데카르트로부터 시작하여 칸트에 이르는 근대의 방법론적 개인주의와 단절

하고 개인에 대한 상호주관적 이해로 근본적인 전환을 이룬다.[37)]

따라서 이성적 존재가 고립된 상태에서는 이성적으로 될 수 없으며, 그로 하여금 자유를 향하도록 고양시키는 개인이 자기 바깥에 적어도 **한 사람**은 있다고 상정해야만 한다는 점이 엄밀히 선험적으로 입증된다.[38)]

상술한 바와 같이 개체성의 개념은 **교호 개념**이다. 즉, 그것은 오로지 타자의 사유와의 연관 속에서만 사유될 수 있고 또 타자의 사유, 그것도 형식상 **동일한** 사유에 의해 조건 지어진 개념이다. 모든 이성 존재에게서 개체성의 개념은 그것이 타자를 통해 **완성된 것**으로 정립되는 한에서만 가능하다. 따라서 개체성의 개념은 결코 **나의 것**이 아니라 내 스스로 수긍하고 타자도 수긍하는 바와 같이 **나의 것이자 그의 것, 그의 것이자 나의 것**이다. 그것은 두 의식이 하나로 통일되는 공동의 개념이다.[39)]

더 나아가 피히테는 법원리나 정언명법 같은 근본적인 규범 원리가 바로 이러한 상호주관성에 근거하고 있다고 명시한다. 실천철학의 출발점이 되는 유한한 자아가 상호주관적으로 구조화된 존재라면, 그런 자아로부터 도출되는 규범 원리 역시 당연히 이미 상호주관적으로 매개되어 구성될 수밖에 없다. 칸트의 정언명법의 선험적 근거는 바로 타자와의 상호주관적 관계, 즉 타자의 자유가 나의 자유의 가능성의 조건이라는 점에 있다.

나의 자아성과 자립성 일반은 타자의 자유에 의해 조건 지어져 있다. 따라서 나의 **자립성을 향한 충동**은 **그 자신의 가능성**의 조건인 타자의 자유를 파괴하는 방향으로 나아갈 수는 없다. 그런데 나는 결코 다른 어떠한 동인에 따라서가 아니라 전적으로 자립성을 향한 충동에 따라서만 행위해야 한다. 따라서 타인의 자유를 해치지 말아야 한다는 절대적인 금지와 타인을 자립적인 존재로 간주하고 결코 나의 목적을 위한 수단으로 이용하지 않아야 한다는 절대적인 명령이 이와 같은 충동의 제약 속에 놓여 있다.[40)]

(3) 사변적 인식과 도덕적 실천의 이원성을 고수하는 칸트와는 달리 피히테는 단호하게 이론이성에 대한 실천이성의 원리적 근원성과 우선성을 주장한다. 『학문론』에서 피히테는 실천이성이 이론이성의 가능성의 조건이 된다는 점을 논증한다. 대상에 의해 제약된 표상 능력인 이론이성이 빠져드는 이율배반과 자기모순을 해소하기 위해서는 무제약적 자기 정립을 추구하는 활동인 실천이성이 필연적으로 요구된다는 것이다.[41] 그리고는 이로부터 다음과 같은 귀결을 이끌어낸다.

> 이성이 실천적이지 않다면 그 자체 이론적으로도 될 수 없을 것이다. 만일 인간에게 실천 능력이 없다면 인간에게 지성은 없을 것이다.[42]
>
> 실천 아래로 이론의 종속. 모든 **이론적** 법칙들은 **실천적** 법칙에, 게다가 분명 오직 하나의 법칙만이 있을 수 있기에 하나의 동일한 실천적 법칙에 근거한다는 결론이 나온다.[43]

즉, 실천적 윤리 법칙은 이제 실천철학만이 아니라 이론철학을 포괄한 철학 체계 전체의 토대라는 역할을 담당하게 된다. 그런데 이러한 윤리 법칙은 앞서 본 바와 같이 유한한 이성적 존재들 사이의 상호주관적 관계의 산물이다. 칸트와 그 후계자들이 발견하려고 애쓰던 통일된 철학 체계의 수립을 위한 단일한 구성 원리는 바로 자아와 타아 사이의 상호승인을 통해 형성되는 상호주관성에 있는 것이다.

(4) 피히테는 자아의 본질을 철저하게 '행위' 내지 '활동'으로 파악한다. "자아는 **행위** 속에서 그것이 존재하는 바 바로 그것이다."[44] 피히테는 자아에 대한 모든 실체론적 이해, 심지어는 여러 인식 능력과 실천 능력들을 담지하고 있는 기체(基體)로서의 '행위 주체'라는 관념조차 완강하게 거부한다.[45] 자아는 오로지 활동 그 자체며, 그 활동을 통해 자신의 존재를 비로소 절대적으로 정립한다. 그래서 자아의 특성은 자신의 주

체적 본질(행위 자체)과 자신의 객체적 존재(행위의 산물)가 일치하는 데에 있다. 이와 같은 행위 속에서의 자기 관련적 동일성을 피히테는 '실행'(實行, Tathandlung)이라고 표현하고, 이러한 실행에서 자아의 절대적 자유와 이성적 성격을 찾는다.[46] 자아에 대한 이런 행위이론적 규정을 통해 피히테는 자아를 사유하는 실체(res cogitans)로 설정했던 데카르트 이후의 '반성 이론'에서 벗어나 전혀 새로운 유형의 '정립 이론'을 수립한다.[47]

그런데 자아의 본질이 자기 정립적 행위에 있다면, 이에 근거하여 도출되는 규범학의 근본원리도 자아의 구체적인 실천 행위를 통해 구성되고 그 타당성이 입증되어야 한다. 게다가 실천철학이 실효성을 지닌 규범을 제시해야 할 임무를 갖고 있는 실제적인 학문이라면, 그 원리를 연역하는 데에는 "개념 대신에 행위가 유효성을 갖는다."[48] 이런 규범 원리의 행위이론적 구성은 정언명법을 미리 이성의 사실로 전제해놓고 그 가능성의 조건을 정태적으로 분석하는 칸트의 방법과는 매우 상이한 것이다. 많은 연구자들이 바로 이런 행위이론으로의 전환을 피히테의 철학이 이룬 가장 독창적이고 생산적인 성과로 평가한다.[49]

(5) 자아의 행위성 안에는 그 의미상 인간 존재의 역동성과 과정성이 함축되어 있다. 자아가 결코 어떤 고정된 실체가 아니듯이, 인간의 존재론적 특성인 자유와 이성 역시 미리 주어진 사태가 아니다. 인간은 자신의 자유로운 활동을 통해 자기가 누구인지를 규정하고 자신의 실존을 만들어가야 한다. 인간은 자신의 존재를 스스로 획득해야만 한다.

> 동물은 그것인 바대로 존재한다. 오로지 인간만이 근원적으로 그 무엇도 아니다. 그가 어떤 존재여야 하는지는 그가 그렇게 되어야만 한다. 그런데 인간은 대자적 존재가 되어야 하므로 그는 자기 자신을 통해 그렇게 되어야 한다.[50]

더욱이 타자와의 관계 속에 있는 유한한 존재는 그 자체로 완성된 존재가 아니라 바로 이 타자와의 관계 속에서 비로소 자각적인 개인으로 정립되어야 할 존재다. 그리고 이와 같이 한 개인이 자기의식적 대자 존재로 형성되어가는 과정은 동시에 개인들 사이의 사회적 상호주관성이 형성되는 과정이기도 하다. 피히테에 따르면 개인화와 사회화는 동근원적인 과정이다. 즉, 개인은 사회화를 통해서만 타자와 구별되는 독특한 개인으로 성장할 수 있고, 또 역으로 그런 개인들 사이의 상호 행위를 통해 사회적 보편성이 구축된다.[51]

(6) 유한한 자아의 행위성과 과정성에 입각하여 보편적 규범 원리를 발생론적으로 근거 지우려는 피히테의 기획은 헤겔적 의미에서의 '현상학적 서술 방식'을 발전시키게 된다. 그것은 정언명법에 대한 칸트의 정태적 연역 방식은 물론 기존의 어떤 정초 방식과도 상이한 방법론이다. 피히테는 자신의 『학문론』을 "인간 정신의 실용적인 역사" 또는 좀 더 분명하게 "생성하는 의식의 역사"로 규정한다.[52] 더 나아가 '행위자인 의식의 관점'(für es)과 '관찰자인 우리의 관점'(für uns)을 구별하는 현상학적 서술 방식의 독특한 중층적 구조 역시 이미 피히테에게서 발견된다.[53]

이런 『학문론』의 원리에 따라 서술되는 『자연법의 기초』에서도 법개념의 선험 논리적 연역은 동시에 개별 의식이 자신의 경험을 통해 상호주관적 · 보편적 자기의식으로 도야되는 과정을 추적하는 '법의식의 현상학'이라는 의미도 함께 지닌다. 구체적인 예로 상호 승인을 통해 법원리가 도출되는 승인 과정 중에 '촉구'에서 '승인'으로의 이행 문제가 피히테의 승인이론을 이해하는 데에 핵심적인 논쟁거리가 된다. 그런데 이 문제와 관련해서도 의식의 반성과 전환이라는 현상학적 계기가 고려될 때에만 그 이행의 필연성이 설득력 있게 설명될 수 있다.[54] 피히테가 이 구절에서 '교육'의 개념을 도입하는 것은 우연한 유추가 아니라 바로

의식의 도야라는 계기를 지시하는 것이다.[55)]

III. 피히테의 승인이론이 거둔 성과

이상과 같이 칸트의 실천철학을 비판적으로 수용하고 수정을 하면서 피히테는 유한한 자아가 자기동일적 자기의식으로 형성되는 '실용적인 역사'를 규범 원리의 발생론적 증명 방법으로 도입한다. 그리고 그가 이미 『학문론』에서 확립한 자아의 행위성과 과정성 그리고 상호주관성을 운동 원리로 삼아 그 과정을 의식이론적이면서 동시에 행위이론적인 틀 속에서 서술한다. 피히테의 승인이론은 자기의식의 형성 과정과 더불어 실천적 규범 원리의 발생 과정을 선험적 연역 방법을 통해 체계화한 것이다. 이러한 승인이론은 『자연법의 기초』에서 최초로 정식화되고 『윤리론』에서 다시 요약된 형태로 제시된다.

실천적 규범학의 정초 이론으로서 피히테의 승인이론은 다음과 같은 성과를 얻고 있다.

첫째, 피히테는 모든 행위의 근본적인 규범 원리를 철저하게 인간의 실천이성으로부터 선험적으로 연역함으로써 근대적 자연법을 독일 관념론에 독특한 이성법의 체계로 전환시켰다. "**자연법**, 즉 이성법. 이렇게 불러야 할 것이다. … 모든 법은 순수한 이성법이다."[56)] 이를 통해 그는 모든 규범을 이성으로부터 도출하고 이성의 법정 앞에서 검토하려는 계몽주의자들의 기획에 보다 더 충실하게 부응할 수 있게 되었다.

둘째, 피히테는 자아의 자기 관계에 대한 의식(자기의식)이 형성되기 위해서는 타자와의 상호주관적 관계가 필수적이라는 점을 최초로 체계적으로 해명했다. 피히테의 전 철학 체계는 자기 관련적 자아를 기반으로 삼고 있으며, 이런 점에서 유아론적 이론이라는 오해를 받을 소지도 있다. 그러나 피히테에 의하면 자아성은 절대적 자기 정립의 행위에 대한 자각적 의식을 통해 완성된다. 그런데 의식의 본성은 자아와 대립해 있는 비아로부터 자기로 복귀하는 반성 운동에 있다. 그런데 이러한 자기의식에 도달하기 위해서는 반성을 추동하는 계기로 자아 외부의 다른 이성적 존재가 자아에 대해 제기하는 자유를 향한 '촉구'가 필요하다. 따라서 타아와의 상호 관계는 "나의 개체성의 뿌리"고, 개체성의 개념은 나와 너에 의해 공동으로 정립되는 교호 개념이다.[57] 피히테에게 인간은 본질적으로 유적 존재다. 피히테는 타아와의 관계가 자아의 자기 관계의 내적 · 선험적 조건임을 밝힘으로써 최초로 엄밀한 의미에서의 상호주관성 이론을 정초했다.

셋째, 피히테의 승인이론은 개인의 자기의식의 형성과 사회적 규범의식의 형성을 하나의 운동 과정 속에서 동근원적이고 동시적으로 포착한다. 보편적 사회규범으로서의 법은 "자유로운 존재들의 서로에 대한 필연적 관계"에 의해 수립되며, 이러한 상호주관적 관계는 역으로 개인의 "자기의식의 조건"이 된다.[58] 여기서 개인의 주관성과 사회적 상호주관성은 서로의 구성 조건으로 파악된다.

마지막 넷째, 피히테는 이처럼 근본적인 규범 원리의 상호주관적 유효성을 주관적 의식의 운동 속에서 발생론적으로 근거 지음으로써 규범 원리의 이론적 타당성의 문제와 더불어 윤리적 행위의 동기에 관한 문제를 효과적으로 해결할 수 있게 되었다. 내가 타인을 나와 같은 자유로운 이성적 존재로 승인하고 그의 권리를 존중해야 하는 까닭은 이를 통해서만 나 역시 스스로를 자유로운 이성적 존재로 정립하고 타인으로부터 승인받을 수 있기 때문이다. 피히테는 이러한 상호 승인을 통해 나와 네가 기계적 교환 관계를 넘어서 서로 인격적으로 소통하고 연대하는 윤리적 공동체를 이룰 수 있기를 희망했다.

(자유의 왕국에서는—필자 삽입) 모든 사람이 각자 그가 할 수 있는 만큼 자신의 개인적인 힘으로 자연을 보편 의지에 따라 이성의 용도에 맞게 합목적적으로 변경시킬 것이다. 그렇게 함으로써 이제 실제로 한 사람이 하는 일이 모든 이에게 도움이 되고 또 모든 사람이 하는 일이 각 개별자에게 도움이 될 것이다. 왜냐하면 그들은 실제로 오직 하나의 목적만을 가지고 있기 때문이다.—지금도 이미 그렇기는 하지만 다만 이념 속에서 그러할 뿐이다.[59)]

2

피히테의 승인이론의 구조

I. 실천적 규범 원리의 정초 이론으로서의 승인이론

피히테가 자신의 승인이론을 가장 상세하고 체계적으로 전개하는 곳은 『자연법의 기초』 중 그 원리론에 해당하는 제1단원이다.[1)] 여기서 '승인'은 순수 이성에 근거한 자연법의 구성이라는 맥락에서 논의되면서 상호 승인이 법체계의 정초를 위한 근본원리로 제시된다. 피히테는 『자연법의 기초』에서 법과 윤리를 이분법적으로 분리시킨다. 그렇기 때문에 자칫 승인 개념이 피히테의 실천철학에서 법의 영역에만 국한하여 적용되는 듯이 오해할 수도 있다. 그러나 피히테는 이후 『윤리론』에서 '좁은 의미의 윤리론'을 전개하면서 동일한 내용의 승인이론을 요약된 형태로 다시 제시한다.[2)] 그러므로 피히테에게서 승인 개념은 법과 윤리의 영역을 모두 아우르는 실천적 규범학 전반의 구성 원리라는 지위를 갖고 있다. 이 장에서는 『자연법의 기초』를 중심으로 피히테의 승인이론을 분석할 것이기 때문에 승인 개념이 주로 법과 관련하여 논의될 것이다. 그러나 그것의 적용 범위는 실천적 규범학의 원리 일반의 정초라는 확장된 의미 연관에서 이해되어야 한다.

『자연법의 기초』 제1단원은 '법개념의 연역'이라는 제목을 달고 있다. 이 단원의 목표는 "**자유로운 존재들 자체의 공동체는 어떻게 가능한가?**"라는 법철학의 근본 물음을 해결하기 위한 원리, 즉 이성적인 사회질서의 구성을 위한 법의 기본 원리를 정초하는 데에 있다.[3] 여기서 피히테는 자아의 실천적 자기 정립 행위에서 출발하여 자유로운 이성적 존재들 사이의 규범 관계인 법의 개념을 연역하려고 시도한다.

이때 '연역'이라 함은 우선 칸트의 선험적 논리학이 제시한 방법과 동일한 의미를 지닌다. 즉, 그것은 어떤 주장이나 사태의 가능성의 조건들을 해명함으로써 그러한 조건들의 논리적 필연성을 증명하는 동시에 그 주장이나 사태의 타당성과 권한을 소급적으로 입증하는 논증 방식을 말한다. 이에 따라 자아로부터 법개념을 연역하는 작업은 이중의 의미를 갖는다. 한편으로 이 연역은 법개념이 자아로부터 필연적으로 도출됨을 보임으로써 보편적 사회규범인 법의 원리를 발생론적으로 정당화한다. 다른 한편으로 바로 이와 같은 법개념의 도출을 통해 역으로 자아가 타인과 구별되는 현실적인 자기의식적 존재, 즉 '개인'으로서 스스로를 정립할 수 있는 조건과 과정을 제시한다. 더 나아가 피히테는 연역의 방법을 칸트의 선험적 분석을 넘어서 시·공간적 실현 조건들도 함께 고려하는 행위이론과 현상학적 서술에 따른 의식이론의 차원으로 확장시킨다. 그래서 법개념의 연역은 또한 법의 원리가 자아의 구체적인 행위를 통해 어떻게 내용적으로 정립되는지 그리고 동시에 그처럼 정립되는 법의 원리를 자아가 어떻게 의식적으로 자각하고 내면화하는지를 서술한다.

우선 피히테의 승인이론이 지닌 전체적인 골격을 파악하기 위해 그 핵심 논변들을 요약해보자. 『자연법의 기초』에서 피히테는 우선 법의 개념을 "지성과 자유를 통한 교호 작용"에 의해 성립되는 "자유로운 존재들 사이의 필연적인 관계의 개념"으로 정의한다.[4] 그러고는 이러한 법의 개념을 다음의 세 가지 정리(定理)를 통해 연역한다.

제1정리: "유한한 이성적 존재는 자신에게 그의 자유로운 작용성을 귀속시키지 않고서는 자기 자신을 정립할 수 없다."[5]

제2정리: "유한한 이성 존재는 감각 세계에서의 자유로운 작용성을 다른 이성 존재들에게도 귀속시키지 않고서는, 따라서 또한 자기 바깥에 다른 유한한 이성 존재들을 상정하지 않고서는 감각 세계에서의 자유로운 작용성을 자기 자신에게 귀속시킬 수 없다."[6]

제3정리: "유한한 이성 존재는 스스로를 다른 유한한 이성 존재들과 법관계라고 일컬어지는 특정한 관계 속에 서 있는 것으로 정립하지 않고서는 자기 바깥에 다른 유한한 이성 존재들을 상정할 수 없다."[7]

즉, 피히테는 유한한 자아의 자기 정립을 위한 선험적 · 필연적 조건으로 타아의 존재 및 타아와의 일정한 법적 관계를 연역해낸다.[8] 제3정리에서 언급되는 법관계를 피히테는 좀 더 구체적으로 "다른 사람도 똑같이 그의 자유를 타인의 자유를 통해 제한한다는 조건 아래 각자가 자신의 자유를 타인의 자유의 가능성이라는 개념을 통해 제한한다는 이성적 존재들 사이의 관계"라고 규정한다.[9] 그리고 이로부터 "당신이 관계를 맺게 되는 다른 모든 인격자들의 자유라는 개념을 통해 당신의 자유를 제한하라"는 (연역에 앞서 아직 증명을 필요로 하는 명제로 제시되었던) 법원리의 정당성을 엄밀한 논리에 따라 입증했다고 결론짓는다.[10]

피히테에 따르면 법개념은 결국 자유로운 자아들 사이에 서로의 자유에 대한 "쌍방적 존중"과 "상호 승인"을 통해 형성되고 그 내용이 규정된다.[11] 그리고 이를 통해 구성되는 법개념은 역으로 개인의 "자기의식의 조건"이 된다.[12] 이처럼 법개념의 연역은 사회적 규범 원리의 발생론적 구성과 개별자의 자기의식의 형성이라는 두 가지 과제를 동시에 수행한다. 그런데 이 두 과정의 동근원적 조건을 이루는 것이 바로 이성 존재들 간의 자유로운 상호 승인이다. 이제 이런 상호주관성 이론의 관점에서 위의 세 정리를 보다 상세하게 분석함으로써 피히테가 서술한 승인 운동의 구조와 과정을 해명하고, 이를 토대로 피히테의 승인이론이 일구어낸 성과와 그 한계를 살펴보자.

II. 승인 운동의 구조와 과정

1. 유한한 자아의 자유로운 자기 정립 행위

『자연법의 기초』 §§ 1～2에서 피히테는 유한한 이성 존재의 의식적 자기 정립, 즉 자기의식의 형성을 위해서는 먼저 외부의 감각 세계에 대한 실천적 자아의 자유로운 작용 활동이 요구된다는 점을 제1정리 및 그 추론 명제로 제시한다. 이에 대한 증명은 그가 이미 『학문론』에서 확립했던 자아의 규정들, 즉 자아의 활동성과 과정성 그리고 자아의 본질적 특성인 실행(Tathandlung) 등을 원리로 삼아 이루어진다. 자아는 미리 주어진 불변의 실체가 아니라 자신의 행위를 통해 자기의 존재를 스스로 규정하고 정립해야 하는 과정적 주체다. 따라서 자아의 이성적 본질은 이렇게 자기의 존재를 자유롭게 정립하는 행위, 즉 실행 자체에 있다. 그런데 인간과 같은 유한한 자아는 자기 자신을 지향하는 활동과 외부의 대상과 관련된 활동이라는 두 가지 계기를 가지고 있다. 그러므로 자아의 자유로운 자기규정 행위는 "객체에 대한 작용성"으로 나타난다.[13)]

『학문론』의 제1공리와 『자연법의 기초』의 제1정리 사이에는 근본적인 상응성이 있다. 그럼에도 불구하고 '절대적 자아'를 제1원리로 삼았던 『학문론』에서와는 달리 『자연법의 기초』에서는 처음부터 '유한한 자아'가 자기 정립의 주체로 설정되고 있다는 점에 주목해야 한다. 이는 우선 학문론이라는 선험 논리적 보편 존재론에서 자연법론이라는 실제 철학적 특수 존재론으로 논의 영역이 이전된 것에 따른 전환으로 볼 수 있다.[14] 자연법론이 법질서의 당사자로 고찰해야 할 대상은 선험적 자아가 아니라 감각 세계 속에 있는 구체적인 개인이기 때문이다. "자연법은 오로지 경험적 의지와 관련된다."[15]

뿐만 아니라 이와 같은 자아의 세속화는 피히테에게 실천적 규범학의 내용 구축이라는 면에서 볼 때에도 불가피했다. 피히테는 예지적 자아의 절대적 자유를 근거로 삼았던 칸트의 도덕철학이 형식적이고 발견법적인 원칙(정언명법)을 제공하는 데에 머물고 말았다고 지적한다. 이에 반해 참다운 실천철학은 현실에서 적용될 수 있고 관철될 수 있는 행위규칙들을 제공해주는 '실제적인 철학적 학문으로서의 자연법'을 구축해야 한다. 그리고 이러한 과제를 해결하기 위해서는 예지계(이념)와 현상계(현실)를 매개하는 유한한 자아의 객관적 자유를 출발점으로 삼아야 한다고 피히테는 결론을 내린다.

피히테는 자신의 자연법론 역시 선험철학적 이념에 따라 "자아를 근거로 삼고 있는 체계"로 규정한다.[16] 그러나 방법론적으로 자아에서 출발한다고 해서 그 이론을 곧 독백론적 유아론으로 단정하는 것은 극히 성급한 판단이다. 문제는 그 자아가 얼마나 타자를 향해 열려 있으며 타자와의 관계 속에서 자기 변화를 수용하는 자아로 파악되는가에 있다. 그런데 피히테의 이론은 이 점에서 (비록 충분히 만족스럽지는 않을지라도) 상당히 혁신적이고 가치 있는 모델을 제공해준다. 『자연법의 기초』의 출발점이 되는 자아는 애초에 자기 완결적이고 자기 안에 유폐된 어떤 실체가 아니다. 제1정리에서 제3정리로의 진행은 바로 자기의식의 형성사이기도 하다. 따라서 제1정리에 등장하는 주체인 유한한 자아는 세계 및 타아와의 관계를 통해 비로소 자기의식과 자유의 의식을 획득해야 하는 자아다.

그러나 비록 피히테가 제1정리에서 자기 정립의 주체를 유한한 자아로 설정하고 있다 하더라도 강조점은 역시 자아의 절대적 활동성과 자립성에 있다. 그런데 유한한 자아는 현실적으로 제약된 존재고 늘 타자와 관련된 존재다. 그렇다면 '내가 어떻게 타자와의 의존 관계 속에 있으면서도 동시에 절대적으로 자기 활동적일 수 있는가?'라는 일견 자기 모순적인 물음이 제기된다. 이런 자아의 자기 정립 안에 내재하는 근본 문제를 피히테는 다음과 같이 표현한다.

> 인격자들 자체는 절대적으로 자유로워야 하고 오로지 자신들의 의지에만 의존해야 한다. 확실히 그렇기는 하지만 인격자들은 또한 상호 영향 속에 있어야 하고, 따라서 오직 자기 자신에게만 의존해서는 안 된다. 이 두 가지가 어떻게 함께 존립할 수 있는가? 이에 대해 답하는 것이 법학의 과제다. 그리고 그 밑바탕에 놓여 있는 물음은 '**자유로운 존재들 자체의 공동체는 어떻게 가능한가**?'다.[17)]

이미 『학문론』에서도 자아의 무한성(자기 관련, 동일성)과 유한성(타자 관련, 차이)의 종합은 해결을 요구하는 궁극적인 과제였다.

> 자아가 비아에 의해 제한되는 한, 그것은 유한하다. 그러나 자기 자신의 절대적 활동으로 정립되는 바대로의 그 자체로서는 자아가 무한하다. 자아 속의 무한성과 유한성이라는 이 두 가지는 통일되어야 한다. 그러나 그러한 통일은 그 자체로는 불가능하다.[18)]

그런데 『학문론』에서는 이 궁극적 과제가 결국은 해소되지 못했다. 다만 그 탈출구로 자기 관련적인 '순수 활동'과 대상 관련적인 '객관적 활동'을 통합시키고 절대적 자아를 통해 유한한 자아 및 비아를 규정하여 변화시키려고 노력하는 실천적 의지의 영원한 '추구'(Streben)와 '동경'(Sehnen)이 제안되었을 따름이다. 그러나 그와 같은 이념적 추구와 동경은 현실적 구속력을 지녀야 할 실천적 규범 원리의 정초를 목표로 하는 자연법론의 기반이 되기에는 너무 허약하고 공허하다. 『자연법의 기초』에서는 유한한 자아가 행위 주체로 설정되기 때문에 자아 안의 절대적 자기 관련과 필연적 타자 관련이라는 이율배반이 더욱 첨예한 모습으로 등장한다. 하지만 『자연법의 기초』에서 피히테는 바로 이 문제에 대해 상호주관성의 관점에서 새롭게 접근하면서 해결의 길을 보여준다.

2. 타아의 현전과 촉구

자유로운 이성 존재인 타아와의 관계는 유한한 자아가 스스로를 자유로운 작용성을 지닌 이성 존재로 정립하고 자각하기 위한 선험적 조건, 다시 말해 "자기의식의 절대적 조건"이라는 것이 제2정리의 주장이다.[19] 감각적 주위 세계(비아) 속에서 자유의 실현을 추구하던 고독한 자아는 이제 다른 자아와의 인격적 소통 관계를 향해 스스로를 개방해야만 한다. 이 제2정리와 관련하여 다음과 같은 물음들이 제기된다. 타아는 자아에게 어떻게 주어지는가? 자아는 왜 굳이 타아를 필요로 하는가? 나는 어떻게 타아를 단지 사물적 비아가 아니라 인격성을 지닌 너로서 인식할 수 있는가? 나와 마주치는 타아는 나에게 어떤 의미로 다가오는가?

피히테에게 타아의 현전은 감각 세계에서 일어나는 "필연적인 사실"이다.[20] 우선 타아는 자아에게 현존재적 사실로 주어진다. 개체 발생론적 관점에서 나는 이미 항상 타인들과 상호작용하는 '생활 세계' 속에 존재하며 그 지평 안에서 한 개인으로 태어나고 성장하고 살아간다.[21] 타아는 이 경험적 상호주관성의 세계 속에서 나와 끊임없이 조우하는 존재다. 이미 『학문론』의 절대적 자아조차 비아의 실재를 창조하는 신비한 능력을 지닌 존재 근거가 아니라,[22] 다만 비아의 타자성을 자아에 대해 규정하는 인식 근거일 뿐이었다. 그리고 그렇게 비아를 규정하면서 정립하는 자아는 역으로 비아와의 '부딪힘'에 의해 비로소 규정되고 정립되는 존재였다. 『자연법의 기초』에서의 유한한 자아에게는 타아의 현전, 타아와의 만남이 자아의 모든 의식 활동에 앞서 주어지는 초월적 사실이다.

그러나 이런 존재적 사실성이 곧 타아의 존재론적 필연성을 담보하지는 않는다. 나중에 후설(E. Husserl)도 말하듯이 나 자신의 의식과 신체는 특권적 명증성을 가지고 접근이 가능한 나의 '원초적 영역'에 속하는 반면에, 타아는 나의 "순수한 자기의식에는 결코 직접적으로 주어지지 않기" 때문이다.[23] 타아의 현전이 자아에게 존재론적으로 필연적인 사실이 되려면 그것은 자아로부터 선험적으로 연역되어야 한다. 이 연역 과정이 바로 제2정리에 대한 증명을 이룬다.

타아 존재의 필연성에 관해 피히테는 각 시기마다 다른 유형의 논변들을 제시한다. 후기의 생활 세계론적 논변에 관해서는 앞서 간략하게 언급했다. 이에 비해 초·중기의 저작들은 선험철학적 상호주관성 논변을 제시한다. 그중에서 초기에 속하는 『학자의 사명』(1794)에 등장하는 논변은 아직 자아 중심론적이라고 할 수 있다. 여기서 타아는 이미 자기 확신에 차 있는 자아의 이성과 자유를 실현하기 위한 하나의 계기로 파악된다. 그리고 타아 존재의 필연성은 자아가 가진 객관적 자기실현에 대한 불가피한 실천적 관심과 욕구로부터 도출된다. 타아는 다만 '자아를 위한 타자'로 요청될 뿐이다.

> 인간에게는 또한 이성의 개념 및 합리적 행위와 사유의 개념이 주어져 있으며, 인간은 필연적으로 자기 자신 내부에서만이 아니라 자기 외부에서도 이러한 개념이 실현되는 것을 보고자 한다. 자신과 같은 이성적 존재들이 자

기 바깥에 주어져 있다는 것은 인간의 욕구에 속하는 일이다. 인간이 자기 바깥의 이성적 존재들을 생성해낼 수는 없다. 하지만 그는 비아에 대해 관찰하면서 그러한 이성적 존재의 개념을 그 근저에 놓아야 하고, 이에 부합하는 것이 발견되기를 기대한다.[24)]

중기의 『제2서론』(*Zweite Einleitung in die Wissenschaftslehre*, 1797)은 후설의 '감정 이입'(Einfühlung)과 흡사한 개념을 선취하고 있다는 점에서 흥미롭다. 사물로서의 '그것'(es)과 질적으로 구분되는 인격자로서의 '너'(du)라는 범주는 어떤 특수한 대상에 나의 자아성을 미루어 '전이'(Übertragen)시킴으로써 생성된다는 것이다. 이때 타아는 '자아와 닮은 꼴인 다른 자아'로 파악된다.

자아성(자기 자신으로 복귀하는 활동, 주관-객관성 등등)은 근원적으로 **그것**, 즉 단순한 객관성에 대립된다. … 이런 최초의 정립에서는 우리 안에서 생성된 자아성의 개념이 그것, 단순한 객체, 우리 밖에 있는 그 무엇으로 정립되었던 어떤 것으로 전이되고 종합적으로 통일된다. 이런 조건적 종합을 통해 비로소 우리에게 **너**가 발생한다. 너라는 개념은 그것과 자아의 통일에서 발생한다.[25)]

그러나 가장 주목할 만한 논변은 역시 『자연법의 기초』(1796)와 『윤리론』(1798)에서 발견된다. 여기서는 타아 존재가 자아의 실현 매체나 자아성의 유비적 투사물이 아니라 오히려 "자아의 절대성을 가능하게 만드는" 독립적인 인격체로 등장하기 때문이다.[26)] 피히테는 유아론적 자아가 홀로 해소하지 못하는 자기의식의 내적 순환성과 자기모순을 적시하고 그것이 다른 이성적 자아와의 관계를 통해서 비로소 해소될 수 있음을 보임으로써 타아 존재의 필연성을 증명한다.

피히테에 의하면 자기의식은 단순한 비아와의 관계 속에서는 순환적으로만 설명될 뿐이므로 실은 그 존재 근거가 정초되지 못한다. 즉, 자기의식의 가능성을 설명하기 위해서는 설명되어야 할 자기의식을 비아와의 상관성 속에서 먼저 현실적인 것으로 전제할 수밖에 없다는 것이다. 제1정리에 따르면 유한한 자아가 자기의식이 되기 위해서는 스스로를 객체에 대한 작용성으로 정립해야 한다. 이 자아의 자기 정립을 통해 객체가 객체로서 정립된다. 그러나 유한한 자아가 스스로를 작용성으로 정립하고 이를 인식할 수 있으려면 그 작용성이 가해지는 객체가 미리 정립되어 있지 않으면 안 된다. 그리고 객체가 정립되어 있으려면 다시 그에 앞서 객체를 정립하는 주체인 자기의식이 먼저 존재해야만 한다. 이렇게 한낱 사물적 대상과의 관계 속에서는 자기의식의 정초가 무한퇴행과 순환논법에 빠진다.

> 자기의식을 이미 현존하는 것으로 항상 전제하지 않고서는 자기의식을 설명하는 것이 불가능하다. 왜냐하면 자기의식의 작용성을 정립할 수 있기 위해서는 자기의식의 주체가 이미 객체를 다만 객체 자체로서 먼저 정립했어야만 하기 때문이다.[27)]

이러한 자기의식의 내적 순환성은 주체의 작용성과 객체라는 두 극단이 동시에 종합적으로 통일되어 "주체의 작용성이 곧 지각되고 파악된 객체고, 또 객체가 다름 아닌 바로 이 주체의 작용성"이 될 경우에만 해소될 수 있다.[28)] 다시 말해 자기의식이 관계를 맺는 객체가 단지 주체의 작용에 의해 인과적으로 규정되는 피동적 대상이 아니라 그 자체가 능동적으로 작용하는 주체인 그러한 존재여야 한다.

그러나 이런 '객체의 주체화'를 통한 해소는 자기의식의 가능성을 확립하기보다는 오히려 자아에 내재하는 무한성과 유한성 사이의 모순을 더욱 격화시키는 듯이 보인다. 이제 자아는 (그리고 실은 주체적 타자가 된 객체 역시) 객체를 절대적으로 자유롭게 규정하는 작용 주체면서 동시에 스스로 작용을 가하는 객체에 의해 제한되고 규정되는 작용 대상이 되기 때문이다. 자유로운 활동의 무한성과 수동적 제한성이라는 두 가지 상반된 계기들은 어느 한쪽 선택지의 제거를 통해서가 아니라 둘 다 유한한 자아의 본질적인 계기들로 양립하면서도 그 모순 관계가 해소되어야 한다. 그런데 이는 "**주체가 자기규정으로 규정됨**, 작용성을 향해 스스로 결단하도록 주체에게 촉구함"을 통해서만 가능하다.[29] 즉, 자아가 타자에 의해 규정되지만 그 피규정의 결과가 다름 아니라 자아가 스스로를 자유롭게 규정하는 것이고, 또 역으로 자아가 타자를 규정하지만 그 작용이 타자 자신의 자유로운 자기규정이 되어야 한다.

요약해보자. 자아는 내적 순환성과 자기모순을 해소하고 스스로를 자신에 대해 충만하고 조화로운 자기의식으로 정립해야 한다. 이를 위해서는 자아가 자신의 유아론적 폐쇄성을 깨고 다음과 같은 조건을 지닌 비아를 자기의식의 가능성의 필연적 조건으로 요청해야만 한다. ① 그러한 비아는 자아와 마찬가지로 주체적 작용성을 가지고 있어야 한다. ② 그 비아가 자아에게 미치는 작용은 자아가 스스로 작용하도록 자유롭게 결단하게 만드는 것이어야 한다. 이러한 조건들을 충족시키는 비아는 사물적 대상일 수는 없고 오로지 자아와 같은 다른 이성적 인격체, 즉 타아일 수 있을 뿐이다.[30]

> 내(자아)가 이러한 자기 활동성을 향한 촉구를 파악할 수 있는 것은 오로지 나에게 하나의 개념, 즉 바로 그 요청된 행위에 대한 개념을 전달하려고 하고 따라서 개념에 대한 개념을 지닐 수 있는 능력을 가진 그러한 내 바깥에 있는 현실적 존재에게 그와 같은 촉구 행위를 귀속시킬 때일 뿐이다. 그런데 그와 같은 존재는 이성적인 존재, 스스로를 자아로 정립하는 존재, 즉 자아다. … 자기 바깥에 있는 현실적인 이성적 존재를 상정하는 것은 자기의식 및 자아성의 조건이다.[31]

그런데 감각 세계에서 마주치는 어떤 특정한 타자가 단지 사물적 비아가 아니라 인격적 타아라는 것을 나는 어떻게 인식하고 확신할 수 있는가? 일단 지금의 논의 맥락이 타아의 '선험적' 연역인 한, 여기서 문제가 되는 것은 타아에 대한 경험적 인식이 아니라 — 피히테에 따르면 의식의 관점에서 타자의 자아성에 대한 직접적인 경험은 불가능하다 — "예지적 세계, 가상체(可想體)의 세계에 속하는" 타아의 이성과 자유의지에 대한 인식이다.[32] 자아와 타아의 상호주관적 관계는 물리적 · 생물학적 의존 관계이기에 앞서 근본적으로 정신적 인식과 소통의 관계이기 때문이다. 그래서 피히테는 먼저 타아의 자유로운 이성적 성격에 대한 선험적 판단 기준을 확립하고, 그다음에 이에 부합하는 현실적 구현체들을 제시한다.

피히테에 의하면 내 바깥에 있는 존재를 이성과 자유의 인격성을 지닌 존재로 판단할 수 있는 기준은 "개념에 대한 개념" 내지 "목적 개념", 즉 합목적성의 능력에 있다.[33] 다시 말해 다음과 같은 경우에만 나는 나와 마주친 존재를 이성적 존재라고 인식할 수 있다. 즉, 그 존재가 자신의 활동을 통해 비로소 실현되어야 할 산물을 먼저 개념적으로 기획하고, 자신의 작용 활동을 이 개념에 적합하게 조절하며, 그 행위의 의도가 바로 자신의 개념을 객관적으로 현시하는 데에 있음을 타자가 인지할 수 있도록 하는 경우다. 이런 합목적성이 현실에서 드러나는 방식에는 두 가지가 있다. 그 하나는 내 바깥에 있는 자유로운 존재가 나에게 직접 영향을 주는 방식이다. 그리고 다른 하나는 그 존재가 자연에 가한 영향으로부터 간접적으로 그 창작자 또는 작용자를 추론하는 것이다. 전자를 구현하는 것이 인간의 신체고, 후자의 범례가 예술품이다.[34] 피히테는 후자의 간접적인 방식이 전자의 직접적인 방식을 전제하는 파생물이라고 보기 때문에 주로 전자와 관련된 신체에 관해 집중적으로 논한다.

피히테는 (후설에 앞서서) 인간의 몸이 지닌 두 존재론적 층위를 '육체'(Körper)와 '신체'(Leib)라는 서로 다른 개념으로 구분하면서 상이한 가치를 부여한다. 육체는 인간이 생명을 보존하고 활동하기 위한 생물학적 터전이 되는 물질들의 유기적 결합체를 지시한다. 이런 의미에서 몸은 다른 사물들과 마찬가지로 인과 법칙에 의해 지배받는 자연의 세계에 속한다. 피히테는 육체로서의 몸을 철저하게 정신과 의지의 수단이라는 도구적 관점에서 바라본다. 반면에 신체로서의 몸은 나의 자유의지와 인격성이 스며들고 체현되어 있는 원초적 실현장이다. 이런 의미에서 신체는 "경험 세계에서 자아를 재현하는 자"다.[35] 그리고 자아가 절대적 가치를 지니므로 "인간의 형체는 인간에게 필연적으로 성스럽다."[36] 바로 이 타아의 신체가 자아에게 직접적인 영향을 미치면서 타아의 고유한 자아성에 대한 인식 근거가 된다.

> 신체는 공간 속에서의 한갓 현존재를 통해 그리고 그 형체를 통해 작용해야만 할 터인데, 그것도 모든 이성적 존재가 나를 이성적 능력이 있는 존재로 승인하고 이런 전제에 따라 나를 대우하는 방식으로 작용해야만 할 것이다.[37]

인간의 형상을 가진 신체와 만났을 때 나는 추론적 사유 없이도 그를 나와 같은 이성적이고 인격적인 존재로 즉각적으로 인지하면서 잠정적으로 승인한다. 이런 점에서 타인의 신체가 나에게 가하는 영향은 더 이상의 근거 제시가 불가능하고 불필요한 "감각 세계에서의 **사실**"이다.[38] 후설과 마찬가지로 피히테에게도 신체는 자아가 타아와 교류하고 상호주관성의 세계를 향해 나아가는 통로다. 그리고 레비나스에게서 '얼굴'(visage)이 그러하듯 피히테에게 타인의 신체와의 만남은 그 자체가 윤리적 함의를 지니면서 모든 규범적 관계의 출발점이 된다.[39]

> 인간의 형체를 지닌 자는 누구나 자신과 같은 형체를 지닌 다른 모든 존재

들을 이성적 존재로 승인하고, 따라서 법의 가능 주체로 승인하도록 내적으로 강하게 요구받는다.[40)]

인간의 형체를 통해 타아가 나에게 제시하는 윤리적 요구를 피히테는 '촉구'(Aufforderung)라고 부른다. 『자연법의 기초』에 등장하는 '촉구'는 피히테가 『학문론』에서 언급했던 '부딪힘'(Anstoß)을 인격적이고 경험적인 맥락으로 변형시킨 개념이다. 『학문론』에서 '부딪힘'은 외부를 향해 무한히 뻗어나가려는 자아의 의지 활동을 비아로부터의 충격을 통해 내면으로 되돌리어 자기반성과 자기규정을 가능하게 만드는 계기였다. 그리고 이를 매개로 자아는 자신을 자기의식적 '지성'(Intelligenz)으로 정립할 수 있었다. 마찬가지로 타아의 '촉구' 앞에서 비아에 대한 자아의 일방적인 권력 의지와 장악 활동은 저지당하고 자기 안으로의 반성과 자기 제한이 촉발된다. '촉구'는 "주체에게 자기규정을 향한 완전한 자유를 남겨두어야 하는 외적인 부딪힘"이다.[41)]

강제나 명령은 그것이 유효할 경우 나로 하여금 어떤 특정한 행위를 하도록 규정하는 결정 근거나 인과적 원인이 된다. 이와 달리 촉구는 다만 내가 스스로 자유롭게 선택하는 결단과 행위의 "설명 근거", 그 합리적이고 합당한 동기와 이유다.[42)] 나는 타인의 촉구에 부응할 수도 있고 이를 거부할 수도 있으며, 심지어 아예 무시하고 응답하지 않을 수도 있다. 그것은 전적으로 나의 자의에 맡겨져 있다. 다만 촉구는 내가 어떤 선택을 하건 간에 이성적 존재로서 자유롭게 자기를 규정하라는 요구와 합리적이고 책임 있는 선택을 하고 그에 부합하게 행위하라는 요청을 담고 있다.

그러므로 타아가 자신의 신체를 통해 제기하는 촉구는 자아에게 다음과 같은 이중의 윤리적 의미를 지닌다. 먼저 촉구는 인간의 형체를 한 타아를 침해하지 말고 자신과 같은 인격적 존엄성을 지닌 존재로 존중해

달라는 호소다. 이 호소 앞에서 비아에 대한 자아의 지배 주장과 확대 활동은 저지되고 제한된다. 동시에 촉구는 또한 자아를 책임 있고 이성적인 자유 앞으로 소환하는 부름이다. 이 부름을 통해 자아는 비로소 자신의 자유에 대한 근원적인 의식을 획득하게 된다. 타아의 촉구는 자아의 이성과 자유에 대한 시금석이자 촉매제다. 바로 이런 타아가 나의 자기의식을 가능하게 만들어주는 존재인 것이다.

3. 촉구에서 승인으로의 이행

타아와의 온전하고 성공적인 인격적 관계는 상호주관적 승인의 관계고, 이 상호 승인을 매개로 하여 각 개별자가 타아와 구별되는 독특한 자기의식적 개인으로 스스로를 정립하며, 또한 동시에 자아와 타아가 공유하는 공동의 의식과 보편적 규범 원리가 생성된다는 것이 제3정리의 요점이다. 피히테는 '승인'을 "대립자들이 하나로 통합되는 것"이라고 규정한다.[43] 그리고 그 성립 과정을 다음과 같은 세 단계의 명제들을 통해 서술한다.

① "내 스스로가 어느 특정한 이성 존재를 이성적 존재로 대우하는 한에서만 나는 그 특정한 이성 존재에게 나를 이성적 존재로 승인해줄 것을 요구할 수 있다."[44]

② "그런데 나는 나를 이성적 존재로 승인해줄 것을 내 바깥의 모든 이성적 존재들에게 어떤 가능한 경우건 요구해야만 한다."[45]

③ "나는 내 바깥의 자유로운 존재를 어떤 경우건 자유로운 존재로 승인해야 한다. 다시 말해 내 바깥에 있는 존재의 자유의 가능성이라는 개념을 통해 나의 자유를 제한해야만 한다."[46]

이 일련의 논변은 첫 번째 단계에서 형성된 나와 너 사이의 이항적이고 일회적인 상호 승인의 관계를 타아 일반과의 지속적인 사회적 관계로 일반화함으로써 보편적 사회규범인 법의 원리를 이끌어내는 데에 초점이 맞추어져 있다. 그런데 우리의 관심은 상호주관적 승인의 관계가 어떻게 구성되는가에 있으므로 주로 제1명제를 중심으로 상호 승인의 성립 과정을 살펴보겠다.

『자연법의 기초』에서 서술된 승인 운동의 과정은 다음과 같이 요약할 수 있다.[47] 감각 세계에서 자아와 타아가 조우한다. 자아와 대면한 타아는 자아를 자유로운 이성적 주체로 즉각적으로 인식하고 자신의 활동 영역을 제한한다. 이때 타아의 자기 제한 행위는 인간의 형체를 지닌 자아가 아마도 이성적 존재일 것이라는 '개연적 인식'(problematische Erkenntnis)에 근거를 둔 자유로운 행위다. 그런데 이 타아의 자기 제한 행위는 자아에게 타아의 이성적 성격에 대한 인식 근거가 되고 자아 스스로도 자유롭고 이성적으로 행위하라는 '촉구'로 작용한다.[48] 이 촉구에 부응하여 타아가 그렇게 했듯이 자아도 역시 자신의 활동 영역을 제한하고 타아에게 자유롭게 활동할 수 있는 권리 영역을 남겨준다. 이런 타인의 자유를 위한 상호적 자기 제한을 통해 자아와 타아는 서로를 자유롭고 이성적인 존재로서 '정언적으로 인식'(kategorische Erkenntnis)하고 서로 확정적으로 '승인'하게 된다.

『신학문론』(*Wissenschaftslehre nova methodo*)에서 피히테는 이 상호 승인의 전개 과정을 질문과 응답에 비유한다.[49] 타아가 자아에게 제기하는 '촉구'는 일종의 질문과도 같다. 질문을 통해 화자는 수신자에게서 일정한 답변을 얻을 것을 기대하며 요구한다. 그런데 질문하는 행위는 먼저 수신자가 그 질문을 이해할 수 있어야 한다는 것을 전제한다.[50] 그리고 질문의 이해 가능성은 수신자가 실제로 응답하기 전에 화자가 이미 발화 행위 속에서 수신자를 이성적인 존재로서 '개연적으로 인식'하고 있으며 수신자가 질문을 이해해줄 것을 의도하고 있다는 점을 함축한다.(개념에 대한 개념) 질문은 화자가 전달하려고 하는 정보나 요구만 일방적으로 담고 있는 것이 아니라 이미 수신자인 "나 자신을 그 속에서 고려하고 있다."[51] 다시 말해 화자는 우선 질문에 앞서 수신자가 질문을 이해할 수 있는 합리적인 존재일 것이라고 기대할 수 있어야 한다.(인간의 신체) 그리고 화자가 실제로 발화 행위를 하기에 앞서 수신자의 이해와 가능한 기대 반응을 미리 예상하여 이에 상응하게 자신의 질문을 내면적으로 재조정하고 조건화해야 한다.(타아의 선행적 자기 제한 행위) 또한 질문하는 행위는 수신자의 자유로운 선택 능력에 대한 암묵적인 승인과 그에 부합하는 행위에 대한 요구를 함축한다.(촉구)

명령이나 강요와는 달리 질문은 수신자가 그것에 대해 수긍하건 배척하건 간에 자유롭게 자신의 입장을 선택하여 행위할 수 있는 능력을 지니고 있음을 전제한다. 타인이 나에게 던지는 질문은 수신자인 나에 관해 "내가 지닌 한 가지 **속성**, 즉 나의 자유로운 행위, 그것도 다만 가능적이고 사유된 것으로서 나의 자유로운 행위를 염두에 두며 포함하고 있다. 나는 타인이 나를 행위하는 자로 고려하는 그런 존재로 나를 발견한다."[52] 질문이 수신자에게 특정한 답변을 강요하지는 않지만 화자가 그렇게 했듯이 합리적인 방식으로 다시 화자에게 응답해줄 것을 요청한다. 만일 수신자가 질문을 이해하고 실제로 그에 부응하는 행위(자아의 자기 제한 행위)로 화답한다면, 화자는 수신자의 이성적 능력에 대한 '정언적 인식'에 도달하게 되고(승인), 화자와 수신자 간에 공유된 보편적 의사소통과 구속력 있는 합의의 장(법)이 형성된다.[53]

피히테는 흔히 자아 중심론의 철학자로 알려져 있다. 그러나 일반적인 예상과는 달리 피히테는 승인이론을 전개하면서 자아가 아닌 타아를 승인 운동의 최초 추동자로 설정한다. 그런데 실은 이미 『학문론』에서도 비아가 "최초의 운동자"로서 자아의 행위와 실존을 가능하게 만드는 실제 근거로 등장했었다.[54] 『자연법의 기초』에서는 여기서 더 나아가 승인 운동의 처음 단계에서 타아가 먼저 자아를 자유로운 이성적 존재로 인식하고 존중하며, 자아로 하여금 자유롭고 이성적인 행위를 하도록 촉구한다. 이런 점에서 타아가 적어도 상호작용 관계의 시초에는 일시적이나마 자아에 대해 도덕적 기선과 우위를 차지한다. 타자의 자유는 "내 자신의 자립성을 향한 충동의 가능성의 조건"일 뿐만 아니라, 이런 사실을 먼저 깨닫고 나를 일깨워주는 자 역시 타자다.[55] 그러나 레비나스의 타자 중심의 윤리와는 달리 피히테의 승인이론에서는 자아에 대한 타아의 불균등하고 비대칭적인 촉구의 관계가 자아와 타아 간의 대칭적이고 평등한 상호 승인의 관계로 발전하게 된다.

그런데 피히테의 승인이론에 대한 해석에서 가장 논란이 되는 것이 바로 이 개연적 인식에 근거한 일방적 촉구에서 정언적 인식을 동반하는 상호 승인으로의 이행 문제다. 피히테는 이 이행을 단지 윤리적 요청이 아니라 엄밀한 사유 법칙에 따른 논리적 전개로 이해한다. 타인에 대한 의무를 정언적으로 부과하는 윤리론과는 달리 근본적으로 '허용 법칙'만을 규정할 수 있는 법론에서는 행위자에게 타인의 자유를 적극적으로 의욕하는 도덕적 선의를 기대하며 요구할 수 없다고 피히테는 주장한다.[56] 따라서 상호 승인으로의 발전은 도덕적 배경 없이 오로지 논리적으로 엄밀하게 구성되고 정당화되어야 한다. 그런데 촉구에서 승인으로의 이행은 어떻게 이루어지며, 그 이행 논리는 과연 피히테가 주장하듯이 필연적인가?

이 문제와 관련하여 지배적인 견해는 촉구에서 승인으로의 논리적 이행을 분석적 내포 관계로 파악하는 것이다.[57] 피히테의 촉구 개념 속에 이미 승인 개념을 도출할 수 있는 근거가 충분히 마련되어 있으며, 따라서 촉구에서 승인으로의 이행은 논리적 필연성을 지닌 연역적 전개라는 것이다. 특히 두 가지 전거가 이런 해석을 뒷받침한다.

첫째, 우리는 앞에서 피히테의 촉구 개념이 실제로 이미 상당히 강한 상호주관성을 함의하고 있음을 보았다. 촉구 안에는 일정한 유형의 반응 행위를 유도하는 기대를 넘어서 상대방을 향한 지향성과 고려 그리고 이에 따른 선행적 자기 변화가 담겨 있다.[58] 그렇기 때문에 피히테는 촉구를 근원적이고 필연적인 관계로 파악하면서, "이 **근원적** 관계는 이미 교호 작용이다"라고 말한다.[59]

그러나 이런 해석의 결함은 '승인'이 '촉구'보다 더 발전되고 종합적으로 확장된 개념이라는 점을 충분히 설명하지 못한다는 데에 있다. 스콜라 철학의 격언에 의하면 "결론은 전제보다 더 클 수 없다." 그런데 승인은 촉구처럼 단지 자유 영역의 상호 제한을 통한 공존만이 아니라 자아와 타아에게서 "공동의 인식"과 "의식 공동체"를 산출한다는 점에서 촉구보다 훨씬 더 강한 상호주관성을 실현하고 있다.[60] 또한 촉구는 개연적이고 비대칭적인 관계인 반면에, 승인은 확정적이고 호혜적인 관계다. 촉구에 대한 승인의 이런 초과가 어디에서 나오는가를 이 해석은 해명하지 못한다.

두 번째 전거로는 피히테가 자신의 승인이론을 상당히 조화주의적인 관점에서 전개하고 있다는 점을 들 수 있겠다. 승인 운동을 서술하면서 피히테는 성공적인 상호 승인의 성립을 위한 이상적인 조건들만을 논할 뿐이지 승인을 저해하거나 그에 역행하는 요소들은 진지하게 고려하지 않는다. 물론 피히테가 불승인으로 인한 갈등의 가능성을 전혀 도외시하는 것은 아니다. 홉스와 유사하게 피히테도 승인의 거부나 무시 또는 침해에서 비롯되는 갈등이 심지어 "두 사람 중 하나가 멸망함으로써만 종식될 수 있는 전쟁"으로 격화될 수 있음을 지적한다.[61] 그리고 이로부터 상호 승인을 통해 규범적으로 확립되는 개인의 '근본 권리'(Urrecht)에 대한 존중을 실효성 있게 관철시키는 '강제법'과 '실정법'을 수립할 필요성을 이끌어낸다. 그러나 피히테에게 불승인으로 인한 갈등은 승인 운동의 외부에서 침투하여 승인을 불가능하게 만들거나 무효화시키는 부정적인 부수 요소일 따름이다. 그래서 불승인은 그것이 승인 운동의 과정 중에 벌어진다면 승인 운동을 전면적으로 중단시키고 승인 운동

이전의 상태로 되돌리는 파멸적인 사태로 나타난다.[62] 아니면 이미 상호 승인이 이루어진 상태라면 그것은 개인의 근본 권리를 침해하는 것으로서 강제법에 의해 다스려져야 할 범법 행위로 다루어진다. 어느 경우건 불승인으로 빚어지는 갈등과 투쟁이 (나중에 헤겔의 승인이론에서처럼) 승인 운동 자체의 내재적 구성 요소로 도입되지는 않는다.

그러나 피히테의 조화주의적 서술에 대해 적어도 다음의 두 가지 의문이 제기된다. 첫째, 타자의 자기 제한 행위가 과연 그 타자의 이성적 성격에 대한 확실한 인식 근거가 될 수 있는가? 그래서 자아가 타자의 행위를 자신을 향한 인격적 촉구로 확신할 수 있는가? 타자가 나에게 나의 자유로운 활동 영역을 남겨놓는다는 것은 어쩌면 나를 이성적 존재로 인식하고 존중해서가 아니라 나에 대한 무관심의 결과이거나 우리 사이에 공유하는 삶의 영역이 전혀 없다는 징표일 수도 있다.[63] 더 나아가 나와 만났을 때 내가 자유롭게 움직일 수 있도록 비켜서는 행동을 하는 존재가 데카르트의 자동인형처럼 인간의 형체를 하고서 인간과 마주쳤을 때 우호적인 행동을 하도록 프로그래밍되어 있는 기계일 수도 있고, 아니면 굴종의 행동 양식을 습성화한 노예일 수도 있다. 따라서 타자의 자기 제한 행위는 곧 타자가 이성적이고 자유로운 주체로서 나에게 자유로운 행위를 촉구하는 것이라고 확신할 만한 충분한 증거가 되지는 못한다. 피히테가 나중에 이성적 존재들의 행위의 규칙성과 그 의미의 선험적 상호 일치를 주장하면서 "예정 조화"의 이념을 이끌어 들이는 것은 바로 이 난점을 해결하기 위한 고육책으로 보인다.[64] 그러나 이런 낡은 형이상학적 보조 가설의 도입은 문제 해결에 도움이 되기보다는 오히려 논변의 엄밀성만 현저히 약화시키는 결과를 가져온다.

둘째, 타아의 자기 제한 행위를 통한 촉구에 대해 나는 왜 타자를 위해 나의 자유로운 행위 가능성을 제한하는 방식으로 응답해야만 하는가? 타자의 자기 제한 행위는 특정한 상황에서 나를 기만하고 제압하기 위한 일시적인 속임수일 수도 있다. 피히테 자신이 진단했듯이 "성실과 신뢰를 상실하고 난 후" 인 현시대에 상대방의 표면적 행위에 대한 이런 의심은 매우 합리적인 태도다.[65] 홉스의 주장처럼 "칼 없는 약정은 한낱 말에 불과하고 확실함을 보증해줄 아무런 힘도 없기" 때문이다.[66] 타자가 전략적 타산에서 기만적으로 자기 제한 행위를 하고 있을 뿐이라는 의심으로부터 벗어날 합리적인 이유가 없는 한, 나는 타자의 자유를 위해 나의 자유 영역을 제한해야 한다는 규범적 확신에 도달할 수 없다. 그리고 이는 타자 역시 마찬가지다. 따라서 개연적 인식(촉구)에서 정언적 인식(승인)으로의 이행은 성공적인 상호 승인으로 완결되기 보다는 서로 먼저 상대방에게 확실한 승인 행위를 일방적으로 요구하는 악순환에 빠질 가능성이 크다. 이와 같은 난점을 피히테 스스로도 지적한다.

> 그러므로 자유로운 존재들 간의 관계는 필연적으로 다음과 같은 방식으로 규정되고 그렇게 규정된 대로 정립된다. 타인에 대한 한 개인의 인식은 타인이 그 개인을 자유로운 존재로 대우한다는 것에 의해 (즉, 타인이 그 개인의 자유라는 개념을 통해 자신의 자유를 제한한다는 것에 의해) 제약되어 있다. 그런데 이 대우 방식은 그 개인이 타인에게 행하는 방식에 의해 제약되어 있고, 또 이 후자의 대우 방식은 타인이 행하는 방식과 인식에 의해 제약되어 있다. 이렇게 무한 진행한다.[67]

이런 악무한에서 벗어나기 위해서는 승인이 자아와 타아 양자에게서 상호적으로 동시에 이루어져야 한다고 피히테는 제안한다.[68] 하지만 이 제안 역시 그리 설득력이 없다. 어떻게 자아와 타아 간의 상호 승인이 동시에 이루어질 수 있는가 하는 것이 바로 지금 문제가 되고 있는 것이기 때문이다. 일방적 촉구에서 호혜적 승인으로의 이행에는 실은 논리적 사유 법칙의 엄밀한 적용만이 아니라 타아를 배려하고 신뢰하는 도덕의식의 반성적 자각이 요구된다.[69] 피히테도 분명 이런 의식이론적 측면을 염두에 두고는 있었다. 그 역시 승인 운동을 통해 "우리의 공동 의식"이 생성되며, 이 보편적 규범의식으로부터 "공통의 법칙", 즉 법과 도덕의 근본원리가 산출된다고 말하기 때문이다.[70] 그러나 이러한 보편적 규범의식의 도야 과정을 피히테의 승인이론은 아직 만족스럽게 논증하지 못한다.

III. 피히테의 승인이론의 한계

제1장에서 언급했듯이 피히테의 승인이론은 실천적 규범학의 정초 이론으로서 여러 중요한 성과들을 얻었다. 첫째, 피히테는 승인이론을 통해 독일 관념론에 독특한 이성법의 체계를 수립하기 위한 근본원리를 논증적으로 정당화하여 확보할 수 있게 되었다. 둘째, 그는 타아와의 상호주관적 관계가 자아의 성공적인 자기 관계를 위한 내적·선험적 조건임을 밝힘으로써 엄밀한 의미에서의 상호주관성 이론을 최초로 정립했다. 셋째, 피히테는 동시에 개인의 주관성과 사회적 상호주관성이 서로의 동근원적 구성 조건이 된다는 점을 해명했다. 넷째, 그의 승인이론은 발생론적 정당화 논변을 통해 규범적 근본원리의 이론적 타당성 문제와 함께 윤리적 행위의 실천적 동기에 관한 문제를 효과적으로 해결할 수 있었다.

그러나 이와 같은 혁신적인 성과들에도 불구하고 피히테의 승인이론은 아직 여러 가지 이론적 결함과 서술상의 불완전함을 안고 있다.

첫째, 촉구로부터 승인으로의 이행이라는 결정적인 문제가 명확하게 해소되지 않은 채 남아 있다. 즉, 왜 자아와 타아가 교호 작용 속에서 서로 의존해 있다는 사실로부터 서로가 상대방을 위해 자신의 자유 영역을 제한해야 한다는 규범적 의무가 필연적으로 도출되는지, 그리고 각

자가 어떻게 이런 규범의식에 도달하게 되는지가 명확하게 설명되지 않고 있다.[71)]

피히테는 라이프니츠를 따라 모든 이성적 존재들의 행위가 예정 조화되어 있다고 전제한다. 이러한 형이상학적 전제 아래에서 그는 타아에 대한 개연적 인식으로부터 확정적 승인으로의 이행은 타아가 제기하는 촉구와 이에 상응하는 자아의 자기 제한 행위를 통해 무난하게 이루어진다고 서술한다. 여기서 불승인과 갈등은 승인 운동과는 무관한 외적 저해 요소나 이탈 현상으로만 간주될 뿐 그 자체가 의식의 도덕적 도야를 추동하는 필연적 계기로 승인 운동 안에 편입되지 않는다. 이처럼 적절한 갈등이론이 부재하기 때문에 피히테에게서 승인 운동은 단지 개별자들의 경쟁적인 권리 주장 사이에 양적인 균형을 산출하는 데에 머물고 만다. 또한 그는 자아와 타아 사이에 쌍방적 촉구의 무한 진행이라는 논리적 난점도 설득력 있게 해결하지 못했다.

둘째, 상호주관성이라는 새로운 규범 원리를 발견했음에도 불구하고 피히테의 승인이론은 결과적으로 여전히 개인주의를 벗어나지 못한다. 피히테의 승인이론이 기반으로 삼는 논리적 기본 범주는 '교호 작용'(Wechselwirkung)이다. 그런데 이때 교호 작용은 "교호항들에 의한 쌍방적 배제와 배제됨"을 의미한다.[72)] 그러므로 피히테에게서 상호 승인은 단지 만인에 대한 만인의 투쟁으로 비화할 위험을 안고 있는 쌍방적 배제를 자유 영역의 상호 제한과 공존을 통해 안정시킬 뿐이지 참여자들의 배타적 개별성 자체를 지양하지는 않는다. "이러한 규정 법칙의 평형성 속에서 자아와 비아의 구별은 언제나 유지된다."[73)]

승인 운동을 거치면서 피히테의 자아는 자기를 '변화'시키기는 하지만 자기를 상실하고 '타자화'하는 경험을 겪지는 않는다.[74)] 그렇기 때문에 자아에 의해 자유로운 존재로 승인받은 타아조차도 자아에게 여전히 자신의 자유를 제한하는 낯선 경계로 남는다. 따라서 자아의 자기동일성은 타아 밖에서 타아와 대립해서만 관철된다. 피히테의 승인이론은 양적 교호 작용과 균등성만을 산출할 뿐이지 자아의 자기 이해 속에서 타아의 고유성을 자신의 가능성의 조건으로 의식하고 적극적으로 배려하는 강한 의미의 호혜성에는 미치지 못한다. 이런 점에서 그의 승인이론은 부정적 상호주관성 이론에 머문다.[75]

셋째, 피히테의 부정적 상호주관성 이론은 나의 자유가 타인의 자유와의 교호 작용 속에서만 성립할 수 있다는 점은 포착하지만, 나의 자유가 타인의 자유 안에서 연대적으로 실현될 수 있는 가능성은 고려하지 않는다. 그렇기 때문에 피히테는 승인 운동의 결과로 등장하는 법을 자유의 쌍방적 제한의 체계로, 그리고 이에 기초한 법적 공동체를 지속적인 제재의 위협 아래 여전히 배타적으로 대립해 있는 개별자들의 기계적 결합체로밖에 사유할 수 없었다.[76] 이에 대해 헤겔은 다음과 같이 비판한다.

> 자유는 이성적 성격의 특징이고, 그 자체가 일체의 제한을 지양하는 것이며, 피히테의 체계에서 최상의 것이다. 그런데 타인들과의 공동체에서는 공동체 속에 있는 모든 이성 존재들의 자유가 가능해지기 위해 자유가 **포기되어야** 하고, 이러한 공동체는 다시 자유의 조건이 된다. 자유롭기 위해서 자유 자체가 지양되어야 한다는 것이다. … 그러나 다른 인격자들과의 공동체는 본질적으로 개인의 진정한 자유의 제한이 아니라 그것의 확장으로 간주되어야 한다. 최고의 공동체는 최고의 자유다. … 만일 이성 존재들의 공동체가 본질적으로 진정한 자유의 제한이 될 경우, 그것은 그 자체가 가장 극심한 전제정이 될 것이다.[77]

넷째, 피히테는 상호 승인을 통해 구성되는 법개념을 이성적 사회질서의 구축을 위한 원리로 제시한다. 그런데 그가 막상 법이론를 실제로 전개할 때에는 이 원리를 제한적으로만 적용한다. 즉, 상호 승인의 원리는 허구적인 개인의 '근본 권리' 그리고 강제법으로 이해된 형법을 정초하는 데에만 국한하여 작동한다. 반면에 피히테의 제도론과 국가론은 오히려 승인 원리와 배치되는 "보편적 이기주의"에 기반을 두고 전개된다.[78] 그리하여 피히테의 실천철학에서 법의 이성적 개념을 구성하는 선험적 승인이론과 법개념의 실현을 위한 구체적인 사회제도론이 체계적으로 통합되지 못하고 서로 유리된다.[79]

제 2부

헤겔

3

승인 개념의 구조와 승인 운동의 단계

— 예나 정신철학을 중심으로

I. 헤겔 철학에서의 승인이론

피히테와 마찬가지로 헤겔의 실천철학에서도 승인이론은 보편적 사회규범의 원리를 발생론적으로 제시하고 정당화하는 정초 기능을 담당한다. 그것은 심지어 인류 보편사에 대한 역사철학적 해석틀로 간주되기도 한다.[1)] 동시에 헤겔은 승인 운동을 주관적 의식의 경험을 통한 자기의식의 발전 과정으로 파악한다.[2)] 사회이론과 의식이론에서의 이러한 중요성 때문에 헤겔의 승인이론은 많은 연구자들에 의해 주목받으며 연구되어왔다.

그러나 지금까지 헤겔의 승인이론에 관한 일반적인 논의는 대부분 『정신현상학』(*Phänomenologie des Geistes*)의 「자기의식의 자립성과 비자립성: 지배와 예속」 장 — 이른바 「주인과 노예」 장 — 에서 전개된 승인이론에만 국한되었다. 하지만 『정신현상학』이 헤겔의 승인이론의 유일한 모델은 아니며, 또한 가장 발전되고 완전한 모델이라고도 할 수 없다. 예나 중기의 정신철학적 초고들에서는 『정신현상학』과는 상당히 다른 논리적 구조와 방법론 그리고 내용을 지닌 승인이론들이 전개되고 있다. 1970년대 이후 헤겔의 예나 중기 정신철학에 관한 연구가 활발하게 이루어지면서 여기서 전개된 승인이론이 규범적 실천철학을 위한 근본원리의 정초 이론으로서 새롭게 조명받고 있다.[3)]

헤겔의 승인이론은 개별 의식의 주관성의 형성과 사회적 상호주관성의 형성 사이의 동근원성과 상관성을 발생론적으로 보여준다. 여기서는 (구조주의나 체계이론에서처럼) 개인이 주체성을 상실한 채 되물을 수 없는 주어진 사실로 전제된 사회 체계에 내맡겨지지도 않고, 반대로 (선험적 의식철학이나 자유주의에서처럼) 사회적 관계와 제도들이 단순히 개인들의 주관적 욕구와 자의(恣意)에 종속되어 있는 원자적 주체들의 집합체로 간주되지도 않는다. 헤겔의 승인이론은 주관적 의식의 자기반성적 경험의 운동 과정을 참여자의 1인칭 관점에서 서술하면서 어떻게 개인의 개별적 의식이 자기동일성을 인식하는 충만한 자기의식으로 발전하는가(개별화), 그러면서 동시에 개별적 의식이 타자와 상호주관적 동일성을 형성한 보편적 의식으로 스스로를 도야시키는가(사회화), 그리고 이러한 개인들 간의 상호 행위가 자율적으로 인륜적 사회제도를 구성하면서 그 안에서 개인들이 진정한 자유를 실현하는가(제도화)를 해명한다.

II. 피히테와 헤겔의 승인이론의 차이

보편적 행위 규범으로서의 법과 윤리는 자유롭고 이성적인 주체들 간의 상호 승인을 통해 구성되는 사회적 관계고, 이러한 상호작용은 또한 각 개인이 자기의식을 형성하기 위한 선험적 조건이라는 사상을 하나의 체계적인 이론으로 전개한 최초의 철학자는 피히테다. 헤겔의 승인이론은 1802~1803년의 『인륜성의 체계』(*System der Sittlichkeit*)에서 그 단초를 찾아볼 수 있고 1803~1804년의 『체계 기획 I』(*Jenaer Systementwürfe I*)에서부터는 뚜렷하게 확인되는 피히테 이론의 재수용과 더불어 비로소 체계화되고 발전된다. 그러나 헤겔의 승인이론은 피히테의 이론의 단순한 수용과 반복을 넘어서 체계론적인 면에서나 내용적인 면에서 비판적으로 수정되고 확장된 모습을 보인다.

헤겔은 피히테의 승인이론에 담긴 기본 의도를 계승하지만 그 세밀한 내용에 있어서는 상당한 수정을 가한다. 간략하게 말하자면 헤겔의 승인이론은 피히테의 이론에 비해 더욱 개인주의적인 의식의 규정에서 출발하면서도 오히려 더 높은 차원의 보편적 상호주관성을 산출해내고자 한다. 이런 면에서 헤겔의 승인이론은 피히테의 이론보다 훨씬 광범위하고 역동적이다. 두 이론 간의 중요한 차이점을 다음과 같이 요약할 수 있다.

첫째, 피히테의 이론에서는 승인 운동의 결과로 등장하는 의식 형태인 자기의식을 헤겔의 승인이론은 오히려 승인 운동의 출발점으로 삼는다. 피히테에게서는 승인 운동이 바로 자기의식의 발생사였다. 이에 반해 헤겔의 승인이론은 자기의식의 발생을 외적 대상에 대한 의식의 자기복귀 운동을 통해 이미 즉자적으로 완결된 것으로 전제하고서 이러한 자기의식으로부터 직접 출발한다. 그렇기 때문에 헤겔의 승인이론에서 개인은 처음부터 스스로를 절대적으로 자유로운 총체성으로 인식하는 자기의식의 형태로 타인과의 상호 관계 속에 들어서게 된다. 이로써 헤겔은 승인이론의 출발점에서 피히테의 이론이 지녔던 방법론적 개인주의를 더욱 극단화하면서 홉스적 자연 상태론에 접근한다.

둘째, 이와 같은 최초 조건의 변경은 조화주의적 성격을 가지고 있던 피히테의 승인 모델을 갈등이론적으로 역동화하는 결과를 가져온다. 승인 운동의 출발점이 되는 자기의식의 본성은 모든 규정태를 자기 안에 정립하는 절대적으로 자유로운 무차별성으로 스스로를 인식하고 확인하려는 데에 있다. 그렇기 때문에 이러한 자기의식적 개별자들 간의 상호작용이 처음에는 투쟁, 그것도 삶과 죽음을 건 전면적 투쟁이라는 부정적 양식을 띠는 것이 불가피해진다.

앞 장에서 보았듯이 피히테는 모든 이성적 존재들의 행위가 예정 조화된 동형성(同形性)을 지니고 있다고 전제했다. 그리고 이런 전제 아래 다른 이성적 존재와의 최초의 만남에서 이미 타아에 대한 '개연적 인식'이 즉각적으로 이루어지고, 이로부터 '정언적 인식', 즉 타아에 대한 확정적 승인으로의 이행은 타아가 제기하는 도전적이지만 위협적이지는 않은 '촉구'와 이에 상응하는 자아의 자기 제한 행위를 통해 조화롭게 성취된다고 보았다. 여기서 투쟁은 승인 과정과는 무관한 이탈 현상의 가능성으로만 고려될 뿐이지 그 자체가 승인 과정의 필연적인 계기로 편입되지는 않는다.

이에 반해 헤겔에게서는 승인이 필연적으로 '삶과 죽음을 건 투쟁'이라는 부정적 매개 과정을 통해 이루어진다. 이렇게 홉스적 갈등이론을 승인이론 안으로 받아들임으로써 헤겔은 개별성으로의 분화라는 계기를 더욱 첨예화하는 한편, 동시에 상호 승인에 의한 통합이 개별성을 절대적 인류성으로 지양하는 치열한 자기 초월의 과정임을 더욱 명확하게 보이고자 한다.

헤겔은 투쟁을 그 자체로는 자기모순을 내포하고 있고 상호 승인을 위해 극복되어야 하는 부정적인 계기면서도 동시에 보다 높은 차원의 보편적 규범을 산출해내는 긍정적인 잠재력을 지닌 것으로 파악한다. 즉, 승인 운동은 피히테에게서처럼 단지 개별자들의 경쟁적인 권리 주장 사이에 양적인 균형의 산출하는 것을 넘어서 자아를 자신의 원자적 개별성으로부터 해방시키고 보편적 인륜성으로 인도한다. 그런데 이러한 자기 지양은 투쟁의 경험 속에서 자신을 죽음의 위험 앞에 내맡김으로써 개별적 규정들의 총체성인 자기 자신의 삶마저 절대적으로 부정하는 자기 극복의 계기가 없이는 불가능하다. 이런 점은 헤겔이 투쟁의 과정 속에서 상대자의 죽음보다도 오히려 "자기 자신의 죽음, 곧 자살"이라는 측면을 더 강조하고 있다는 점에서 잘 드러난다.[4] 또한 헤겔은 투쟁이라는 매개 과정을 개입시킴으로써 개연적 인식에서 정언적 승인으로의 이행 과정에서 발생하는 쌍방적 촉구의 무한 진행이라는 피히테의 승인이론이 지닌 논리적 난점도 예정 조화라는 형이상학적 가정 없이도 의식이론의 테두리 내에서 효과적으로 해결할 수 있게 된다.

셋째, 피히테에게서 승인 운동은 개별자들의 상호 제한 행위를 통한 자유 영역의 공존과 안정화만을 결과할 뿐이지 참여자들의 배타적 개별성 자체를 지양하지는 않는다. 그러므로 상호 승인은 각자의 배타적 자유를 타자에 대항하여 지키는 것, 그리고 이것이 타자의 자유 영역을 인정하지 않고는 불가능하기 때문에 쌍방적 배제의 기계적 균형을 산출해 내는 것 이상이 아니다. 피히테의 승인이론은 자아와 타아 사이의 양적 교호 작용과 균등성만을 고려할 뿐 강한 의미의 상호성, 즉 호혜성과 보편적 동일성은 부정한다는 점에서 전형적인 부정적 상호주관성 이론에 머문다.

반면에 헤겔에게서는 자기의식이 승인 투쟁의 과정 속에서 자기주장과 자기 부정의 변증법적 운동을 수행하는데, 이러한 운동은 타자 안에서 각자의 자기동일성을 서로 동등하고 대칭적으로 획득하는 개별자들의 보편적 상호주관성으로 이끈다. 승인 운동을 통해 자기의식은 자신의 구체적 자기동일성에 대한 의식을 획득하면서 고유한 '나'로 성장한다. 그리고 이 운동은 동시에 모든 타자와의 연대적 동일성에 대한 의식, 즉 '우리'의 형성 과정이기도 하다. 이로써 헤겔은 근대 사회계약론이나 피히테의 이론이 채택했던 도구적 교환 모델을 내재적으로 극복하면서 보다 강한 긍정적 상호주관성 이론을 제시한다.

넷째, 피히테는 승인 운동의 결과로 등장하는 법을 자유의 쌍방적 제한의 체계로, 그리고 이에 기초한 법적 공동체를 강제법에 의한 제재의 위협 아래 배타적으로 대립해 있는 개별자들의 기계적 집합체로 제시했다. 반면에 헤겔에게서 승인 운동의 결과는 스스로를 보편성으로 고양시킨 개별자들의 정신적 결합, 즉 '인륜성'이다. 인륜성 안에서 서로를 승인하고 승인받는 개별자는 그가 승인하는 타자 속에서 자신의 실현된 자유를 발견하고 성숙한 인격적 주체로서 서로와 연대한다. 이러한 인륜성의 현존재인 법은 강제의 질서가 아닌 자유의 질서며, 국가의 형태로 구현되는 인륜적 공동체는 자유의 제한이 아닌 자유의 확장이다. 의식이론적 측면에서 본다면 승인 운동을 통해 완성되는 자기의식은 피히테에게서는 타자를 배제하는 그리고 이러한 배제 속에서만 타자와 외면적으로 균등한 개별적이고 양적인 자아다. 반면에 헤겔에게서 '승인받은 존재'는 나와 너, 보편과 개별의 내적 통일로서 구체적으로 보편적이고 질적으로 충만한 자아다.

다섯째, 피히테의 승인이론은 사회질서의 구축을 위한 규범 원리가 되는 법개념을 주관적 의식이론이라는 한정된 테두리 내에서 선험적으로 연역해내는 역할만을 담당한다. 그리고 이러한 법개념조차 실제적인 사회제도론에는 제한적으로만 적용된다. 반면에 헤겔의 예나 초·중기 승인이론에서는 의식의 자기 경험의 발전(의식이론에서의 개별화)과 대상적 행위의 구체적 산물 및 사회제도의 발생(사회이론에서의 사회화)이 하나의 과정으로 통합되어 서술된다. 즉, 의식의 승인 운동은 자연과의 대립 속에서 의식 스스로가 산출한 사회적 매개체—즉, 언어, 도구, 재산—를 기반으로 하여 전개되며, 승인 운동의 과정 속에서 도달하는 각각의 의식 단계는 그에 상응하는 사회제도—즉, 사랑과 가족, 법적 관계와 시민사회, 절대적 인륜성과 국가—로 현실화되고, 또 역으로 각각의 사회제도는 그 안에서 구성원들이 갖게 되는 규범적 의식과 의지의 구체적인 내용을 규정한다. 이와 같은 의식이론과 사회제도론의 직접적인 결합은 피히테의 이론과의 중요한 차이점일 뿐만 아니라 헤겔의 철학 체계 내에서도 예나 초 · 중기의 정신철학에서만 발견되는 독특한 모델이다.

III. 승인의 개념적 구조와 단계

헤겔에게서 '승인'이란 대자적으로 존재하는 두 자기의식들이 타자 속에서의 자기 상실과 타자로부터의 자기 회복이라는 쌍방적 이중 운동을 통해 자신의 자립성을 관철(자기주장, 투쟁)하면서도 동시에 그들의 직접적인 배타적 개별성을 지양(자기 부정, 화해)함으로써 서로 안에서 스스로를 '보편적 자기의식'으로 구성하고 상호주관적으로 공유하는 보편 영역(법)을 자율적으로 창출하는 것을 말한다. 헤겔에 따르면 이러한 승인 운동은 ① 자기의식의 탈자화(Außer-sich-Kommen), ② 자신의 탈자 존재의 대자화(對自化)를 통한 타자 존재의 지양(Aufheben seines Andersseins), ③ 자기 복귀(Rückkehr-in-sich)라는 세 가지 개념적 계기로 이루어진다. 그리고 승인은 의식의 발전 단계에 따라 ① 가족 안에서의 사랑, ② 시민사회에서의 법적 관계, ③ 국가 속에서의 절대적 인륜성이라는 세 가지 구체적인 형태로 현실화된다.[5] 전자의 개념적 측면을 승인의 개념적 구조 혹은 그 횡적(橫的) 구조라고 부르고, 후자의 형태적 측면을 승인의 단계적 구조 혹은 그 종적(縱的) 구조라고 부르자.

그런데 승인의 개념적 구조와 단계적 구조는 서로 밀접하게 관련되어 있기는 하지만 그렇다고 일대일의 대응 관계 속에 있는 것은 아니다. 예를 들어 사랑은 다른 승인 형태에 비해 상대적으로 탈자화의 계기를 강하게 드러내지만 이 계기만으로는 완성되지 않는다. 탈자화의 원리에만 기초한 관계라면 그것은 참된 사랑이 아니라 일방적인 종속 관계에 머물고 말 것이다. 마찬가지로 법적 인격성의 구성을 위해서도 단지 자기 주장뿐만 아니라 자기 극복의 계기도 필수적이다. 승인 개념의 세 가지 계기는 승인의 매 단계에서 내적 구성 요소로 중첩적으로 등장하면서 각각의 종적 단계가 나름의 방식으로 완결된 '추론'(推論, Schluß)을 이루도록 만든다. 승인의 개념적 구조가 일정한 의미에서 의식의 단계적 발전 과정과 상응하고 있음에도 불구하고 이를 횡적 구조라고 부르는 이유가 이런 중첩적 대응 관계에 있다.

승인 개념은 『정신현상학』에서 가장 상세하게 분석되어 있으므로 이에 의거하여 그 개념적 구조를 해명하겠다. 반면에 승인의 단계적 구조는 예나 초 · 중기 초고들에서 보다 더 포괄적이고 완결된 형태로 서술되어 있으므로 주로 이를 전거로 삼아 살펴보겠다.

1. 승인의 개념적 구조

헤겔에 따르면 승인 운동은 ① 자기의식의 탈자화, ② 자신의 타자 존재의 지양, ③ 자기 복귀라는 세 가지 계기를 내포하고 있고, 이 세 계기는 하나의 '추론'을 형성한다.[6] 그런데 헤겔의 승인이론이 상호 승인의 이념을 독단적으로 미리 전제하고서 고찰 대상이 되는 자기의식의 운동을 이 이념에 끼워 맞추는 관찰자 시점의 목적론적 논변 형태를 취하고 있다는 비판이 제기되곤 한다.[7] 이런 유의 비판에 대해서는 다음과 같은 점을 지적해야겠다. 헤겔에게서 추론 형식을 띠고 전개되는 승인 운동의 중심 내지 매개체는 처음에는 단지 추론의 한 극으로 나타나는 개별적 자기의식 자체다. 승인 운동 속에서 서로 대립해 있는 자기의식들은 "각자가 타자에 대해 중심이고, 이 중심을 통해 각자는 스스로를 자기 자신과 매개하고 결합시킨다."[8] 이는 상호작용 속에 있는 자기의식들 각자가 '우리의 개입 없이도' 승인 운동을 자율적으로 수행한다는 것을 뜻한다. 그렇기 때문에 승인 개념의 실현은 승인 운동에 참여하는 자기의식들 이외에 어떠한 제3자도 필요로 하지 않는 내재적 발전 과정이다. 헤겔의 승인이론은 철저하게 1인칭 행위자 시점을 취하여 의식의 자기 운동을 서술한다.

물론 자기의식은 자유로운 존재로 승인받기 위해 다른 자기의식을 승인하지 않을 수 없다. 그러나 이러한 필연성은 외적 강제가 아니라 자신의 절대적 자립성을 표현하고 입증하려는 자기의식 자신의 목적에 의해 발생하고 또 그 자신의 행위를 통해 해소되는 필연성이다. 즉자 대자적 자기의식에 도달하기 위한 필연적 조건인 보편적 상호주관성은 목적론적 전제가 아니라 그 자체가 자율적으로 스스로를 전개하는 자기의식의 운동의 결과다. 따라서 헤겔의 승인이론이 일반적이고 부정적인 의미에서의 목적론이라는 비판과 더불어 헤겔이 서술하는 승인 운동은 단지 자기의식의 형성에 이미 선행하는 근원적 상호주관성을 주관적으로 의식화하고 내면화하는 과정이라는 해석 역시 반박되어야 한다.[9)]

승인 운동은 "자신의 이중적 의미의 타자 존재의 이중적 의미의 지양"을 통한 "**자기 자신 안으로의** 이중적 의미의 복귀"다.[10)] 동일성 속에서 동시에 자기 자신의 반대—즉, 자기 자신이면서 동시에 자신과 대립해 있는 타자—라는 자기의식의 독특한 본질 논리적 구조 때문에 승인 운동의 각 계기들은 내적으로 이중적인 의미를 지니고 있다. 다시 말하면 자기의식의 행위는 "**자기 자신에 대한** 행위면서 또한 **타자에 대한** 행위"라는 이중성을 지닌다.[11)]

운동의 첫 번째 계기인 탈자화 속에서 자기의식은 처음에는 타자 속에서 자신을 상실한다. 즉, 자기의식은 자신이 타자 속에 있음을 발견한다. 그러나 바로 이를 통해 타자는 자기의식 자신의 타자가 되어 양자의 차별성이 지양된다. 즉, 자기의식은 타자 속에서 자기 자신을 발견한다.

따라서 두 번째 계기를 이루는 타자 존재의 지양 역시 이중적 의미를 지닌다. 자기의식의 행위는 처음에는 타자의 지양을 겨냥한다. 그러나 첫 번째 계기를 통해 타자가 이미 자신의 타자가 되었기 때문에 타자의 지양은 동시에 자기 자신의 지양이다. 이는 승인 운동에서 타자성의 부정 못지않게 자기 부정이 필수적인 조건임을 의미한다. 자기의식은 "그것이 대자적으로 존재하는 것으로서의 자기 자신을 지양하고 오로지 타자의 대자 존재 속에서 대자적임으로써만 오직 대자적이다."[12)]

그러므로 세 번째 계기인 자기 복귀 역시 타자의 단순한 부정을 통한 유아론적 자아로의 회귀가 아니다. 자기의식은 타자 속에서의 자기 존재를 지양하지 않고서는 자신의 타자를 지양할 수 없다. 자신의 타자 존재의 지양을 통해 타자 속에서 자기 자신을 회복하는 자기의식은 "따라서 타자를 다시 자유롭게 방면한다."[13)] 즉, 타자 존재를 자신 안에 통합하는 행위는 동시에 타자를 자립적 존재로 인정하고 자신으로부터 해방시키는 행위며, 또 그러한 한에서만 자기의식은 타자로부터 승인받은 자립적 대자 존재가 될 수 있다.

그런데 자기의식의 행위는 지금까지 서술한 바와 같이 내적으로 이중적인 의미를 지니고 있을 뿐만 아니라 그것이 "불가분리적으로 **일자의 행위**면서 또한 **타자의 행위**"라는 점에서 쌍방적이기도 하다.[14)] 이런 교호성은 자기의식이 승인 운동 속에서 관련을 맺고 있는 대상이 그 자신과 마찬가지로 "하나의 대자적으로 존재하는 자립적인 대상이어서, 자기의식은 그가 이 대상에 행하는 바를 자기 자신에게 행하는 않는 경우에는 이 대상에 대해 혼자서는 아무것도 할 수 없다"는 점에 연유한다.[15)] 비유적으로 표현하자면 나의 자기의식은 자신을 비춰볼 수 있는 거울을 타인의 자기의식 속에 가진다. 그런데 이렇게 나를 비춰주는 타인은 그 자체가 자기 안에 고유한 중심점을 가지고 있으며, 비춰보는 내가 역으로 나를 비춰주는 타인의 거울이 된다. 우리는 서로가 서로를 비추고 비춰주는 거울이다.

그렇기 때문에 한쪽은 그가 다른 쪽에게 요구하는 바에 상응하여 동시에 자기 자신을 자발적으로 변화시키지 않고서는 다른 쪽을 자신의 의도에 맞게 변화시킬 수가 없다. 한쪽만의 행위는 그것이 ('주인'에 의해 체현되는 것처럼) 일방적인 자기주장이건 아니면 ('노예'에 의해 체현되는 것처럼) 일방적인 자기 부정이건 간에 "소용없을" 것이다.[16] '주인과 노예의 관계'가 실패할 수밖에 없는 본질적인 이유는 그것이 승인을 위해 요구되는 평등의 원리를 충족시키지 못하는 비대칭적 관계라는 데에 있다. 승인은 그 원리상 두 자립적인 자기의식들이 동등한 권리를 지닌 존재로서 대칭적으로 참여하는 상호 관계로서만 가능하다. 그렇기 때문에 헤겔은 "그들은 **서로를 승인하는 존재**로서 서로 **승인한다**"라고 말한다.[17]

승인 운동은 승인 투쟁 속에 있는 두 자기의식이 "이기적 개별성의 **부정**"을 자율적이고 상호적으로 수행함으로써 "그들 **서로 간의 특정한 동일성**에 대한 직관"에 도달하는 것으로 완결된다.[18] 상호 승인을 통해 자기의식은 "다른 자유로운 자기의식 속에서 자기 자신에 대한 확신과 또 바로 그 안에서 자신의 진리를 획득하게" 된다.[19] 바로 이러한 '승인받은 존재'(Anerkanntsein)로서의 자기의식이 승인을 위해 투쟁하는 자기의식의 진리다.

> 자기의식은 그것이 타자에게 즉자 대자적임으로써 그리고 이를 통해서만 즉자 대자적이다. 즉, 자기의식은 오직 승인받은 것으로서만 존재한다.[20]

그런데 서로를 승인하면서 승인받은 자기의식들은 각자가 이미 자신 안에서 스스로를 "자기 자신 그리고 다른 자기의식의 **통일**"로 고양시켰고 또 자신을 그러한 보편자로 인식하고 있다.[21] 따라서 승인은 다른 특수자로서의 타자에 대한 승인일 뿐만 아니라 동시에 두 참여자(나와 너)에 의해 함께 창출되는 보편적 동일성(우리)에 대한 공동의 승인이다. 헤겔은 이렇게 상호주관적으로 계몽된 자기의식을 '보편적 자기의식'이라고 표현하면서, 이를 다음과 같이 규정한다.

> **보편적 자기의식**은 다른 자기 속에서의 자기 자신에 대한 긍정적 인식이다. 이들 각자는 자유로운 개별성으로서 **절대적인 독립성**을 갖지만, 그의 직접성 내지 욕구의 부정을 통해 타자와 구별되지 않고 보편적이고 객관적이며, 자유로운 타자 속에서 자기 자신을 승인받은 존재로 알고 있고 또 그가 타자를 승인하고 자유로운 존재로 아는 한에서 자기 자신을 승인받은 존재로 아는 그러한 상호성으로서의 실제적인 보편성을 지닌다.[22)]

보편적 자기의식은 헤겔 철학에서 "인륜성의 왕국"의 기반이 될 뿐만 아니라 "절대적 실체로서의 정신"을 형성한다.[23)] 정신이란 다름 아닌 "자신의 대립의, 즉 대자적으로 존재하는 상이한 자기의식들의 완전한 자유와 자립성 속에서 그들의 통일, **우리**인 **나** 그리고 **나**인 **우리**"이기 때문이다.[24)] 그리고 이런 두 자립적 자기의식들의 정신적 통일이 바로 승인의 순수한 개념을 이룬다.

이러한 승인 개념은 '사변적'이다. 왜냐하면 이 개념은 자신과는 다른 자립적 자기의식과의 동일성 속에서만 비로소 자신의 동일성을 갖는 그런 자립적 자기의식이 사유되어야 한다는 절대적 모순을 내포하고 있기 때문이다. 그러나 이 모순은 단순히 회피되어야 할 형식 논리적 모순이 아니다. 그것은 자기가 아닌 모든 것에 대해 절대적으로 비종속적이어야 하며 동시에 바로 이를 위하여 타자와 필연적으로 관계를 맺을 수밖에 없는 자기의식의 본질 자체에 내재하는 모순에서 유래한다. 그리고 이런 자기의식의 내적 모순은 바로 승인 운동을 통해 긍정적으로 해소되는 것이다. 헤겔의 용어로 표현하자면 승인이란 '절대적 차별의 동일성' 혹은 '동일성과 비동일성의 동일성'이고, 승인받은 존재란 '타자 속에서 자기 자신에 거함'(Bei-sich-selbst-Sein-im-Anderen)이다. 승인받은 존재는 그가 자유로운 존재로 승인한 타자 속에서 자신의 진정한 자유를 획득하며, 타자와 더불어 이룩한 보편적 동일성 속에서 자신의 진정한 개별성에 도달한다. 그리고 그가 이런 타자와의 연대적 상호주관성 속에서만 비로소 그가 지향하는 확고한 자기동일성에 다다를 수 있음을 알고 있고 이를 의식적으로 추구한다. 그러므로 승인받은 존재의 보편적 자기의식은 '인륜적 의식'이다.

2. 승인의 단계적 구조

승인 개념은 의식의 발전 단계에 따라 ① 직접적 통일의 형식 속에서 자연적 개인에 대한 정서적 승인인 사랑, ② 분화의 형식 속에서 추상적 법인에 대한 인식적 승인인 법적 관계, ③ 개별자와 보편자 간의 보편적이면서 동시에 구체적인 승인 관계인 절대적 인륜성이라는 세 가지 상이한 형태로 구현된다. 그리고 이 형태들은 각각 ① 가족, ② 시민사회, ③ 국가라는 사회제도의 구성 원리가 된다. 이때 이 세 가지 형태는 단순히 병렬적으로 존재하는 영역들이 아니다. 헤겔은 이들을 의식이 자기를 실현하는 과정 속에서 점차 상위의 형태로 지양되어가는 일련의 발전 단계들로 파악한다.

사랑은 직접적 통일이라는 형식 속에서 특수한 자연적 개인에 대한 감성적 승인이다. 이를 통해 개인들이 가족이라는 하나의 전체로 통합되는 동시에, 이 전체 안에서 각 개인은 총체적 개별성으로 성장하고 구체적인 욕구 존재로서 자기에 대한 신뢰를 획득하게 된다. 그러나 사랑의 관계는 상호적이긴 하나 아직 비대칭적이고 주관적이며 그 적용 영역이 제한적이라는 한계를 지니고 있다.

이런 사랑의 한계는 우선 법적 관계를 통해 극복된다. 법적 관계는 분화(分化)라는 형식 속에서 추상적 법인(Rechtsperson)에 대한 형식적이고 인식적인 승인이다. 이를 통해 승인 관계는 가족이라는 좁은 범위를 벗어나 사회적으로 보편화되고 객관화되어 자유로운 개인들의 조직체인 시민사회를 구성하는 원리가 된다. 소유와 이에 대한 권리의 승인을 위한 투쟁에 의해 매개되는 법적 승인의 운동 속에서 개인은 개별적인 현존재에 대한 집착으로부터 해방되어 보편 의지로 도야되는 동시에, 시민사회의 구성원이 되어 법적 권리 및 책임 능력을 인정받은 인격자로서 자기에 대한 존중과 명예를 획득하게 된다. 그러나 법적 관계의 보편성은 각 개인의 특수성을 도외시한 추상적 보편성일 뿐이다. 따라서 법에 구현된 보편 의지는 범죄의 형태로 나타나는 개별자의 특수 의지와 아직 대립해 있다.

사랑과 법적 관계가 개별자들 간의 승인 관계인 반면에, 절대적 인륜성은 개별자와 보편자 간의 승인 투쟁을 통해서 형성되는 보편적이면서 동시에 구체적인 승인 관계다. 절대적 인륜성은 개별과 보편의 통일로서 헤겔에 따르면 민족 국가의 형태로 실체화된다. 절대적 인륜성 속에서 개인은 보편 자체를 의지의 목적으로 삼는 공민(公民, citoyen)으로서 공동체에 참여하는 한편, 타인과 구별되는 독특한 개별자로서 지닌 가치를 공동체의 동료들로부터 인정받고 보장받는다. 절대적 인륜성은 승인 개념의 완성된 현실태다. 그러나 헤겔이 과연 보편(국가)과 개별(개인) 간의 관계를 그 자신의 승인 개념의 원리인 대칭적 상호성에 따라 파악하고 있는지에 대해서는 의문의 여지가 있다. 이 물음은 헤겔의 승인이론에 대한 내적 비판의 준거점이 될 수 있다.

(1) 사랑

'사랑'은 이중적인 의미에서 헤겔의 승인이론의 출발점이다. 즉, 헤겔에게 사랑은 승인이론의 체계론적 관점에서 승인의 첫 번째 형태고, 또한 발생사의 관점에서 볼 때에도 승인이론 전반의 개념적 단초를 제공해준 것이다. 물론 『체계 기획 III』(*Jenaer Systementwürfe III*)에서 헤겔은 사랑을 '승인'(Anerkennen)이라는 개념보다는 '인식'(Erkennen) 또는 '바라봄'(직관함, Anschauen)이라는 개념을 사용하여 규정하고 있으며 또한 자기희생의 계기를 강조하고 있다.[25] 이런 이유로 '사랑은 승인의 한 가지 완결된 형태라기보다는 승인 운동이 본격적으로 일어나기 이전의 예비적 하위 단계 혹은 승인의 단지 한 구성 요소로 간주되어야 하지 않는가?'라는 의문이 제기될 수 있다. 실제로 사랑의 관계 속에서는 자기주장, 대자 존재, 대립의 계기에 비해 자기 부정, 타자를 위한 존재(Sein für Anderes), 합일의 계기가 더 지배적이다.[26]

그러나 헤겔이 청년기에 집필한 「종교와 사랑」(*Entwürfe über Religion und Liebe,* 1797~1798)을 보면 그가 사랑을 이미 하나 됨과 분리됨의 변증법적 통일로 파악하고 있음을 알 수 있다. 이런 사랑의 변증법적 구조는 이후에 형성된 사변적 승인 개념—더 나아가 변증법 논리 일반—의 원형을 제공하게 된다. 사랑은 "합일, 분리된 것들 그리고 재합일"의 세 가지 계기로 이루어져 있다.[27] 따라서 그것은 일방적인 자기희생을 통한 갈등 없는 통합이 아니라 오히려 "완전한 헌신과 … 아직 현존하는 자립성 간의 항쟁"이라는 긴장 관계를 내포한 타자 속에서의 자기 재발견이다.[28] 또한 승인 관계 일반에서와 마찬가지로 사랑의 관계에서도 상호성, 대칭성, 사변성이 본질적인 원리로 작동한다. 더 나아가 『체계 기획 III』에서 헤겔은 사랑이 "자립적 자아에 대한 자립적 자아의 첫 번째 앎"이며, 사랑의 운동 결과는 "승인받은 존재"라고 명시한다.[29]

사랑의 관계는 서로를 욕망하는 성숙한 두 자기의식의 만남이다. 그런데 이때의 욕망은 대상을 도구화하여 지배하고 흡수하려는 동물적 욕망이 아닌 "다른 욕망을 지향하는 욕망", 즉 타인이 나를 욕망해주기를 욕망하는 인간적이고 정신적인 욕망이다.[30] 사랑의 대상은 자연적 사물과는 달리 그 자체가 대자적으로 존재하는 주체여서 직접적 욕구를 넘어선 "애호"의 상대가 된다.[31] 사랑은 이런 "양자의 절대적인 대자 존재 속에서 양자의 직접적 통합"이다.[32] 그리고 이러한 통합이 두 자기의식에게 대자적으로 정립되고 인식되는 과정이 사랑의 운동을 이룬다.

사랑의 운동은 타자 속에서의 자기 상실로 시작된다. 사랑하는 사람은 자신의 본질을 사랑받는 사람 속에서 바라보며, 자신의 고독한 대자 존재를 기꺼이 포기하고 타자와 공생적으로 동화되고자 한다. 나는 탈자화되고 '타자를 위한 존재'가 되는 것이다. 그러나 나는 바로 이렇게 스스로를 전적으로 타자화함으로써 오히려 타자 속에서 나 자신을 발견한다. 내가 나의 온 존재를 기울여 부어 넣은 너는 곧 나다. 그런데 내 안에서 일어나는 이러한 자기 상실과 자기 발견의 이중적 운동은 그것이 또한 타자에게서도 똑같이 일어나야 한다는 것에 의해 조건 지어져 있다. 즉, 타자 역시 자발적으로 나를 위한 존재가 되어주어야 하며 내 안에서 그 자신을 찾을 수 있어야 한다. 사랑은 "쌍방적인 주고받음"이고, 이런 관계는 "오직 동등한 것, 거울, 우리 본질의 메아리에 대해서만 성립될 수 있기" 때문이다.[33]

> 사랑은 무릇 나와 타자의 통일에 대한 의식이다. 그리하여 나는 홀로 고립되어 있는 것이 아니라 오히려 나의 대자 존재를 포기함으로써만 그리고 내가 타자와 통일되어 있고 또 타자가 나와 통일되어 있는 것으로서 나를 앎으로써만 나의 자기의식을 획득한다. … 사랑에서의 첫 번째 계기는 내가 나만의 독립적인 인격자가 되기를 원치 않는 것, 그래서 만일 내가 독립적인 인격자로 남는다면 오히려 내 자신을 결함 있고 불완전한 존재로 느끼는 것이다. 그 두 번째 계기는 내가 다른 인격자 속에서 나를 획득하는 것, 다른 인격자가 내 안에서 성취하는 바로 그것을 다시 내가 다른 인격자 안에서 얻는 것이다.[34]

물론 나는 타자에게 나의 사랑에 대해 동일한 방식으로 응답해주기를 (간절히 바라고 호소할 수는 있을지언정) 법적으로 명령하거나 도덕적 의무로 요구할 수는 없다. 사랑은 순수한 선물이므로 반환 청구를 할 수 있는 것이 아니다. 사랑 그 자체는 법의 영역 외부에 있을 수밖에 없는 이유가 여기에 있다. 사랑과는 달리 법의 영역에서는 권리와 의무 사이에 엄격한 대칭성이 있다. 그러나 사랑에도 근본적인 상호성이 없다면 그것은 불완전한 일방적 관계에 머물거나 아니면 자기 상실과 자기 발견의 균형을 찾지 못한 마조히즘적 혹은 사디즘적인 병리 현상으로 변질되고 말 것이다.[35)]

사랑은 "타자 속에서의 자기 존재"다.[36)] 사랑은 내가 아닌 타자 속에서 나를 철저하게 상실함으로써 오히려 온전한 나 자신을 획득하는 "가장 가공할 모순"이며 또한 동시에 이 모순을 해소하는 "기적"이다.[37)] 사랑의 관계 속에서 두 주체는 서로로부터 각자가 구체적이고 자연적인 존재로서 가치를 지니고 있음을 승인받음으로써 자신의 "전체적 개별성"에 대한 신뢰와 안식을 얻게 되는 동시에 가족이라는 "**하나의** 인격자"로 통합된다.[38)] 그들은 각자의 개별성 속에서도 하나의 공동체에 속한다는 공동 의식에 도달하게 되는데, 바로 이러한 의식이 "인륜성의 요소"를 이룬다.[39)] 타인을 위해 자신을 남김없이 바치고 이를 통해 타인과 무한한 하나가 되는 신비의 기쁨을 경험하지 못한 이는 더 큰 공동체의 성숙한 일원이 될 심리적 토대도 갖지 못한다.

원시 기독교 공동체 사상에 심취했던 청년 헤겔, 특히 프랑크푸르트 시기의 헤겔에게 사랑은 근대 세계의 분열과 죽은 것—즉, 소유와 실정법—에 의한 지배에 대항하는 참된 생명과 통일의 원리였다. 이러한 것으로서 사랑은 분열의 시대 상황을 극복할 수 있는 보편적 사회규범의 유일한 원리로 간주되었다. 물론 이때 그는 사랑을 단지 두 사람 간의 정서적인 관계만이 아니라 개별자들의 자기 극복을 통한 직접적이고 자발적인 통합이라는 더 포괄적인 의미로 이해하고 있었다.

그러나 예나 시기에 접어들면서 헤겔은 사랑에 대한 이런 이상과 희망을 포기하게 된다. 그 까닭은 그가 그동안 사랑의 한계에 대해 깨닫게 되었기 때문이다. 우선 사랑은 감성적인 대면적 관계로서만 구체적이며, 따라서 그 적용 범위에서 보편적 사회규범의 원리로 작용하기에는 매우 제한적이고 불안정하다. 뿐만 아니라 사랑의 관계는 주관적이어서 사랑하는 이들은 그들의 통일에 대한 자기의식의 객관적 현존재를 자기 내부에 갖지 못한다. 그들은 사랑의 지속적인 현존재를 단지 외적 사물(가족 재산)이나 그들 외부의 또 다른 독자적인 생명체(자식)의 형태로만 가질 수 있을 뿐이다. 또한 사랑은 모든 객관성과 실정성을 거부하는 관념성 때문에 사회 현실의 거대한 힘에 대항할 충분한 힘을 갖고 있지 못하다. 경제적 환경이나 개별자의 권리 주장 또는 계약적 교환 관계 등이 언제든 사랑 안에 침투하여 이를 변질시키거나 질식시킬 수 있다. 이에 대항하여 사랑을 객관화하려고 하거나 제도적으로 고정하려고 하면 그것은 더 이상 사랑(만)이 아니게 된다.

> 그러나 사랑 그 자체는 아직 불완전한 것이다. 행복한 사랑의 계기들 안에는 객관성을 위한 여지가 없다. 그런데 그 어떤 반성도 사랑을 지양하고 객관성을 복원시킨다. 그리고 객관성과 더불어 제약의 영역이 다시 시작된다.[40]

그러나 이보다 더 중요한 것은 사랑이 그것에 기반을 두고 자유로운 개인들의 이상적인 사회관계를 구축하기에는 그 자체가 구조적인 결함을 가지고 있다는 점이다. 직접적이고 자연적인 승인 관계로서 사랑은 상호적이기는 하나 아직 내적인 불평등을 안고 있는 관계다.

> **양성**(兩性)은 오로지 관계 속에서만 존재한다. 그러나 그 하나는 보편적인

> 것이고 다른 하나는 특수한 것이어서 양자가 절대적으로 동등하지는 않다. 따라서 그들의 합일 역시 절대적 개념의 방식에 따라서 이루어지지는 않으며, 그 합일이 완전하기 때문에 그들의 합일은 무차별적인 감정이다. 자기 자신의 형식을 파괴하는 것이 상호적이기는 하지만 절대적으로 동등하지는 않다.[41]

여기서 헤겔이 말하는 불평등이란 (그 역시 당시의 가부장적 전통에 따라 고수했던) 남녀 간의 혹은 부모와 자식 간의 '자연적' 불평등만을 의미하는 것이 아니다. 그것은 더 근원적으로 사랑하는 사람 각자의 내부에 존재하는 불평등, 즉 공생적 통합을 위해 자신의 자립성을 대가 없이 희생하는 불평등을 의미한다. 내가 사랑하는 네가 나의 헌신에 대해 나에게 같은 정도의 헌신으로 응답하더라도 이런 내적 불평등은 근본적으로 사라지지 않는다. 자기주장보다 자기희생이 앞서는 내적 비대칭성이 사랑을 바로 사랑이게끔 만드는 것이지만 또한 사랑이 지닌 불안과 불안정성의 근본 원인이기도 하다. 보편적 사회질서는 이 아름답지만 끊임없이 동요하는 모험에 기초를 둘 수 없다. (역으로 말하면 이런 불안정의 긴장 속에서도 굳건하게 결속되는 데에 사랑의 소중함과 고귀함이 있다.)

더 나아가 사랑 속에서의 승인은 자연적 개인에 대한 "의지의 대립이 없는" 직접적 승인일 뿐이어서 아직 정신적 자아성과 대자적으로 자유로운 의지를 결여하고 있다.[42] 사랑의 공생 관계 속에는 의식화된 차별적 자아, 타자로 융해되지 않는 고유하고 확고한 대자적 자기의식이 존립하지 않는다. 그리고 사랑을 통해 승인받는 것은 "**자연적** 개인, 그의 도야되지 않은 자연적 자기"일 따름이다.[43] 고대적 인륜성이 그러하듯이 사랑 속에서 개인은 비록 '실체적'으로는 자유롭지만, 이러한 자유가 아직 '자기의식적 자유'는 아니다. 그러나 탈전통적인 진정한 인륜성은 개인의 절대적 자립성을 전제하는 "차별적인 것들과의 관련 속에서 양자의 절대적 동일성" 이어야 한다.[44] 따라서 사랑은 "인륜성에 속하지 않고 자연에 속하며", "인륜성의 요소이지 아직 인륜성 자체는 아니다."[45]

> 사랑은 감각 지각이다. 즉, 자연적인 것이라는 형식 속에서의 인륜성이다. 국가에서는 그러한 것이 더 이상 존재하지 않는다.[46]

그렇기 때문에 예나 시기의 정신철학에서부터는 사랑이 보편적 사회규범의 유일한 원리라는 지위를 상실하고 그 자리에 더 포괄적인 승인 운동의 과정이 들어선다. 사랑은 이러한 승인 운동 중의 한 가지 단계, 그것도 없어서는 안 될 기본적인 것이지만 아직 미완성의 단계로 축소된다.

(2) 법적 관계

사랑이 "무아적(無我的)인 것으로서의 양극단의 직접적 통일" 인 반면에, 법적 승인은 전면적인 투쟁을 통해 매개된 "자유로운 자아로서의 양극단의 통일" 이다.[47] 헤겔에 따르면 사랑의 단계로부터 승인 투쟁으로의 이행은 필연적이다. 앞선 가족 관계에서 개인이 비록 의식의 총체성을 획득했지만 이것이 아직 개별적 총체성에 불과했다. 이런 개별적 의식은 이제 또 다른 개별적 의식으로부터 자신의 총체성을 승인받음으로써만 비로소 자기의식적 대자 존재에 이를 수 있다. 여기서 의식이 추구하는 승인은 " 다른 의식의 개별적 총체성 속에서 의식의 개별적 총체성으로 자신을 정립하는 것"이다.[48]

그런데 이때의 총체성은 우선은 자신의 모든 개별적 규정들을 자신의 존재 전체와 동일시하는 무차별성이다. 이러한 무차별성은 자기의 개별성을 직접 전체화하기 때문에 타자에 대해 부정적이고 배타적일 수밖에 없다. 그러나 그가 관계를 맺고 있는 타자 역시 그와 마찬가지로 배타적 총체성으로서의 자기의식이다. 이에 따라 여기서는 하나의 내적으로 완결된 전체가 또 다른 전체와 서로 맞서게 된다. 그러므로 타자와의 감정적 합일로부터 시작되는 사랑과는 달리 법적 승인의 운동은 타자에 대항하여 자기의 권리를 주장하는 대립적 관계로부터 시작된다. 그리고 다른 배타적 무차별자 속에서 자신을 배타적 무차별자로 정립하려는 두 자기의식의 관계는 필연적으로 삶과 죽음을 건 전면적인 투쟁으로 격화될 수밖에 없다.

> 서로를 개별성들의 총체성으로 승인하고 승인받으려는 양자는 이러한 총체성으로서 서로 맞선다. 그리고 그들이 서로에게 부여하는 의미는 각자가 타자의 의식 속에서 자신의 개별성들의 **외연** 전체로부터 타자를 배제하는 것으로 나타나고, 그가 이러한 배제 속에서 진실로 총체성이라는 점이다.[49]

이렇게 자기만을 배타적으로 전체화하려는 개인들 간의 투쟁은 본질적으로 (홉스에게서처럼) 단순히 생존을 위한 투쟁이 아니라 자신의 권리 능력을 인정받고자 하는 명예를 위한 승인 투쟁이다. 그러나 승인 투쟁을 거치면서 의식은 오히려 자신의 배타적 개별성을 지양하고 타자를 자신과 동등한 자유로운 존재로 승인함으로써만 그가 추구하는 '승인받은 존재'가 될 수 있음을 경험하게 된다.

승인 투쟁을 유발하는 직접적인 동기는 가족으로부터 배제된 자에 의한 가족 재산의 침해, 즉 점유의 침해다. 그러나 그보다 더 근본적인 원인은 배타적 점유 자체에 있다. 즉, 배타적 점유는 점유 대상(자연, 특히 토지)의 보편성과 점유 형식의 개별성 사이에 모순을 야기하는 것이다.

> 각자는 특히 그의 점유에서 필연적으로 방해받아야 한다. 왜냐하면 점유 속에는 하나의 외적인 것, 한 가지 사물, 토지의 보편적인 것이 **한 개별자**의

권한 안에 있어야 한다는 모순이 놓여 있기 때문이다.[50)]

이런 보편과 개별의 불일치 때문에 점유는 아직 법적 유효성을 지니지 못하며 타자에 의한 침해의 가능성에 노출되어 있다. 그리고 아직 법 자체가 형성되지 않은 상태이므로 타자가 행하는 점유 침해는 불법적인 행위가 아니다. 더 나아가 배타적 점유 취득의 행위는 이미 그 자체가 "일어나서는 안 될" 타자에 대한 침해였다.[51)]

물론 점유자는 점유 취득을 통해 자신의 욕구를 충족하려고 했을 뿐 타자를 부정하거나 침해하려는 의도를 갖고 있지는 않았다. 그러나 타자는 보편적 점유로부터 배제됨으로써 그의 총체성에 손상을 받게 된다. 따라서 점유로부터 배제된 자는 자신의 훼손된 총체성을 회복하기 위해 점유자에게 속한 현존재 속에 자신의 대자 존재를 정립할 수밖에 없는데, 이는 곧 점유의 침해로 나타난다. 그러나 그의 자기 회복은 타자(점유자)의 희생을 대가로 해서 일어났기 때문에 새로운 불평등을 야기한다. 그리하여 그의 침해 행위는 이제 다시 점유를 침해받은 자에 의한 똑같은 형태의 반작용(복수)을 유발한다. 이처럼 서로에게 배타적인 개인들이 상호 침해하는 악순환과 무법 상태가 바로 사회계약론자들이 말하는 '자연 상태'다.

이때 점유자의 점유 취득 행위가 그랬듯이 침해자의 행위 역시 그 의도에서는 단지 자신의 손상된 총체성을 회복하려는 것일 뿐이다. 그러나 그가 침해한 것은 단순한 사물이 아니라 그 사물에 대한 다른 주체(점유자)의 관념적 관계, 즉 그 사물 속에서 점유자가 획득했던 자기 인식이다. 따라서 침해받은 자는 침해 행위를 자신의 인격성 자체, 무차별자로서의 자신의 '명예'에 대한 모욕으로 받아들이게 된다. 물론 침해 행위를 통해 실제로 파괴된 것은 하나의 개별적인 사물에 불과하다. 그러나 현재 단계의 의식은 아직 내적으로 분화된 구조를 가지고 있지 않다. 그렇기 때문에 그의 무차별성은 오직 개별적 현존재 속에서만 실재성을 찾을 수 있으며, 따라서 그것은 각각의 개별적 현존재를 자신의 존재 전체와 동일시하는 추상적 무차별성에 머문다. 그가 지키고자 하는 명예란 "**한 가지** 규정성이 일단 부정되면 규정성들의 총체성이나 삶 또한 소멸되리라"고 간주하는 것이다.[52)]

> 자신의 개별성들 중 하나에 대한 침해는 무한하게 절대적인 모욕, 전체로서의 자신에 대한 모욕, 그의 명예에 대한 모욕이다. 그리고 각각의 개별적인 것을 위한 충돌은 전체를 위한 투쟁이다.[53)]

그러므로 처음에 점유의 배타적 취득으로 촉발된 갈등은 곧 "삶과 죽음을 건 투쟁"으로 격화된다.[54)] 나는 나의 총체성을 보존하기 위해 타자의 죽음을 지향해야 하며, 또 그러기 위해서는 동시에 나의 삶 역시 죽음의 위험 앞에 내놓아야 한다. 그렇지 않을 경우 나는 명예를 잃게 되고 타자에게 예속된 존재가 되고 만다. 의식이 이러한 추상적 무차별성에 고착되어 있는 한 투쟁의 결과로는 어느 한편의 죽음만이 있을 뿐이다.

그러나 삶과 죽음을 건 투쟁은 실은 다음과 같은 자기모순을 내포하고 있다.

> 내가 타자의 죽음을 지향함으로써 나는 나 자신을 죽음에 노출시키고 나 자신의 삶을 건다. 나는 나의 존재와 나의 점유의 개별성을 주장하려는 모순을 범한다. 그리고 이러한 주장은 그 반대가 되는 점유 전체와 모든 점유 및 향유의 가능성인 삶 자체를 희생시키는 것으로 이행한다. 나는 나를 개별성의 총체성으로 정립하면서 개별성의 총체성으로서의 나 자신을 지양한다.[55)]

이미 점유에 내재하던 개별적 현존재와 무차별적 대자 존재 간의 모순은 타자를 배제하면서 자신을 개별적 총체성으로 정립하려는 투쟁을 통해서 해결되지 않는다. 그러기는커녕 오히려 그 모순이 확대 재생산되어 자기 보존을 위해 시작된 투쟁이 역으로 개별자의 자기 지양으로 전도된다. 더 나아가 의식은 여기서 일종의 '수행적(遂行的) 자기모순'을 범하고 있다. 즉, 의식이 추구하는 것은 실은 개별적 현존재인 점유물의 보존이 아니라 그것에 대한 권리를 타자로부터 승인받고 그럼으로써 타자의 의식 속에서 총체적 의식으로서 존재하고자 하는 것이다. 그런데 그는 투쟁 속에서 타자를 부정함으로써 그를 승인해줄 대상적 주체를 파괴하고, 이와 더불어 투쟁의 목적이었던 "승인 자체가 지양된다."[56)]

이러한 자기모순은 이제 행위자인 의식 자체를 위해 해소되어야 한다. 예나 시기의 초고들에서 헤겔은 모순을 내포한 투쟁 속에서 배타적 개별성의 자기 지양이 이미 즉자적으로 이루어져 있고, 이를 투쟁 당사자들이 의식적으로 자각함으로써 투쟁 상태의 직접적인 극복이 가능하다고 생각했다. 그렇기 때문에 이 초고들에서는 이후의 『정신현상학』에서와는 달리 승인 투쟁이 '주인과 노예의 관계'라는 중간 과정 그리고 노동과 죽음에 대한 공포라는 의식적 계기의 매개를 거치지 않고도 성공적으로 해소된다.

승인 투쟁 자체는 모순이지만, 이 모순은 동시에 긍정적인 의미를 지니고 있다. 나는 타자와의 승인 투쟁 속에서 나의 개별적 총체성을 정립하기 위해 나를 죽음의 위험 앞에 내맡겨야만 했다. 즉, 나는 개별적 총체성으로서의 나 자신을 지양해야만 했다. 그러므로 나의 자기 정립을 위해 타자의 지양을 향하던 투쟁은 필연적으로 나의 자기 지양으로 귀결되고, 이를 통해 투쟁은 이미 극복된 것이다.

> 배제의 지양은 이미 일어났다. 즉, 양자는 **탈자화**되어 있다. 양자는 앎이고 자기 자신에게 대상이다. 각자는 타자 속에서 자기 자신을, 그것도 지양된 것으로서의 자기 자신을 의식한다.[57)]

투쟁 당사자들의 의식은 승인 투쟁을 거치면서 자신의 배타적 개별성을 지양함으로써만 총체적 의식으로 승인받을 수 있다는 사실을 경험한다. 따라서 승인 투쟁에 내재하는 모순의 극복은 관찰자인 '우리'만의 인식이 아니라 "이제 이 의식 자체의 인식이다."[58] 홉스에게는 투쟁이 오직 부정적인 의미만을 지니고 있으며, 투쟁 상태를 극복하는 것은 생존을 위한 도구적 이성의 '현명함'에 의해 수립되지만 투쟁 당사자들을 초월해 있는 제3의 절대 권력이었다. 그에게는 전쟁 상태 중이거나 전쟁이 종식된 법적 사회 상태이거나 개인은 변함없이 이기적이고 배타적인 개별자로 남는다. 반면에 헤겔에게서는 승인 투쟁이 이에 참여한 개별적 의식 자체로 하여금 스스로를 보편적 의식으로 변모하게끔 만드는 도덕적 전환을 가져온다. 이러한 전환은 삶과 죽음을 건 투쟁 속에서 개별적 의식 자신에 의해 자발적으로 수행되는 개별성과 배타성의 자기 지양을 통해 이루어진다. 이로써 투쟁이라는 부정적 계기는 인륜적 화해와 통일을 가능하게 만드는 매개체로서 승인 운동 안에 통합된다.

의식이 자신의 개별성을 배타적으로 주장하는 한, 타자에게 그는 아직 사물(점유)에 매여 있는 자연적 현존재에 불과했다. 타자는 그를 사물과 같이 취급하고 힘의 우위를 빌려 노예로 삼을 수도 있었다. 그러나 의식은 이제 스스로를 개별적 총체성의 '지양태'(지양된 존재, Aufgehobensein)로 정립함으로써 자신이 절대적으로 자립적인 대자 존재임을 자기 자신과 타자에게 입증했다. 그런데 그가 배타적 개별성을 지양한다는 것은 그가 자신을 타자에게 개방하고 타자를 자립적 대자 존재로 승인한다는 것을 의미한다. 그는 자신이 지양된 존재로서 타자의 의식 속에 존재함을 인식한다. 그러나 이러한 자기 지양이 타자 속으로의 자기 상실에 머물지 않는 까닭은 이 운동이 투쟁 속에서 상호적으로 일어났기 때문이다. 나의 개별적 총체성이 타자 속에서 지양된 것과 마찬가지로 "타자의 개별적 총체성들은 단지 지양된 것으로 정립되어 있다. 그것은 타자의 지양된 의식 속에 자신을 정립하고 승인받는다."[59] 각자는 지양된 타자의 의식 속에 자신이 지양된 개별적 총체성으로 존재함을 인식한다. 바로 여기서 결정적인 전환과 승화가 일어난다.

> 이를 통해 개별성은 절대적으로 구제받는다. 개별성의 총체성으로서의 타자의 의식이 내 안에서 단지 지양된 것으로 존재하기 때문에 나는 절대적 총체성이다.[60]

의식은 상호 승인 속에서 자기를 지양함으로써 개별적 규정태의 구속으로부터 해방된 순수한 대자 존재, 즉 참다운 '인격성'을 획득하고 개별자로서의 자기 자신을 타자 속에서 관철시킨다. 그는 이제 "**승인받은 존재**"가 된다.[61] 그런데 이렇게 승인을 통해 회복된 개별성은 더 이상 처음의 고립된 배타적 개별성이 아니다. 그는 '지양된 존재'로서 승인받았으며, 이 '지양된 존재'란 "동시에 타자 속에서 한 사람이 자기 자신이 되고 자기 자신 속에서 타자가 된" 존재다.[62] 그는 자신의 개별성이 상호주관적으로 구성되어 있다는 것, 자신의 긍정적인 자아를 나와 너의 공동 의지 속에 갖고 있다는 것을 알고 있다. 그러므로 그의 의지는 "이제 **보편적인 의지**다."[63] 승인받은 존재로서의 개인은 보편과 개별의 내적 통일로서의 개별성이고, 바로 이러한 사변적 통일이 "절대적 **인륜성**"의 원리를 이룬다.[64]

이렇게 개별자들의 상호 승인을 통해 자율적으로 창출된 인륜성의 직접적인 현존태가 법(Recht)이다. 법은 "다른 인격자에 대한 태도 속에서의 인격자의 **관계**", 자유롭고 동등한 자기의식적 존재들 간의 "**승인하는** 관계"다.[65] 이런 승인 관계와 더불어 법과 불법, 권리와 의무, 정의와 불의라는 개념들이 비로소 존재할 수 있게 된다. 법적 관계 속에서 개인의 자기주장은 개별적 주관성을 벗어나 사회적으로 객관화되고 보편화된다. 승인받은 존재로서 그는 모든 사회 구성원으로부터 권리 능력을 지닌 성숙한 인격자로서 존중받고, 그의 행위는 법적 효력을 지닌 것으로 인정받는다. 이제 그에 대한 침해는 부당한 불법 행위가 되는 것이다.

자연적 존재로서의 인간에게 천부적으로 부여된 '자연권'이란 없다. 그러나 개인의 인격성, 즉 법적 권리 능력은 임의로 파기하거나 양도할 수 있는 계약의 산물도 아니고 또한 권력자의 명령에 의한 수여물도 아니다. 그것은 자유로운 의지를 지닌 인간의 본성으로부터 필연적으로 도출되는 정신적 승인 관계에 기반을 둔 것이며, 그렇기에 사회적 존재로서의 인간에게 귀속되는 불가침의 기본권이다. 이에 대한 승인의 박탈이나 유보는 한 개인의 인격적 정체성 자체의 파괴를 의미하며, 개인은 이에 대항하여 법의 존립 자체를 담보로 하여 그의 인격성을 존중해 줄 것을 정당하게 요구할 권리를 지닌다. 법적 승인은 사랑의 관계에서와는 달리 타자가 나를 인격자로서 존중하는 것처럼 나 역시 타자를 같은 방식으로 존중할 법적 의무를 지니게 되는 대칭적 관계다.[66]

> 권리(법)는 **순수한 인격자**, **순수한 승인받은 존재**를 내포한다. ―그러므로 자유로운 개인들은 자연 상태에 있는 것이 아니다. … 그가 인간이라는 사실을 통해 그는 자신의 **개념** 속에 존재하게 된다. 그런데 자연 상태에서는 그가 자신의 **개념** 속에 존재하지 않고 자연적 존재로서 자신의 **현존재** 속에 존재할 따름이다. ―자연 상태에서의 절대적 권리라는 물음은 곧바로 자신과 모순된다. ―나는 인간을 그 **개념** 속에서 고찰하는 것이고, 이는 즉 인간을 자연 상태 속에서 고찰하는 것이 아니다.[67]

법적 공동체의 성립과 더불어 '점유'(Besitz)는 합법적인 '소유(권)'(Eigentum)로 전환된다. 점유는 단지 한 개별적 사물에 대한 "**감각적 점거**"에 불과했고 아직 타자에 대해 법적 구속력을 갖지 못했다. 그것은 아직 "승인을 통해 법적인 것이 되어야 한다."[68] 이에 반해 소유는 보편적으로 승인받은 점유며, 이때 승인받는 대상은 단순히 한 사물에 대한 주체의 경험적 관련이 아니라 그 사물에 대한 주체의 관념적 관련, 즉 소유의 권리다.

> 주체는 단지 점유하는 주체로 규정되어 있을 뿐만 아니라 타자와의 관련 속에서 개별적인 주체, 보편적으로 부정적인 주체, 승인받은 점유하는 주체로서 보편성의 형식 안으로 수용되어 있다. … 이러한 관점에서 점유는 **소유**다. 그리고 소유에 있어서 보편성의 추상이 **법**이다.[69]

소유—그리고 권리 일체—는 승인을 통해 상호주관적으로 구성되는 사회적 권리다. 사실적 점유가 승인받은 법적 소유로 전환됨에 따라 이제 점유에 내재하던 개별과 보편 간의 모순이 해소된다. 소유는 점유처럼 단순히 사물과의 관계 속에서 나의 개별적 의지의 직접적 외화물(外化物)이 아니라 동시에 타자의 의지에 의해 매개된 것, "**나의 의지와 그의 의지의 통일**"의 현존재이기 때문이다.[70] 따라서 소유에 대한 침해는 한 개별자에 대한 인격성만이 아니라 보편 의지(법)를 침해하는 불법적 '범죄'다.

소유권이 보편적인 사회적 승인 관계에 근거하고 있다는 사실은 동시에 소유가 타자에 대한 사회적 책임을 내포하고 있다는 것에 대한 법적 근거가 된다. 점유로부터 소유로의 이행은 예컨대 흄의 소유론에서처럼 단순히 사실적 관계를 법적 관계로 양태를 바꾸어 정당화하는 것을 넘어서 행위자의 의식 자체가 더 높은 보편성으로 발전하는 것을 함의한다. 법적 관계 속에서 개별적 의식은 보편적 의식으로 고양되었고 또 그러한 존재로서 승인받는다. 이렇게 법적 승인을 통해 구성되는 '소유와 법의 체계'를 헤겔은 후에 '시민사회'라고 명명한다. 시민사회에서 모든 개인은 각자의 특수성을 넘어서 동등한 시민으로서 기본적 자유와 권리를 평등하게 보장받는다.

그러나 법적 관계는 아직 불완전한 승인 관계다. 법적 인격자로서의 개인은 "공통 의지로부터 분리될 수 있는 개별 의지로서 존중되는 것이 아니라 오로지 공통 의지로서 존중된다."[71] 법은 이미 개별성과 보편성의 통일이고, 따라서 분명 인륜성의 한 형태다. 그러나 그것은 아직 추상적 보편성의 형식 아래에서의 통일이다. 다시 말하면 법의 형성과 더불어 승인의 사회적 보편화가 이루어지지만 그런 법의 보편성은 추상성과 형식성을 대가로 해서 얻어진 것이다. 법적 관계에서 개인은 임의의 다른 개인에 의해 대체될 수 있는 형식적인 권리 담지자로서 인정받았을 뿐이며, 그의 구체적 개별성, 특수한 상황, 주관적인 욕구나 의도, 개인적 가치관이나 도덕성 등은 전혀 고려되지 않는다. 바로 이런 추상성 때문에 누가 어떤 내용의 권리를 갖고 그 권리를 실제로 행사할 것인지가 법의 영역에서는 개별자의 자의나 자연적 우연에 맡겨진다. 법이 지닌 근본적인 문제점은 그것이 개별 의지들의 상호작용의 산물이면서도 개별 의지를 전적으로 사상(捨象)한다는 데에 있다. 즉, 법 그 자체는 보편성을 지니지만 그것의 발생 근원은 개별성으로의 분화와 분열이다.

그러므로 법 안에는 이미 개별 의지와 보편 의지가 서로 분리되고 이렇게 분리된 개별 의지가 보편 의지에 대항하여 자신을 주장할 가능성, 즉 '범죄'의 가능성이 상존한다.[72] 법의 한계는 특히 소유의 문제에서 심각하게 드러난다. 법적 승인을 통해 소유는 사회적 유효성을 획득했지만 개인의 욕구 충족이나 사용과의 구체적인 연관을 잃은 관념적인 권리로 존재하게 된다. 소유권의 확립을 통해 한편으로는 교환이나 계약 같은 고도의 사회적 관계가 비로소 가능해진다. 그러나 다른 한편 관념적 권리로서의 소유는 욕구와 노동에 의해 사실적으로 제약을 받는 점유와는 달리 무제한으로 축적이 가능하다. 법은 이로부터 발생하는 사회적 불평등에 대해 무기력할 뿐만 아니라 오히려 이를 정당화하는 역할을 한다. 법은 "인륜성 일반이지만 그러나 직접적"인 형태에 불과하다.[73] 생활 세계의 모든 관계가 법제화될 수는 없으며, 법의 영역 밖에 혹은 더 높은 차원에 인륜성의 다른 형태들이 존재한다.

(3) 절대적 인륜성

자연적 가족 관계와 법적 승인을 통해 인륜성의 이념은 이미 생성되었지만 행위자의 의식이 절대적 인륜성에 도달하기 위해서는 (1805~1806년 이후 헤겔의 견해에 의하면) 또 한 번의 갈등과 도야의 과정이 필요하다. 그것은 법적 관계 속에서 의식이 자연성으로부터는 해방되었으나 직접적 개별성으로부터는 아직 완전히 탈피하지 못했기 때문이다. 법(권리)의 형식은 보편적이지만 그 내용은 보편성에 통합되지 않은 개별 의지로부터 나온다. 따라서 개별자가 추상적인 보편 의지에 대항하여 자신의 개별성 안으로 회귀하고 그의 특수 의지를 관철시키려고 하는 가능성이 상존한다. 이것이 현실적으로 나타나는 현상이 '범죄'다. 의식은 보편자로부터 분리된 절대적 개별성과 이미 형성되어 있는 보편자 사이의 투쟁을 거쳐서야 비로소 보편과 개별의 완전한 통일, 즉 절대적 인륜성에 도달한다.

사랑은 구체적 개별자에 대한 직접적이고 정서적인 승인이었고, 법적 관계는 추상적 개별자에 대한 관념적이고 인식적인 승인이었다. 절대적 인륜성은 사랑과 법적 승인의 변증법적 통일이다. 즉, 절대적 인륜성의 단계에서 개인은 그의 구체적 개별성 속에서 보편적으로 승인받는다. 물론 개인의 직접적 개별성은 인륜성에서 지양된다. 하지만 이는 개별성에 대한 억압에 의해서가 아니라 오히려 개별자가 그 자신의 본질로 복귀하고 이를 통해 보편자와 내적으로 화해함으로써 이루어진다. 이를 통해 개별자의 의식은 "자기 자신으로서의 각각의 모든 사람 속에서 자기 자신을 직관하는" '보편적 의식'이 된다.[74] 그의 자기 이해 속에는 동시에 타자의 정당한 권리와 욕구가 긍정적으로 포함되어 있다. 그는 자신이 공동체의 일원임을 알고 또 이를 지향한다. 동시에 그의 자기주장은 이제 추상적인 법의 형태로서만이 아니라 그의 구체적인 욕구와 바람에 있어서 가치 있는 것으로 공동체로부터 인정받고 공동체 속에서 실현된다. 절대적 인륜성 속에서 나의 욕구는 사회적 욕구가 되고, 나의 노동은 보편적 가치가 되고, 나의 언어는 한 민족의 공적 언어가 되며, 나의 권리는 한 국가의 법률이 된다.

법적 승인이 명예를 위한 승인 투쟁을 통해 매개되었듯이 절대적 인륜성 역시 범죄라는 부정적 계기에 의해 매개되어 실현된다. 또한 법적 승인에서 투쟁이 그 자체로는 부정적이면서도 보편적 법관계의 형성을 위한 구성 요소가 되었듯이, 범죄 안에도 긍정적인 도덕적 잠재력이 내재한다. 이는 우선 합법적인 관계에서는 정적(靜的)이고 추상적이었던 보편 의지가 범죄와의 갈등을 통해서 비로소 역동적으로 활성화된다는 점에서 그러하다. 하지만 그뿐이 아니다. 범죄는 그 발생 연관에서도 나름대로의 "내적 정당성"을 가지고 있다.[75] 범죄는 법의 추상적 보편성과 강압성에 대항하여 개별자가 자신의 절대적 자유를 표출하고 그것의 유효성을 승인받으려는 자기 회복의 행위이기 때문이다. "범죄의 내적 근원은 법의 강제다."[76]

개별자의 자유가 악의 근원이라는 생각은 아우구스티누스에게까지 거슬러 올라가는 오래된 사상이다. 그러나 아우구스티누스적 전통에서는 개별자의 자유가 전적으로 근절되어야 할 부정적인 것으로 간주되었다. 이에 반해 헤겔에게서 개별자의 자유는 인륜성을 파괴하는 칼이면서 동시에 그 상처를 치유할 수 있는 원리로서 절대적 인륜성의 필수적인 구성 계기가 된다. 범죄는 기존의 실정법과 제도의 형태로 고착된 '실체적' 인륜성에 대항한 개별 의지의 투쟁이다. 범죄에 의해 유발된 개별자와 보편자 간의 승인 투쟁과 교호 작용을 거쳐서야 비로소 인륜성은 추상적이고 강제적인 법의 형태를 넘어서 개인의 자유와 자발적 의지를 내포한 구체적 보편성으로 발전된다. 이를 통해 개별 의지 역시 내적으로 정화되어 보편성을 획득한 구체적 개별성으로 도야된다. 바로 이러한 '개별과 보편의 통일로서의 개별자'와 '개별과 보편의 통일로서의 보편자'의 절대적 동일성이야말로 승인 투쟁이 궁극적으로 목표하는 절대적 인륜성이다.

그러나 범죄는 이미 보편적 승인(법)의 유효성을 전제하고서 벌어지는 행위다. 다시 말하면 범법자나 피해자 모두 이미 보편적으로 승인받은 존재로서 법질서의 동등한 참여자이자 입법자다. 바로 이 점에서 범죄는 사회적 승인이 이루어지기 이전의 개인적 모욕이나 침해와 그 성격이 근본적으로 다르다. 범죄란 이미 존재하는 보편 의지에 대항하여 개별자가 자신의 특수 의지를 관철시키려는 것, "그가 **자신의** 의지를 보편 의지에도 불구하고 실행했다는 것"을 말한다.[77] 그러므로 범죄는 외형상 한 개인에 대한 침해로 나타날지라도 보편적으로 승인받은 의지 자체를 침해하는 것이기 때문에 보편 의지를 부정하는 '불법'이다. 따라서 이에 대한 대응인 '처벌'도 단순한 개인적 복수가 아니라 "정의로서의 **복수**, 즉 **즉자적으로** 존재하지만 (외적으로) 침해받은 승인받은 존재를 회복시키는 것"이다.[78] 범죄와 처벌, "이 모든 것은 승인받은 존재라는 요소 속에서 이루어진다."[79]

바로 그렇기 때문에 범죄는 자기모순을 내포하고 있다. 범법자의 개별 의지가 오직 승인받은 보편 의지로서만 유효함에도 불구하고 그는 보편 의지로부터 분리되고 이에 대립한 자신의 개별 의지만을 주장하고 있는 것이다. 따라서 범죄는 피해자에 대한 기만일 뿐만 아니라 범죄자 자신에 대한 기만이기도 하다. 왜냐하면 그는 범죄를 통해 그의 인격성과 행위가 지닌 정당성의 기반이 되는 보편적 승인 상태 자체를 부정하면서도 자신의 행위가 마치 그러한 정당성을 갖고 있는 것처럼 주장하기 때문이다.

> 범죄자가 겉으로 보기에는 단지 외면적으로 그리고 자신과는 소원(疏遠)한 것이라고 생각하면서 침해하는 것 속에서 범죄자는 그에 의해 침해받은 것 못지않게 직접 자기 자신을 관념적으로 침해하고 지양한다. 그러한 한에서 외적인 행동은 동시에 내적인 행동이며, 타인에게 범한 범죄는 그에 못지않게 자기 자신에게 범해지는 것이다.[80]

처벌은 이렇게 범죄 안에서 이미 일어난 자기 부정과 전도(顚倒)를 현실화한 것일 따름이다. 처벌의 정당성은 계약 또는 위협이나 개선의 효과에 있는 것이 아니라 범죄 자체의 자기모순에 있다. 헤겔은 형벌론에서 사회계약론이나 교화론 및 예방론을 단호히 거부하고 응보론을 일관되게 지지한다.[81] 형벌 제도의 규범적 정당성은 범죄 행위의 수행적 자기모순에 근거한다.

처벌은 외견상 범죄에 의해 훼손된 개인의 명예를 회복하기 위한 강제적 보복으로 나타난다. 그러나 범죄가 보편적 승인 이전의 점유에 대한 침해와 다르듯이 처벌 역시 자연 상태에서의 개인적 보복과 다르다. 법에 의거한 처벌(응보론)은 '눈에는 눈, 이에는 이'라는 탈리오의 법칙에 따른 개인적 앙갚음(보복론)과 본질적인 차이가 있다. 우선 처벌의 목적은 침해받은 자의 개별 의지를 회복시켜주는 것이 아니라 개별성 일반을 지양함으로써 보편 의지를 관철시키고 이를 통해 정의를 확립하는 데에 있다. 그리고 처벌의 주체 또한 이제는 보편 의지의 구현체로서 사법적(司法的) 공권력을 지닌 국가다. 더 나아가 처벌은 범법 행위자의 인격성을 박탈하는 것이 아니라 오히려 그가 스스로 부정한 자신의 인격성을 그 자신에게 되돌려주는 절차다. 처벌을 통해 범죄자는 "인격자이도록 강제된다."[82] 처벌의 강제성은 부정(범죄)이 스스로를 다시 부정할 수밖에 없는 내적 필연성으로부터 나오며, 이를 통해 오히려 범죄자 자신의 보편적 자유가 회복된다.

헤겔이 범죄와 처벌의 변증법적 운동을 서술하면서 추구하는 것은 단순히 법적 관계에서 이루어진 외적 동등성의 복구가 아니라 보편과 개별의 더 고차적인 통일과 화해다. 그리고 이러한 "**개체성과 보편**의 통일"이 바로 인륜적 공동체인 국가의 원리를 이룬다.[83] 국가에 의한 사법적 정의가 개인의 명예와 자유에 대한 제약이 아니라 개인의 특수성에 대해 그 자신의 보편성을 관철하는 것임을 깨달음으로써 개별 의지는 "절대적으로 그 자체가 유효성을 가진 화해한 보편 의지"가 된다.[84] 법률(Gesetz)은 순수한 승인받은 존재로서 개별자 자신이 지닌 보편 의지의 표현이다. 보편 의지의 현존재인 법이 자신의 자유의 실현태임을 깨달음으로써 개별 인격자는 법과 화해하고 또 그 안에서 자기 자신과 화해한다. 그는 공동체의 보편적 규범에 주체적 일원으로서 참여하고, 그런 공동체 속에서 자신의 구체적 개별성을 발견한다. 다른 한편 이 운동을 통해 법 자체도 그 형식성과 외적 강제성을 극복하고 개별자의 구체적 자기 인식을 자기 안에 받아들이게 된다. "법은 승인받은 존재와는 달리 개별자의 자기를 내포한다."[85] 이로써 법 역시 개별자의 자유와 화해하고 그 안에서 "법의 자기 자신과의 화해"를 이룬다.[86]

이런 절대적 인륜성의 현실태인 국가는 "개별자들의 완전한 자유와 자립성 속에서의 보편성"이다.[87] 국가의 사법(司法)은 시민사회의 추상적 사법(私法) 체계와는 달리 "개별자들을 보존하는 힘"으로 활동한다.[88] 즉, 국가는 개인의 법적 권리의 보장과 사회적 법질서의 확립만이 아니라 시민법과 소유의 체계에서 발생하는 사회적 불평등에 대처하여 모든 사회 구성원 각각의 생존권과 욕구의 충족을 보장할 책임을 안고 있다. 그리고 이를 위해 국가는 필요할 경우 시민사회에 개입할 정당한 권한을 가진다.

헤겔의 승인이론은 그 자체가 개체성인 보편으로서의 국가와 그 자체가 보편성인 개체로서의 공민(公民)의 형성과 더불어 목표점에 도달한다. 국가의 형태로 구현되는 절대적 인륜성은 보편과 개별의 절대적 구별 속에서의 절대적 동일성이다. 그리고 이때의 보편과 개별은 그 각각이 보편과 개별의 통일로서 각자의 자립성을 유지하면서도 상호 승인 속에서 서로에게 통합된다. 이로써 승인 개념은 사회제도와 개인의 의식 내부에서 완전하게 실현된다.

그러나 헤겔이 자신의 국가론에서 서술하는 보편과 개별 간의 승인 관계가 그 자신의 승인 개념에 정확히 부합하는지에 대해서 비판적으로 되물을 필요가 있다. 승인의 순수한 개념에 따르면 승인은 두 대등한 주체 간의 대칭적인 상호 관계여야 한다. 그러나 범죄와 처벌의 운동 속에서 국가와 개인 간의 관계는 상호적이기는 하나 불평등하고 비대칭적인 관계로 설정되고 있다. 여기서 헤겔이 강조하는 것은 "개별자의 지양", "보편 의지에 의한 **존재**의 개별성의 상실"이다.[89)]

물론 이 면만을 가지고 헤겔의 승인이론 전체를 전체주의적이고 반(反)개인주의적이라고 평가하는 것은 성급한 판단이다. 승인의 변증법적 운동 속에서 자기 상실은 더 높은 차원의 자기 발견으로 나아가는 계기이기 때문이다. 하지만 헤겔이 주장하는 대로 개별자의 자기 상실이 진정으로 개별자 자신의 구체적 개체성의 획득으로 발전되기 위해서는 보편자의 측면에서도 개별자와의 투쟁 속에서 동일한 자기 지양이 이루어져야 한다. 그러나 헤겔은 보편 의지에 의한 개별적 자아의 무화(無化)만을 요구할 뿐이지 보편 의지가 개별 의지와의 상호작용 속에서 어떻게 스스로를 타자화하고 질적으로 변화시키는지에 대해서는 언급하지 않는다. 이에 따라 보편자(국가)는 개별자(개인)에 대해 우월한 지위를 갖게 된다.[90)] 승인 원리에 대한 이와 같은 위배는 헤겔의 국가론이 실체주의적이라는 비판을 받게 만든 원인이 되었다. 그러나 헤겔의 국가론이 지닌 이런 실체주의적인 경향이 그의 승인이론 자체의 결함을 반증하는 것은 아니다. 그것은 오히려 승인이론의 원리를 헤겔 자신보다 더욱 철저하고 일관성 있게 국가론에 적용시킬 것을 요구할 따름이다.

IV. 의식이론이자 상호주관성 이론 그리고 사회이론인 승인이론

헤겔의 철학이 해결하려는 핵심적인 문제 가운데 하나는 '어떻게 내가 나와 다른 타자와의 만남 속에서 나 자신을 찾고 자기동일성을 유지할 수 있는가?'라는 물음이다. 그의 철학이 자기동일적 자기의식으로부터 출발하고 또한 이의 완성을 목표로 삼고 있다는 점에서 근본적으로는 '주관성의 이론' 또는 '주체철학'이라고 할 수 있다. 그러나 헤겔은 의식 주관의 행위자 관점을 유지하면서도 동시에 어느 누구보다도 데카르트적 유아론을 철저하게 극복한 사상가다. 그의 주체철학은 자아 중심적 주관주의 철학과는 전혀 다르다.

주관주의 철학에서 자아와 타자의 관계는 스피노자 철학에서 실체와 양태 사이의 관계와 유사하게 설정된다. 즉, 자아는 타자에 대해 존재론적으로나 인식론적으로나 선행하는 근원적 본질로 간주되고, 타자는 자아에 의해 정립된 비본질적 객체일 뿐이어서 자아와 동등하고 동근원적인 주체로 인정받지 못한다. 여기서 자아와 타자는 불평등한 지배와 예속의 관계 속에 있다. 헤겔은 (논란의 여지가 있지만) 칸트와 피히테의 철학을 이런 주관주의의 정점으로 보았다. 헤겔이 이들에게 결핍되어 있다고 본 것은 "타자 존재와 소외 및 이러한 소외의 극복에 대한 진지함"이다.[91)]

헤겔이 "진리는 **실체** 못지않게 **주체**로서 파악되고 표현되어야 한다"

라고 말할 때 그 '주체'는 타자의 피안(彼岸)에서 변하지 않는 본질로 남아 있으면서 타자를 장악하는 존재가 아니다.[92] 주체가 주체일 수 있음은 그가 스스로로부터 움직일 뿐만 아니라 스스로를 움직일 수(변화시킬 수) 있기 때문이다. 데카르트의 '나', 홉스의 개인, 피히테의 자아 등과는 달리 헤겔의 '주체'는 스스로를 전적으로 '타자화'한다. 타자의 타자성은 주체에 의해 정립되지만, 주체는 자신에 의해 정립된 타자 속에서 (최소한 잠정적으로라도) 자신을 남김없이 상실한다. 주관주의 철학에서는 '도대체 타자가 어떻게 자기동일적 자아의 지평 안으로 얽혀 들어오게 되는가?'가 문제가 된다. 반면에 헤겔의 주체철학에서는 오히려 '어떻게 자아가 스스로를 전적으로 타자화하고 자신을 상실함에도 불구하고 자립적인 타자 속에서 무제약적 자기동일성을 회복할 수 있는가?' 라는 질문이 화두가 된다.[93]

헤겔은 바로 승인이론을 통해 이 난제를 해결한다. 자립적인 타자 속에서 자아의 무한한 자기동일성을 회복하는 것은 타자의 배제나 억압을 통해서는 이루어지지 않는다. 배제된 타자는 여전히 나의 외부에서 낯선 자로서 나를 제약할 것이고, 억압받는 타자는 그 반작용으로 그쪽에서 나를 억압할 것이기 때문이다. 그것은 또한 '신비로운 합일'이나 '감정 이입', '추체험'(追體驗) 같은 것만으로도 이루어지지 않는다. 이러한 것들은 아직 내적으로 분화되지 않은 추상적 태도이거나 자아 중심의 관점을 벗어나지 못하는 심리학적 태도일 뿐이어서 그 안에서는 자아 아니면 타자의 자립성 혹은 둘 다가 소멸되고 말 것이다. 헤겔에 의하면 자아의 내적 통일은 오직 자아와 타자 간의 상호 승인을 통한 상호주관적 통일에 의해서만 가능하다. 승인은 두 대자 존재 간의 자기주장(투쟁)과 자기 극복(화해)의 쌍방적 이중 운동을 통해 이루어지는 자기 상실과 자기 회복의 변증법이다. 그리고 이 운동은 상호성, 대칭성, 평등성을 원리로 갖는다.

헤겔의 승인이론은 자기의식적 대자 존재로 스스로를 형성하는 의식의 발전 과정을 서술한다는 점에서 일차적으로 주관적 의식의 발달 이론이다. 그러나 주관적 의식은 타자의 의식을 매개로 해서만, 다시 말하면 그가 자유로운 존재로 승인하는 타자로부터 자유로운 존재로 승인받음으로써만 자기의식적 대자 존재에 도달할 수 있다. 헤겔은 개인주의적 권리 중심의 이론들처럼 자아를 절대화하지 않는다.[94] 타자에 대해 자신의 절대적 대자 존재를 배타적으로 관철시키려는 자기주장은 삶과 죽음을 건 승인 투쟁을 야기한다. 그리고 이 투쟁 속에서 자아는 자신의 행위를 통해 타자의 개별성 못지않게 자기 자신의 개별성을 스스로 파괴하는 모순을 경험하게 된다. 승인 투쟁의 과정에서 핵심적인 계기는 바로 탈자아중심화와 배타적 개별성의 자기 지양이다. 그렇다고 타자 중심의 윤리에서처럼 타자가 자아에 대해 절대화되지도 않는다. 내가 오직 '지양된 존재'로서 타자로부터 승인받을 수 있듯이 타자 역시 그의 배타적 개별성을 지양한 보편적 존재로서만 내게서 자립적 대자 존재로 승인받을 수 있다.

내가 타자 속에서 나를 상실하면서도 나의 자기동일성을 재인식(recognition)할 수 있는 것은 역설적이게도 바로 내가 타자 속에서 나를 잃고 전적으로 타자로 되기 때문이다. 오직 이럴 경우에만 타자의 타자성이 진정으로 지양되고 내 자신이 될 수 있는 가능성이 열린다. 그리고 이러한 자기 상실과 타자화의 운동이 나와 관계하는 타자에게서도 동일하게 일어나고 또 각자의 의식이 이 운동의 자율적이고 동등한 주체인 한에서, 타자 속에서의 자기 상실은 단지 부정적인 자기 파괴로 끝나지 않고 긍정적인 자기 극복과 더 높은 차원의 자기 회복으로 나아간다.

그러나 승인 운동의 결과는 단순히 고립된 개별자의 자기동일성을 복원하는 것이 아니다. 타자 속에서의 자기 발견은 상호주관적으로 구성되고 이를 의식하는 자기동일성, 나의 동일성이면서 동시에 나와 너에 의해 상호주관적으로 공유된 보편적 동일성이다. 승인 운동을 통해 의식은 자신의 직접적 개별성으로부터 탈피하여 상호주관적으로 계몽된 '보편적 자기의식'으로 도야된다. 승인 운동은 단지 서로를 관용하는 고립적 단자들의 집합을 넘어서 서로를 배려하고 함께 창출한 보편적 가치에 참여하는 자유로운 주체들의 인륜적 공동체를 형성한다.

이런 점에서 헤겔의 승인이론은 동시에 상호주관성의 구성 이론이다. 보편적 상호주관성 안에서만 개별자는 비로소 자신의 충족된 자기정체성을 발견하고 자기의식적 대자 존재가 될 수 있다. 보편적 상호주관성은 개별자들 간의 승인 운동에 의해 구성되지만 또한 동시에 개별자가 구체적 주관성을 획득하기 위한 전제다. 헤겔의 승인이론이 지닌 강점 중의 하나는 나와 타자, 개인의 주관성과 보편적 상호주관성, 개별화의 과정과 사회화의 과정을 그 어느 하나로 환원시키지 않고 동근원적으로 파악하면서 양자의 구성을 하나의 통일된 변증법적 운동 속에서 동시적이고 상관적으로 서술한다는 데에 있다.

상호 승인 속에서 자기 상실과 자기 회복의 변증법이 실현되는 구체적인 형태를 헤겔은 '사랑'과 '법적 관계' 그리고 '절대적 인륜성' 속에서 발견했다. 헤겔의 예나 초 · 중기 승인이론이 지닌 강점은 주관적 의식의 자기반성과 경험 과정의 서술이라는 의식이론의 테두리에 머물지 않고 동시에 어떻게 의식의 발달 과정이 승인의 원리에 따라 현실적인 사회제도로 점진적으로 구현되어가는가를 서술했다는 데에 있다.

이런 점에서 헤겔의 승인이론은 또한 사회제도의 규범적 정초 이론이기도 하다. 사랑과 법적 관계, 절대적 인륜성은 각각 가족과 시민사회와 국가를 구성하는 원리를 이룬다. 사회 윤리학적 관점에서 볼 때 헤겔의 승인이론이 지닌 의의는 무엇보다도 이러한 각각의 사회적 관계들이 어떤 원리에 입각하여 구성될 때 올바르고 성공적인 관계가 될 수 있는가, 이 관계들이 한 개인의 자기정체성의 확립에 어떤 역할을 하는가, 그리고 이들 각각의 적용 영역과 한계 그리고 이들 상호간의 관계는 무엇인가를 밝혔다는 점에 있다.

가족과 시민사회, 국가는 상호 승인을 통해 형성된 인륜성을 각기 고유한 방식으로 표현하고 현실화한 사회제도들이다. 이는 동시에 승인의 원리가 현존하는 사회제도를 비판적으로 평가할 수 있는 당위적 기준이 된다는 것을 의미한다. 이러한 사회적 관계들이 개인의 주관성과 어떤 연관을 갖는가는 각각의 사회적 관계들에서 그 특수한 형태의 승인이 거부되거나 박탈될 경우 그것이 개인의 자기정체성에 얼마나 심각한 손상을 초래하는지를 생각하면 쉽게 파악할 수 있다.[95] 개인의 자유는 인륜성의 필수적인 구성 계기고 또 포기할 수 없는 권리이므로 승인의 거부나 박탈은 또 다른 승인 투쟁을 야기하게 될 것이다. 그리고 이 투쟁은 승인 원리에 보다 더 부응하는 새로운 사회적 관계 양식들을 창출하게 될 것이다.

4

예나 중기 정신철학에서 승인이론의 변천

I. 예나 중기 승인이론의 구상과 특징

헤겔은 1807년에 출간한 『정신현상학』에 앞서 예나 중기에 세 편의 정신철학적 초고들을 집필한다. 1802~1803년의 『인륜성의 체계』, 1803~1804년의 『체계 기획 I』, 1805~1806년의 『체계 기획 III』이 그것이다. 이 장에서는 이 초고들에 대한 분석을 통해 이 시기 헤겔의 승인이론의 유형과 변천을 살펴볼 것이다. 이러한 고찰은 다음과 같은 의도를 가지고 있다.

첫째, 그동안 헤겔의 승인이론에 관한 연구가 『정신현상학』 가운데 「지배와 예속」 장에 편중되어온 점을 시정하여 이미 그 이전 시기에 헤겔에 의해 더 정교하고 완결된 형태의 승인 모델들이 전개되었다는 사실을 보이고자 한다. 둘째, 헤겔의 철학이 '독백론적 주관철학'의 틀 안에 머물러 있다는 통속적인 비판에 맞서 헤겔의 승인이론은 개인의 의식과 사회제도의 형성의 근본원리로서 상호주관적 인륜성을 제시하고 있음을 밝히려고 한다. 셋째, 사변적 논리학과 근대적 인륜성의 이념을 향한 결정적인 전환이 이루어지는 이 시기에 펼쳐진 승인이론의 변천에 관한 고찰은 헤겔의 법철학뿐만 아니라 그의 철학 전반의 발전 과정을 파악하는 데에 중요한 실마리가 될 수 있을 것이다.

예나 중기의 승인이론은 예나 초기 헤겔 자신이 제기한 다음의 세 가지 체계론적 요구를 충족시키기 위해 구상되었다. 첫째, 정신의 실천적 자기실현에 관한 이론으로서 자연법론은 "인륜적 자연이 어떻게 그 진정한 법에 도달하는지를 구성해야 한다."[1] 둘째, 이에 관한 서술은 인간의 하위 욕구로부터 출발하여 반성 형식을 거쳐 '체계'로 발전되어야 하고, 이 체계는 다시 인간의 구체적인 삶으로 되돌아가 현실에 실천적으로 관여할 수 있어야 한다.[2] 셋째, 이 체계 속에서 구성되는 절대적 인륜성은 단일성(무차별성)과 다수성(관계)의 통일이어야 한다. 그런데 이때의 단일성과 다수성은 각각이 다시 단일성과 다수성의 통일이다. 따라서 절대적 인륜성은 '대립자들의 무차별로서의 절대적 동일성'과 '대립자들의 관계 속에서의 상대적 동일성'의 동일성이어야 한다.[3]

예나 중기의 정신철학적 초고들에서 제시된 승인이론은 『정신현상학』을 포함한 후기의 승인이론과 비교해 볼 때 다음과 같은 특징을 공통적으로 지니고 있다.

첫째, 『정신현상학』의 「지배와 예속」 장에서 전개된 승인이론은 '스토아적 자기의식'의 발생과 함께 마무리된다. 그런데 스토아적 자기의식은 헤겔에 의하면 추상적 개별성에 머물러 있어서 승인의 참다운 개념을 아직 실현하지 못한 매우 불완전한 의식 형태다. 이런 헤겔의 자기이해에 비추어 볼 때도 이 장에서 제시된 승인이론은 헤겔의 승인이론 전반에 대한 파악과 평가의 전거로 삼기에 적합하지 않다.[4] 반면에 예나 초고들의 승인이론에서는 개별적 · 추상적 의식에서 출발하여 절대적 ·

인륜적 의식에 다다르는 정신의 실천적 영역 전반에 걸친 포괄적인 승인 운동의 과정이 서술된다. 따라서 이 초고들을 통해 헤겔의 승인이론이 지닌 전체적인 구조와 내용을 보다 넓은 시각에서 체계적으로 파악할 수 있다.

둘째, 『정신현상학』과 그 이후 후기의 정신철학에서는 헤겔이 '주관 정신'과 '객관 정신'을 체계적으로 분리한다. 그리고 승인이론은 주관 정신의 영역에 편입시켜 다룬다. 그렇기 때문에 후기의 체계에서는 승인이론이 직접적으로는 사회제도와 외형상 무관한 주관적 의식의 발전이라는 의식이론적 측면에 한정되어 서술되고 객관 정신의 영역에 속하는 사회제도론과는 간접적으로만 연결된다.[5] 반면에 예나 초고들의 승인이론에서는 주관적 의식의 운동이 동시에 언어, 도구, 가족 재산 등과 같이 현실적인 삶 속에서 형성된 노동의 산물 그리고 가족, 소유, 시민법, 국가 등과 같은 법적 · 경제적 · 정치적 제도들의 발생과 긴밀하게 결합되어 서술되고 있다. 즉, 여기서는 개별 의식의 발전과 사회제도의 형성, 의식이론과 법론 및 정치경제학, 국가론 등이 하나의 승인 운동 과정 속에 통합된다. 이 때문에 이 초고들에서의 승인이론은 후기의 승인이론에 비해 승인의 의식이론적 원리와 사회제도 사이의 규범적 연관성을 보다 더 구체적이고 명확하게 제시해준다는 장점을 가지고 있다.

셋째, 헤겔의 후기 체계에서 객관 정신의 영역에 자리 잡게 되는 실천철학은 규범 원리의 발생 근거가 되는 상호 승인을 하위 단계인 주관 정신의 영역에서 이미 완결된 것으로 전제한다. 그래서 여기서는 규범 원리의 형성 과정이 더 이상 명시적으로 주제화되지 않는다. 그렇기 때문에 헤겔의 후기 실천철학은 마땅히 존중받아야 할 것으로 미리 설정되어 있는 모든 개인의 '인격성'에 의거하여 한 개인이 지니는 권리의 유효성을 옹호하고, 또 이미 전제된 보편적 승인 상태로부터 직접 사회제도의 정당성을 도출하는 조화주의적인 성격을 띠게 된다. 이에 반해 예나 초고들의 승인이론은 사회규범 일반의 토대가 되는 보편적 승인 상태의 발생 과정 자체를 논제로 삼는다. 그리고 이것이 '투쟁'이라는 부정적 상호 행위의 형식을 매개로 하여 형성되는 것임을 보여준다. 즉, 여기서는 보편적 승인과 사회 통합을 투쟁이라는 부정적 계기를 거쳐서 산출함으로써 사회적 분화와 갈등의 문제가 실천적 규범학 안에 구성적 요소로서 도입된다. 이러한 승인 원리와 갈등이론의 통합을 통해 헤겔은 보편적 규범 원리의 정당성을 발생론적으로 근거 짓는 한편, 바로 이 규범 원리를 현존하는 사회제도 안에 고착된 규범들에 대한 반(反)사실적 비판 기준으로 제시할 수 있게 된다.

이와 같은 공통점에도 불구하고 예나 중기의 승인이론들은 중요한 내적 차별성을 갖고 있다. 1808~1809년 뉘른베르크 시기부터의 후기 승인이론이 상당히 일관된 모습을 보여주는 반면에, 예나 중기에는 근본적인 층위에서 여러 가지 급격한 전환이 일어난다. 우선 이 시기 동안 헤겔 철학의 방법론적 토대가 차츰 셸링적 동일철학에서 피히테적 의식철학으로 이행한다. 그리고 이는 내용적인 측면에서 전통적인 자연관으로부터의 해방, 목적론적 체계로부터 벗어나 개별적·경험적 의식의 형태 속에서 진행되는 정신의 발전이라는 현상학적 정신철학의 확립, 고대적 인륜성에 대한 비판적 시각의 획득과 근대적 자연법 사상의 수용 등과 맞물려 있다.

예나 중기의 승인이론들은 개별자들 사이에서 이루어지는 승인 운동의 결과에 어느 정도의 인륜적 잠재력을 부여하는지에 따라 상이한 유형으로 구별할 수 있다. '개별자들 간의 승인 투쟁이 절대적 인륜성을 내재적으로 산출해낼 수 있는가?'라는 물음이 바로 그 변별 기준이 된다.

이 물음에 대한 답변이 부정적일 경우 승인 운동의 단계적 구조 중 세 번째 단계인 보편자와 개별자 간의 승인 과정이 『인륜성의 체계』나 『체계 기획 III』에서처럼 범죄와 이에 대한 처벌이라는 투쟁의 형태를 띠게 된다. 반면에 이 물음에 대해 긍정적으로 답변할 경우 『체계 기획 I』에서처럼 절대적 인륜성이 개인들 간의 사회적 관계 속에서 스스로를 전개해가는 형식을 띠기도 한다. 그리고 『인륜성의 체계』에서는 세 번째 단계인 절대적 인륜성이 두 번째 단계인 법적 관계에 대한 부정으로 등장하는 데 반해서, 『체계 기획 III』에서는 두 번째 단계의 발전적 지양과 보존이 상대적으로 강조된다. 또한 『체계 기획 III』이 근대 사회계약론의 일반적인 구조와 유사하게 경제적 · 법적 시민사회와 정치적 국가의 두 영역을 확연히 구분하는 반면에, 『체계 기획 I』은 이 두 단계가 하나로 통합되는 매우 독특한 모델을 제시한다.

헤겔 이전의 사회사상과 비교한다면, 『인륜성의 체계』는 플라톤과 아리스토텔레스에 의해 대변되는 고대 폴리스적 정치사상, 『체계 기획 I』은 루소의 공화주의 사상, 『체계 기획 III』은 근대 자유주의적 법론에 상대적으로 근접해 있다. 이러한 차이는 각각의 시기에 헤겔이 추구하는 인륜성의 이념이 어떻게 변화하고 있는가를 밝힐 수 있는 중요한 단서가 된다. 후기 『법철학』(*Grundlinien der Philosophie des Rechts*)은 체계 구조의 근본적인 변화에도 불구하고 그 기본 방향에서는 『체계 기획 III』에서 제시된 인륜성의 이념을 이어받고 있다.

II. 『인륜성의 체계』

헤겔에게서 승인이론의 첫 번째 유형은 『인륜성의 체계』에서 발견된다.[6] 바로 직전에 저술된 『자연법』(*Über die wissenschaftlichen Behandlungsarten des Naturrechts*)에서는 아직 승인 개념이 명확하고 엄밀한 의미로는 등장하지 않고 단지 "인륜 속의 비극"이라든가 '운명과의 화해' 같은 비유적인 표현에 머물고 있었다.[7] 이에 반해 『인륜성의 체계』

에서는 이미 승인 운동이 사랑, 법적 관계, 절대적 인륜성이라는 세 가지 단계로 어느 정도 분화되어 다루어지고 있다. 그러나 『인륜성의 체계』에서도 헤겔은 아직 승인 운동의 구체적인 과정을 상세히 해명하지는 못하고 있으며, 또 승인의 세 가지 형태를 각각의 고유한 원리에 따라 서로 명확하게 구분하여 서술하지도 않는다. 다만 이 저서의 두 번째 장에서 다루어지는 범죄에 의해 촉발된 승인 투쟁에 관해서는 비교적 상세하게 서술하고 있다. 하지만 개별자와 보편자 사이의 승인 투쟁이어야 할 이 단계가 이 초고의 독특한 체계 구조 때문에 개별자들 사이에서 벌어지는 승인 투쟁의 과정으로 묘사된다.

『인륜성의 체계』에 나타난 승인 모델의 가장 큰 특징은 전통적 자연관과 고대적 정치사상에 기반을 둔 실체주의적 인륜성의 이념이다. 헤겔은 『자연법』에서와 마찬가지로 여기서도 개별자들 간의 상호 승인을 통해 구성되는 전(前)국가적 사회관계를 근본적으로 부정적이고 극복되어야 할 것으로 파악한다. 그리고 인륜적 전체에 의한 개별성의 무화(無化)와 파괴를 통해 절대적 인륜성을 정립하고자 한다. 승인 투쟁은 미리 전제되어 있는 절대적 인륜성이 자기 전개를 하는 과정 도중에 극복되어야 할 부정적 계기로 등장할 뿐이지, 아직 절대적 인륜성 자체를 자율적으로 구성하는 긍정적 계기로 포착되지는 않는다.

『인륜성의 체계』는 헤겔이 자신의 사상을 엄격한 체계의 형식으로 서술한 최초의 저작이다. 여기서 그가 채택한 방법론은 개념(특수, 차별, 관계)과 직관(보편, 무차별, 통일)의 교차적 종속을 통한 절대적 인륜성의 현현이다. 이때 절대적 인륜성은 운동 과정 전체를 지도하는 궁극 목표로 미리 전제되어 있다. 그리고 개념과 직관의 교차적 종속의 운동 과정 중에 등장하는 여러 단계들은 각각의 특수한 양태 속에서 절대적 인륜성을 표현하고 그것을 향해 나아가는 '역능'(Potenz)으로 파악된다. 아직 스피노자와 셸링의 동일철학의 영향 아래 있던 이 초고의 서술 방식은 근본적으로 목적론적이다.

그러나 다른 한편 헤겔은 동시에 『인륜성의 체계』에서 '비인륜적인 경험적 의식'에서 출발하여 경험적 의식과 절대적 의식의 통일인 절대적 인륜성에 도달하고자 하는 새로운 방법론적 시도를 한다. 즉, 개별자의 의식은 자기 운동을 통해 절대적 인륜성을 그 자신의 진리로 드러내고 그 안에서 자기 인식에 도달할 수 있어야 한다. 하지만 이 초고가 지닌 방법론적 한계는 이런 의식이론적 단초가 전체 체계의 목적론적 구도와 조화를 이루지 못한 채 형식적으로 고착된 개념적 도식틀 속으로 함몰되어버린다는 점에 있다. 이 때문에 헤겔은 아직 개별적 의식이 인륜적 보편 의식으로 발전해가는 이행의 내적 필연성을 보여주지 못한다. 개별과 보편의 통일을 지향하고 있음에도 불구하고 양자는 근본적으로 대립 관계로 설정된다. 그리고 행위자인 의식은 미리 전제된 인륜적 전체가 자기실현의 과정에서 드러내는 내적 구조를 주관적으로 의식화하는 역할을 담당할 뿐이다. 또한 '개념 아래로 직관의 종속', '직관 아래로 개념의 종속', '개념과 직관의 무차별'이라는 3단계 도식이 세분화된 하위 단계들에 엄격한 일관성을 가지고 적용되지도 않는다. 그뿐만 아니라 이런 개념적 도식이 각각의 하위 단계에서 다루어지는 구체적인 형태들—노동, 소유, 언어, 가족 등—과 어떤 논리적 상응 관계를 가지고 있는지도 명확하지 않다.

이와 같은 결함은 여기서 헤겔이 차용한 셸링적 방법론이 그 자신의 고유한 철학적 사유의 내용을 체계적으로 서술하는 데에 적합하지 않다는 사실에 대한 반증이다. 또한 역으로 이러한 방법론적 한계는 이 초고에서 서술된 헤겔의 사유가 지닌 내용적 한계를 드러내는 것이기도 하다.

『인륜성의 체계』는 모두 세 부분으로 구성되어 있다. 제1장에서는 개념 아래로 직관의 종속이라는 형식 속에 있는 절대적 인륜성, 다시 말해 차별적인 것(직접적 현실)과의 관계 속에 있는 절대적 인륜성으로서 '자연적 인륜성'이 다루어진다. 이 단계에서는 개별성의 원리가 지배적이고 보편성은 차별자들 간의 관계 내부에 잠재해 있을 뿐이다. 여기서 의식은 객체 내지 객체성의 파괴를 지향한다. 주관적이고 개별적인 욕구로부터 출발하는 개별 주체는 자연적 객체 및 다른 주체와의 다양한 실천적 관계들을 거치면서 내적인 주·객의 통일과 무차별성을 획득하게 된다. 그러나 이러한 무차별성은 여전히 개별적 무차별성이며, 개별자들 간의 관계 속에서 객관화되는 보편성은 아직 우연하고 부분적인 '동등성'을 벗어나지 못한다.

제2장은 직관 아래로 개념의 종속이라는 형식 속에서의 인륜성으로서 '범죄'와 이에 대응하는 '응보적 정의'를 다룬다. 이 단계에서는 개별적 주관성의 부정적 지양과 파괴가 이루어진다. 무차별적 자유를 주장하는 개별자들 간의 투쟁 속에서 개별성이 무화되고, 자연적 인륜성 속에 내재하던 보편성이 표면에 드러난다. 그러나 이 보편성은 아직 추상적이고 부정적인 통일, 개별자의 주관성을 내포하고 있지 않는 외적 동등성에 불과하다. 따라서 이러한 보편성 속에서 개별자들은 타자와의 차별성을 여전히 극복하지 못한다.

제3장에서는 개념과 직관의 동일성인 '절대적 인륜성'이 서술된다. 여기서는 주관과 객관이 모두 보편 안으로 흡수되어 주체와 객체, 주체와 다른 주체의 절대적 동일성이 이루어진다. 개별자의 주관적 의식은 국가와 민족이라는 보편적 객관 안에서 자신이 추구하는 주·객 동일성이 실현되어 있음을 발견하고 이를 그 자신의 진리로 표출한다.

이상과 같은 구성에서 흥미로운 점은 사랑과 법적 관계가 모두 첫 번째 단계인 '자연적 인륜성' 내에서 논의되고 있다는 것이다. 구체적으로 말하자면 자연적 인륜성 중에서도 사랑은 (욕구, 노동, 점유, 도구, 언어 등의 범주들과 함께) 개별적인 자연적 객체와 맺는 직접적 관계의 한 형태로 다루어진다. 그리고 법적 관계는 (기계, 가치, 교환, 계약, 상업, 지배와 예속의 관계, 가족 등의 범주들과 함께) 노동의 산출물을 매개로 하여 다른 주체와 맺는 우연하고 부분적인 상호주관적 관계의 한 형태로 다루어진다. 이후의 승인 모델들과는 달리 여기서는 교환이나 계약, 지배와 예속 같은 사회적 관계들이 이미 승인 투쟁 이전의 단계에 등장한다. 이는 헤겔이 개별자들 간의 승인 관계를 개별자의 의식적 행위 이전에 일종의 자연발생적 사회 상태 속에서 이미 주어진 사실, 즉 일종의 '생활 세계적 지평'으로 전제하고 있음을 의미한다. 그렇기 때문에 그는 개인의 권리 주장이 승인 투쟁의 과정 없이도 이미 자연적 인륜성에 의해 규범적 유효성을 갖는다고 상정한다. 즉, 타자와의 의식적인 상호 행위에 선행해서 이미 일종의 자연발생적 상호주관성이 토대적인 규범 원리로 작동하고 있다고 전제하는 것이다.

이런 '해석학적' 전제는 고전적인 자연 개념으로부터 유래한 것이다. 후기의 헤겔이 인륜성을 "제2의 자연", 즉 직접적 자연으로부터 해방된 정신이 자신의 고유한 영역 안에서 새롭게 산출한 정신적 현실로 파악하는 반면에,[8) 『인륜성의 체계』에서는 후기 사상이라면 형용 모순의 개념이라고 거부했을 "인륜적 자연"에 관해 언급한다.[9) 여기서 '자연'은 단지 정신과 대립한 외부의 물질세계만이 아니라 정신적으로 구조화되고 존재론적으로 포괄적인 규범적 총체로 이해된다. 자연적 인륜성 또는 인륜적 자연이란 절대적 인륜성의 '자연적' 상태를 말한다. 이런 전통적 자연 개념에 의거하여 이 초고에서는 자연 상태에서 벌어지는 개인의 권리에 대한 침해가 이미 불법적인 '범죄'로 규정된다.

그렇다고 자연적 인륜성이 『인륜성의 체계』에서 담당하는 역할을 과대평가해서는 안 된다. 헤겔에 따르면 자연적 인륜성은 절대적 인륜성의 단지 기초적이고 결함을 지닌 최초의 형태일 따름이지 절대적 인륜성의 원리가 되는 것은 아니며, 또한 그것 자체로 내적 자기 완결성을 지니고 있는 것도 아니다. 오히려 자연적 인륜성은 개별성을 그 원리로 가지고 있고 이 원리에 따라 행위하는 의식은 개별을 지향하는 경험적 의식이므로 자연적 인륜성 자체는 아직 "비인륜적"이다.[10] 그것은 승인 투쟁을 통한 개별성의 파괴를 거쳐서야만 비로소 절대적 인륜성 안으로 수용될 수 있다.

인륜적 전체를 전제하는 이 초고의 독특한 목적론적 논리 구조 때문에 자연적 인륜성에서 범죄에 이르기까지의 일련의 전개 과정이 표면적으로는 의식의 개별화 과정으로 서술된다. 그렇지만 이때에도 개별화의 원리 그 자체는 결코 긍정적으로 평가되지 않는다. 그것은 무엇보다 사랑과 법적 승인의 한계에 대한 헤겔의 비판에서 잘 드러난다.

우선 사랑은 자연적 객체인 다른 주체와의 직접적인 관계여서 아직 동등성과 보편성을 확보하지 못한 불완전한 통합에 불과하다. 또한 법적 관계에서는 보편이 지배적이고 상호주관적 동동성이 정립되어 있기는 하지만, 이 관계 전체가 "차별의 역능" 이고 법적 승인을 통해 구성되는 인격성은 허구적 추상에 불과하다.[11]

> 개인의 인격성 혹은 그의 통일성과 개별성의 추상은 한낱 추상이고 사념물(思念物)에 불과하다.[12]

그렇기 때문에 법적 관계는 계약의 불이행을 통한 권리의 침해나 자연적 지배와 예속의 관계에 무기력하게 노출되어 있다. 법적 승인은 "관계와 차별 속에서의 혹은 개념에 따른 형식적이고 무관계적인 승인" 일 뿐이기 때문이다.[13]

> 이러한 승인에서는 살아 있는 개인이 살아 있는 개인에 대립하여 불균등한 생명력을 지닌 채 마주 서 있다. 즉, 한 사람은 다른 사람에 대해 권능이나 역능이 된다.[14]

이런 파괴적 요인에 대해 자연적 인륜성은 자신을 지탱해줄 보편적 중심을 자신의 영역 안에 자체적으로 가지고 있지 못하기 때문에 자신을 초월한 상위의 심급, 즉 절대적 인륜성을 요청할 수밖에 없다. 자연적 인륜성은 가족에서 최고의 단계에 도달하는데, 가족 속에서조차 개별자들(부모와 자식)은 절대적 통일에 이르지 못한다. 헤겔은 자연적 인륜성이 한편으로는 절대적인 인륜적 자연의 한 역능이라는 점에서 절대적 인륜성 안으로 수용되어야 하지만, 다른 한편으로는 자연적 인륜성의 원리인 추상적 개별성은 전적으로 부정되어야 한다는 이율배반을 해소하지 못하고 있다.

본격적인 승인 투쟁은 자연적 인륜성의 단계에서 이미 형성된 소유권을 자의적으로 침해하는 범죄와 더불어 시작된다. 범죄의 내적 원인은 구체적인 욕구나 사용으로부터 괴리된 소유권의 추상성에 있다.

> 따라서 부정적인 것은 소유의 불인정, 소유의 지양에 있다. 그러나 여기서는 소유 자체가 필연적이지 않고 주체에 의한 사용이나 향유와 관련되지 않은 것으로 정립되어 있다.[15)]

하지만 소유를 불인정하는 범죄는 점유물의 물리적 강탈일 뿐만 아니라 소유에 대한 인격적 권리의 침해, 이미 효력을 가지고 있는 승인 자체에 대한 부정이다. 따라서 범죄는 불가피하게 명예를 위한 "인격자 전체에 대한 인격자 전체의 투쟁"으로 진전된다.[16)] 즉, 개별적 규정태에 대한 부정에서 시작된 운동은 곧 개별성 자체에 대한 부정과 이에 대한 복수로 격화된다. 이러한 투쟁을 통해 주체는 개별적 사물과 형식적 법의 영역에 고착되어 있던 자신의 경험적 동일성으로부터 해방되어 승인받은 존재의 순수 개념, 즉 모든 규정태의 무차별로서 절대적으로 자유로운 인격성을 획득하게 된다. 그러나 그는 이 운동을 통해서도 타자와의 상호 승인에 도달하지 못한 채 형식적 동등성 속에서 여전히 타자와 대립해 있는 개별자로 남는다. 그렇기 때문에 승인 투쟁은 자체적으로 직접 절대적 인륜성으로 이행하지 못하고 개인적인 지배와 예속의 관계나 아니면 투쟁 이전의 무관계적 차별의 복원을 통한 평화의 정착과 함께 종식된다.

> 투쟁의 실재성이 분노의 상상과 모순되므로 분노는 동등성의 감정으로 귀결된다. 이렇게 해서 **평화**가 찾아온다. 한쪽이 포섭하는 자의 지위를 차지하고 다른 쪽은 패자(敗者)의 지위를 차지하면서 개별적 규정성들을 포기하건 아니면 양자가 완전한 동등성의 감정으로 투쟁을 지양하건 간에 평화 속에서는 양자가 앞서의 무관련적이고 무관계적인 차별로 자신을 정립하며, 따라서 관련이 단절됨과 더불어 모든 관심 역시 중지된다.[17)]

헤겔이 자연적 인륜성과 절대적 인륜성 사이에 범죄에 관한 장을 삽입했다는 사실은 이미 고대적 인륜성의 이념으로부터 어느 정도 벗어나 개별화의 원리를 절대적 인륜성의 한 계기로 파악하고 있다는 것을 시사한다. 범죄와 투쟁은 개체성에 선행하여 주어진 자연발생적 상호주관성을 부정하고 개별자의 자유를 총체적으로 표출한다. 그러나 이러한 특수성 자체는 절대적 인륜성에 의해 지양되어야 할 부정적 계기일 뿐이고, 아직 스스로 개별과 보편을 긍정적으로 매개하는 기능을 담당하지 못한다.

『인륜성의 체계』에서는 절대적 인륜성이 승인 투쟁의 산물이 아니다. 범죄로부터 절대적 인륜성으로의 이행은 개별자 자신에 의한 의식적 자기 지양에 의해서가 아니라 미리 전제된 인륜적 전체의 외적인 개입에 의해 이루어진다. 헤겔은 아직 개별성의 원리를 인륜성의 긍정적 구성계기로 받아들이지 않고 있는 것이다. 즉, 헤겔은 아직 개별자들 간의 승인 운동이 개별자들 스스로를 자율적으로 인륜화하여 보편적 인륜성을 창출해 낼 수 있다는 믿음을 갖지 못했다. 개인의 자율성과 간(間)개인적 상호 행위의 인륜적 잠재력에 대한 이런 불신은 불가피하게 실체주의적 인륜성의 이념으로 이끈다.

절대적 인륜성은 "개체성들의 절대적 합일"로서 그 안에서 개별자들은 자신의 주관성의 본질을 찾을 수 있다고 헤겔은 주장한다.[18] 그러나 절대적 인륜성은 개별자에 앞서 이미 실체로 존립하고 있으며, 개별자들을 존속시키되 그들의 차별성을 파괴하고 자기 아래 종속시킴으로써 절대적 무차별자로서 자신의 권위를 드러낼 뿐이다. 『인륜성의 체계』에서 개별자와 인륜적 보편자(국가) 사이에 가능한 가장 높은 단계의 관계는 "훈육의 체계"다.[19] 그런데 여기서 개인의 덕이란 개별자 속에서 인륜성이 불완전하게 반영되는 것일 뿐이며, 개인에게 최고의 자유는 민족을 위한 사욕 없는 죽음에 있다.

이와 같은 인륜성의 이념은 고대적 인륜성 모델, 특히 플라톤의 폴리스적 정치사상에 의존한 것이다. 이에 따라 국가와 시민사회의 관계도 근본적으로 부정적인 관계로 설정된다. 국가에서 실현되는 절대적 인륜성은 "특수성과 상대적 동일성의 완전한 무화"를 통해 이루어진다.[20] 여기서 말하는 '특수성과 상대적 동일성'은 바로 시민사회의 원리다. 절대적 인륜성은 "객관 속에서 주관이 무화되어 있다는 것, 즉 보편 속으로 특수가 절대적으로 수용되어 있다는 것"을 의미한다.[21] 헤겔 자신에 의하면 절대적 인륜성이 주관과 객관의 절대적 동일성, 개별과 보편의 완전한 통일이어야 하지만, 실제로는 주관에 대한 객관의 우위, 개별에 대한 보편의 우위가 강조되고 있는 것이다. 이러한 '실체적 인륜성' 속에서 고유한 개별성의 보존과 개인의 무한한 자유를 실질적으로 확보하기란 어려울 것이다.

III. 『예나 체계 기획 I』

『인륜성의 체계』에서 헤겔은 절대적 인륜성이 경험적 의식과 절대적 의식의 통일이라고 단언했을 뿐이지, 어떻게 그런 통일이 이루어지는지를 보여주지는 못했다. 오히려 경험적 의식은 스스로 개별성과 보편성의 통일에 도달하지 못하는 유한한 것으로 규정되었다. 그러나 절대적 인륜성이 개인에게 외적인 강제가 되지 않기 위해서는, 다시 말해 절대적 인륜성 속에서 개인이 자신의 자유를 진정으로 실현하고 또 그런 자기 인식에 도달할 수 있기 위해서는 경험적 의식 자체가 자기 운동을 통해 절대적 의식이 되어야 한다. 이러한 자기비판적 반성이 헤겔로 하여금 『체계 기획 I』에서부터는 셸링적 방법론과 목적론적 자연법 사상에서 벗어나 피히테의 의식철학을 부분적으로나마 수용하도록 만든 것으로 보인다.[22)]

『체계 기획 I』에서의 정신철학은 "개별적이고 형식적이며 부정적인 의식"인 '경험적 의식'에서 출발한다.[23)] 그런데 "이런 **경험적 의식**은 절대적 의식이어야 한다. … 이것이 우리가 의식의 개념을 그것으로 고양시켜야 할 의식의 절대적 실재성이라는 목표다."[24)] 이런 목표 설정은 『인륜성의 체계』에서와 동일하다. 그러나 『체계 기획 I』에서는 절대적 인륜성이 더 이상 경험적 의식에 선행하여 존재하면서 상위에서 경험적 의식의 운동을 조정하는 미리 주어진 실체가 아니다. 절대적 의식은 그 자체가 이제 스스로를 실제적 의식으로 실현해야 하는데, 이는 처음에 절대적 의식과 대립해 있는 경험적 의식이 수행하는 자율적인 자기실현과 자기 지양의 운동, 즉 "개인의 자기 형태화"를 통해 이루어진다.[25)]

이러한 구상에 따라 절대적 의식은 이제 (논리적 · 개념적 서술에 따라) 개별과 보편의 통일로서만이 아니라 동시에 (현상학적 · 의식이론적 서술에 따라) "의식하는 것과 의식된 것의 통일"로 제시된다.[26)] 다시 말하면 절대적 인륜성은 개별적 의식의 경험 과정 속에서 의식과 의식 대상 양자가 상호 관계 속에서 각각 내적으로 개별성과 보편성의 통일을 획득함으로써 양자의 사변적 통일이 이루어질 때 비로소 완성되는 것으로 서술된다. 이러한 변증법적 의식이론으로의 전환이 『인륜성의 체계』와 대비해 볼 때 이 초고가 지닌 가장 중요한 방법론적 차이점이다.[27]

또 하나의 두드러진 차이점은 자연철학과 정신철학의 체계적 관계에 관한 것이다. 『인륜성의 체계』에서는 아직 정신이 목적론적으로 구조화된 원형적 질서의 총체로 이해된 자연 안에 편입되어 있었다. 그러나 『체계 기획 I』에서는 후기 체계에서와 마찬가지로 정신이 자연에 대해 더 상위의 진리로 등장하면서 자연철학과 정신철학이 분리된다. 또한 자연의 운동은 관찰자인 '우리'의 인식 속에 있는 정신에 의해 서술되는 반면에, 정신은 행위자로서 스스로를 인식하고 스스로를 형성하며 자기 자신을 서술한다. 즉, 정신의 영역에 이르러서는 서술하는 주체와 서술되는 대상이 일치하게 된다. 정신은 단순성과 무한성의 통일이며, 바로 이렇게 규정된 정신의 개념이 "의식"이다.[28] 정신에 관한 이런 새로운 정의와 이해를 통해 헤겔은 유한한 의식의 형태 속에서 무한한 정신의 자기 전개라는 자신의 독특한 현상학적 서술 방법을 발전시킨다.

자연과 정신의 체계적 분리가 지닌 중요한 의미는 이를 통해 이제 자연과 인륜성의 내용적 차별화가 이루어진다는 점이다. 자연은 더 이상 인륜성의 모형이 아니라 오히려 극복의 대상이 된다. 그렇기 때문에 헤겔은 더 이상 '자연적 인륜성'을 전제하지 않는다. 인륜성은 오히려 자연을 극복하려는 의식의 자각적 행위를 통해 형성되는 것이다. 이에 따라 『인륜성의 체계』에서와는 달리 소유나 교환, 계약 등과 같은 사회적 관계가 이제는 개별자들 간의 승인 투쟁 이후의 단계에서 비로소 다루어진다. 투쟁은 더 이상 자연발생적 승인 관계를 부정하는 '부정적인 것'이 아니라 승인을 내적 목표로 가지면서 보편적 승인 관계를 창출해

내는 긍정적인 힘을 부여받게 된 것이다.

『체계 기획 I』은 지금까지 보존된 헤겔 저작들 중 철학 체계 전체의 서술을 시도한 최초의 작품으로서, 지금은 유실된 '논리학과 형이상학'에 관한 초고와 함께 자연철학과 정신철학을 포함하고 있다. 그중에서 승인이론은 제3부인 정신철학에서 전개된다. 여기서 헤겔은 여전히 '무차별성', '역능' 등 셸링의 용어를 차용하고 있다. 그리고 정신철학도 (절대적 인륜성에 관한 마지막 단편을 제외하고는) 이미 『인륜성의 체계』에서 주 · 객 관계의 매개 중심으로 제시된 아이(가족)와 도구 그리고 언어의 범주에 따라 '언어의 역능'(제1장), '도구의 역능'(제2장), '점유와 가족의 역능'(제3장)으로 구성된다.

그러나 이런 표면상의 연속성에도 불구하고 의식이론으로의 방법론적 전환은 각각의 역능이 다루어지는 순서와 그 의미를 전혀 다르게 설정하도록 만든다. 『인륜성의 체계』에서는 언어와 도구와 가족이 주관과 객관을 매개하면서 자연적 인륜성의 통일적 구조를 드러내는 다양한 양태들에 불과했다. 그러나 『체계 기획 I』에서 그것들은 주관과 객관만이 아니라 동시에 의식의 규정성과 무규정성, 더 나아가 주관과 주관을 매개하는 중심으로 등장한다. 다시 말해 의식(기억, 노동, 가족)은 대상(사물, 욕구 대상, 타자)과의 관계 속에서 언어, 도구, 가족 재산이라는 자기 자신의 현존재들을 산출해내는 동시에 이를 매개로 해서 스스로를 상호주관적 · 보편적 존재로 지양한다.

또한 언어, 도구, 가족은 더 이상 자연발생적 상호주관성의 병렬적인 양태들이 아니라 의식의 단계적 발전 과정에서 만들어진 산출물들로서 의식이 더 높은 단계를 향해 필연적으로 이행하는 논리에 따라 순차적으로 서술된다. 그리고 이러한 발전 과정은 바로 자연의 구속으로부터 점진적으로 해방되고 자연에 대해 보다 보편적이면서 실제적인 지배력을 확보하는 과정이기도 하다. 인륜성은 자연적 인륜성의 활성화가 아니라 오히려 자연의 극복을 통해 도달되는 것이며, 언어와 도구와 가족 재산은 "정신이 직접적으로 자연에 대한 **부정적** 태도에서 스스로를 구성하는" 단계들이다.[29)]

먼저 언어의 역능에 관한 장에서는 무차별적이고 단순한 보편성 속에 있는 추상적 의식이 언어 사용을 통해 자연에 대한 관념적 지배를 확보하면서 또한 자신의 개별성을 정립해간다. 그러나 언어를 통한 자연의 지배는 단지 형식적이며, 언어 속에서 보편성을 획득한 의식은 아직 개별자의 의식에 불과하다. 그러므로 언어의 역능 속에서 활동하는 이론적 의식은 "실존하는 사물들에 대항한 실존하는 사물, 즉 실천적 의식"으로 이행하게 된다.[30)]

이렇게 해서 등장하는 도구의 역능에 관한 장에서는 대상과 대립한 차별적 의식이 욕구 충족을 위한 노동을 통해 자연에 대한 실천적인 지배를 확보하면서 자신의 개별성을 지양하는 과정이 서술된다. 그러나 언어에서와 마찬가지로 도구의 영역에서도 의식은 여전히 자연적 사물과의 직접적인 관계 속에서 자연의 구속을 받고 있으며 아직 상호주관성을 결여하고 있다.

타자와의 구체적인 상호주관적 관계는 가족의 역능에 관한 장에서 비로소 주제화된다. 그렇기 때문에 헤겔은 언어와 도구의 단계에서는 "의식의 관념적 구성"이 이루어질 뿐이고 가족의 단계에 와서야 "의식의 실제적 구성"이 이루어진다고 말한다.[31)] 즉, 타자와의 상호작용은 의식의 자기 구성을 위해 필수적인 조건인 것이다.

> 이와 함께 가족 속에서 의식의 총체성은 대자적으로 생성되어가는 의식으로서의 의식이다. 개인은 타자 속에서 자기 자신을 바라본다. 타자는 의식의 동일한 전체며, 개인은 타자, 즉 만들어 낸 의식 속에서 자신의 의식을 가진다.[32)]

이와 같은 가족에서의 상호주관성이라는 맥락 속에서 승인의 첫 번째 단계인 사랑이 서술된다. 자연적 대상에 분산되어 있던 개별적 의식은 사랑을 통해 "자신의 전체적 개별성", 즉 '총체성'을 획득한다.[33] 그리고 이와 동시에 개별적 의식은 자신의 총체성이 타자와의 상호주관적 관계를 통해 구성된 것임을 의식하게 된다. 사랑은 "다른 의식의 존재 속에서 자기 자신을 바라봄"이고 "양자의 절대적인 대자 존재 속에서 양자의 직접적 통합"이다.[34] 그러나 『체계 기획 I』에서부터는 사랑이 더 이상 자연발생적 지배와 예속의 관계나 형식적 법에 고착된 개별성의 극복이라는 사회적 기능을 담당하지 못하고 정서적으로 결합된 소규모의 가족 관계로 그 적용 영역이 축소된다.

본격적인 승인 투쟁은 가족의 역능 이후의 독립적인 단편에서 다루어진다.[35] 『인륜성의 체계』에서는 자연적 파괴, 강탈과 절도, 인격성과 명예의 침해 같은 승인 투쟁의 다양한 형태들이 언급될 뿐이지 승인 투쟁의 구체적인 진행 과정은 자세히 서술되지 않았다. 이에 반해 『체계 기획 I』의 마지막 단편에서는 승인 투쟁의 과정이 오히려 이후의 『체계 기획 III』에서보다도 더 상세하게 묘사되고 있다. 이는 헤겔이 이 초고에서 개별자들 간의 승인 투쟁에 많은 의미와 비중을 두고 있음을 시사한다.

이 마지막 단편은 가족으로부터 승인 투쟁으로의 이행이 필연적임을 밝히면서 시작된다.

> 가족 속에서 의식이 도달한 총체성이 다른 의식의 총체성 속에서 자신을 자신으로 인식하는 것은 절대적으로 필연적이다.[36]

의식은 타자의 의식 속에서 개별적 총체성으로서의 자기 인식을 획득하려고 한다. 다시 말해 의식은 타자에게서 대자적 무차별자로 승인받고자 한다. 승인이란 "다른 의식의 개별적 총체성 속에 의식의 개별적 총체성으로 자신을 정립하는 것"이다.[37] 그런데 이렇게 자기 인식을 획득하기 위해서는 타자와의 상호작용이 필수적이다. 타자와의 실제적인 상호 행위를 통해서만 나는 내가 '이성적 무차별자'라는 것을 인식하고 입증할 수 있기 때문이다.

> 타자의 의식 속에서 개별자로서의 나의 총체성이 바로 그런 대자적으로 존재하는 총체성인가, 나의 총체성이 승인받고 존중받는가 하는 것을 나는 나의 총체성에 대한 타자의 행위 현상을 통해서 밖에는 알 수 없으며, 내가 타자에게 총체성으로 나타나듯이 타자도 마찬가지로 동시에 나에게 그 자체가 하나의 총체성으로 나타나야 한다.[38]

주관성의 영역에서 상호주관성의 영역으로 이행해가는 이 구절에서 피히테의 영향이 두드러지게 나타난다. 피히테에게서도 자아가 스스로를 '이성적 존재'로 확인하려면 타자와의 상호 행위가 필수적이었다. 그러나 피히테에게는 이 관계가 평화로운 '촉구'와 이에 상응하는 응답이었던 반면에, 헤겔은 이를 타자에 대한 침해와 투쟁으로 파악한다. 이런 차이는 헤겔이 타자와의 관계에 들어서는 의식을 이에 선행하는 가족관계에서 이미 개별적 총체성을 획득한 대자적 자기의식으로 설정하고 있기 때문에 생긴다. 대자적 자기의식이 또 다른 대자적 자기의식인 타자에게 자신의 무차별적 총체성을 입증하기 위해서는 자신을 타자에 대해 배타적인 "부정적인 절대적 개별성"으로 정립할 수밖에 없다.[39] 그러므로 두 자기의식들 사이의 상호 침해는 필연적이다.

> 이러한 침해는 발생할 수밖에 없다. 왜냐하면 의식은 그런 승인을 지향한다. 개별자들이 이성적인지를 인식하기 위해서는 그들은 서로를 침해해야만 한다.[40]

그러나 여기서 침해는 승인을 부정하려는 것이 아니라 오히려 타자로부터 승인을 받으려는 동기에서 비롯된 것이며, 더 나아가 "승인으로 인도할 필연적 침해"다.[41] 승인 운동은 배타적 개별성인 의식의 '존재'로부터 시작된다. 그러나 의식은 승인 투쟁의 과정 속에서 이 최초의 규정에 머물지 않고 "존재, 지양, 지양태로서의 존재"라는 세 가지 형식을 거치면서 스스로를 발전시킨다.[42]

『인륜성의 체계』에서는 승인 투쟁이 불법적 범죄에 의한 소유권의 침해에 의해 촉발되었다. 이에 반해 『체계 기획 I』에서는 점유에 대한 법적으로 중립적이거나 또는 오히려 정당성을 지닌 침해와 더불어 시작된다. 이러한 변화는 헤겔이 법적 관계를 『인륜성의 체계』에서처럼 주어진 현실 속에 이미 현존하는 자연적 인륜성의 한 형식으로 전제하지 않고 이제는 그 자체를 승인 투쟁의 과정을 통해 비로소 구성해내려고 시도하기 때문에 나타난 것이다. 승인 투쟁의 직접적 동기는 타자의 점유에 대한 침해에 있지만, 그보다 더 근본적인 원인은 그 자체로는 보편성을 지닌 사물이 한 개별자의 권한 아래 놓인다는 배타적 점유의 내적 모순에 있다. 배타적 점유 자체가 이미 타자의 총체성에 대한 침해이므로 점유로부터 배제된 자가 자신의 총체성을 회복하기 위해 타자의 점유를 침해하는 것은 필연적이다. 그리고 자신의 모든 개별적 현존재를 자기의 존재 전체와 동일시하는 의식의 추상적 무차별성 때문에 의식은 한낱 점유에 대한 침해를 자신의 "명예에 대한 모욕"으로 받아들이고, 이에 따라 승인 투쟁은 곧 "전체를 위한 투쟁"으로 격화된다.[43]

> **따라서 그들은 서로를 침해해야만 한다**. 각자가 자신의 실존의 개별성 속에서 스스로를 배타적 총체성으로 정립한다는 것이 실현되어야 한다. 모욕은 필연적이다. 내가 타자에게 그 현상적 존재에 피해를 줌으로써만 그는 타자의 배제를 현실화할 수 있으며 스스로를 의식으로, 즉 그의 존재, 그 개별

성이 무차별적이고 이 외적인 것이 그 자신 안에 있음을 서술할 수 있다.[44)]

『인륜성의 체계』에서와 마찬가지로 여기서도 헤겔은 승인 투쟁을 '삶과 죽음을 건' 전면적인 투쟁으로 파악한다. 개별자는 자신의 삶을 걸고 투쟁하지 않는 한 스스로를 총체성으로 입증할 수 없고 또 타자를 그러한 총체성으로 인식할 수도 없기 때문이다. 그러나 『인륜성의 체계』에서는 개별자들 간의 투쟁이 절대적 인륜의 외적 개입을 통해서만 종식될 수 있었던 반면에, 『체계 기획 I』에서는 이제 투쟁 과정 속에서 투쟁하는 개별적 의식의 내재적 자기 지양 그리고 이와 더불어 투쟁 자체의 자기 지양이 일어난다. 삶과 죽음을 건 투쟁은 의식이 자신을 개별적 총체성으로 정립하려고 하지만 실은 오히려 그 자신의 개별적 총체성을 지양하게 된다는 내적 모순을 안고 있다. "따라서 이런 개별자들 간의 승인은 그 자체 안에서의 절대적 모순이다."[45)]

이 마지막 문장은 다음의 두 가지 의미를 내포하고 있다. 우선 이는 개별적 의식의 배타적 자기주장이 필연적으로 수행적 자기모순에 빠지게 됨을 강조하는 것이다. 의식은 타자의 의식 속에서 자신을 총체성으로 정립하고자 하는데, 이를 위해 타자의 존재를 부정함으로써 오히려 그가 추구하는 승인 자체를 불가능하게 만들어버린다.

> 승인은 오직 타자의 의식 속에서의 총체성인 그런 의식의 존재인데, 이러한 승인이 실현됨으로써 그것은 타자의 의식을 지양하고, 이와 더불어 승인 자체가 지양된다.[46)]

다음으로 이 문장에는 헤겔이 (『정신현상학』에서처럼 승인 운동의 과정 중에 하나의 독자적인 승인 관계로 '주인과 노예의 관계'를 설정하고 있지는 않지만) 투쟁의 관계 자체를 이미 (비록 아직 의식화되지 않고 불완전하긴 하지만) 하나의 승인 관계로 보고 있다는 점이 암시되어 있다. 삶과 죽음을 건 투쟁은 표면상으로는 타자에 대해 승인을 박탈하는 행위다. 하지만 이런 투쟁을 통해 타자로부터 승인을 받고자 한다는 것은 이미 최소한 암묵적으로라도 자신의 배타성을 거둬들이고 타자를 자립적 대자 존재로 승인하고 있다는 것을 함축한다.

> 우리가 인식한 것, 즉 의식이 스스로를 지양함으로써만 승인받은 총체성은 의식이 된다는 점은 이제 이 의식 자체의 인식이다.[47]

이런 투쟁의 자기모순을 자각함으로써 의식은 스스로를 지양하며, 이와 더불어 투쟁 상태도 지양된다. 개별적 의식은 자기 지양의 운동을 통해 스스로를 "개별적 총체성의 지양태의 존재"로 정립할 때에만 비로소 그가 목표로 하던 보편적으로 승인받은 존재로 자신을 정립할 수 있다는 것을 깨닫는다.[48] 그런데 개별성을 스스로 지양한 의식은 그 자체가 "절대적으로 보편적인 의식"이며, 이것이 바로 "절대적 **인륜성**"을 구성하는 주체다.[49] 『체계 기획 I』에서는 개별성의 지양과 투쟁 상태의 극복 그리고 절대적 인륜성의 형성이 타자와의 상호 승인 속에서 개별적 의식 자신에 의해 자율적으로 성취된다. 그리고 『인륜성의 체계』에서는 승인 투쟁 이전에 단지 모든 규정태의 무차별자일 수 있는 능력에서 개인의 '인격성'을 찾았던 반면에,[50] 이제는 이렇게 승인 투쟁을 거쳐 자율적으로 상호주관적 보편성을 획득한 의식을 비로소 인격자로 규정한다.[51]

『체계 기획 I』에서 절대적 인륜성의 구현체인 국가와 민족이 개별자들 간의 전(前)국가적 사회 상태, 즉 시민사회와 어떤 관계를 갖는가에 관해서는 국가론을 다루었을 단편의 뒷부분이 더 이상 남아 있지 않기 때문에 확언할 수 없다. 그러나 이 초고의 승인이론이 지닌 가장 큰 변별적 특징은 개별자들 간의 승인 투쟁으로부터 절대적 인륜성으로의 직접적이고 자율적인 이행에 있다. 『인륜성의 체계』에서와는 달리 이제 개별자들 간의 승인 투쟁은 변증법적 자기 지양의 운동을 통해 내재적으로 절대적 인륜성을 산출한다. 이에 따라 인륜적 전체는 더 이상 개별성을 파괴하는 무차별자가 아니라 개별자들 간의 보편적 승인 관계, 나(의식하는 것)와 타자(의식되는 것)의 상호주관적 통일로 파악된다.

또한 『체계 기획 III』을 포함하여 그 이후의 후기 저서에서는 승인 투쟁의 결과가 단지 시민적 사법(私法)의 형식적 보편성이어서, 절대적 인륜성에 도달하기 위해서는 개별 의지와 보편 의지 간에 벌어지는 또 한 번의 투쟁을 거쳐야 하는 것으로 서술된다. 반면에 『체계 기획 I』에서는 투쟁 상태가 시민사회의 형식적 법관계라는 중간 단계를 넘어서 직접 절대적 인륜성으로 이행한다. 헤겔은 여기서 법적 승인의 단계를 절대적 인륜성의 단계 안에 통합시키기 때문에 시민사회를 절대적 인륜성으로부터 독립적인 영역으로 설정할 필요가 없었다. 이를 역으로 말하면 국가로부터 분리되지 않은 시민사회 자체가 절대적 인륜성을 일정하게 실현하는 역할과 힘을 부여받는다. 이 때문에 가치, 화폐, 소유 같은 경제적 · 법적 범주들이 이미 절대적 인륜성의 형식들로 다루어진다. 절대적 인륜성 속에서 개인의 언어는 한 민족의 언어가 되고 개별적 노동은 보편적 노동이 되며 사실적 점유는 법적 소유가 된다.[52)]

이와 같은 이론 구조에서 『체계 기획 I』의 승인이론 모델은 루소의 공동체주의적 사회계약론과 상당히 흡사하다. 물론 헤겔은 계약이라는 메타포 대신 상호주관적 승인 원리에 따라 보편적 사회관계를 구성한다. 그러나 루소가 (사회를 구성하는 연합 계약과 정부를 구성하는 복종 계약이라는) 자유주의적 2단계 사회계약 모델을 거부하고 연합된 민중이 자기 자신과 맺는 단 하나의 직접적이고 전면적인 계약을 통해 수립되는 공민(公民)들의 도덕적 정치 공동체를 구상했듯이, 헤겔 역시 『체계 기획 I』에서 1단계 승인 투쟁 모델에 따라 곧바로 절대적 인륜성을 구성한다.

이러한 인륜성의 이념은 언뜻 전체주의적 기획처럼 보일 수 있다. 실제로 헤겔은 절대적 인륜성 속에서 "개별자들은 더 이상 존재하지 않는다"라고 말한다.[53] 그러나 여기서 절대적 인륜성은 개별성의 무화와 파괴가 아니라 오히려 개별자들 자신에 의해 자율적으로 형성되는 것이며, 또한 그들 자신의 진정한 개별성의 실현이다. 물론 직접적이고 배타적인 개별성은 절대적 인륜성의 연대 공동체 속에서 더 이상 존재하지 않게 된다. 그러나 절대적 인륜성 안에서 실은 승인 투쟁의 과정 중에 상실되었던 개별성이 보편성을 내포한 진정한 개별성으로 회복된다.

> 이처럼 개별적 총체성으로서 자기 스스로를 포기한 총체성으로 존재하는 그런 의식의 존재는 바로 이를 통해 다른(타자의) 의식 속에서 자기 자신을 직관하며, 다른 의식으로서 그 자신이 직접 대자적으로 존재한다. 또는 개별적 총체성은 이런 자기 자신의 다른 의식으로서만, 즉 자기 자신의 지양태로서만 **타자의** 의식 속에 존재한다. 이렇게 해서 개별적 총체성은 승인받는다. 개별적 총체성은 타자 속에 있는 지양된 총체성이 됨으로써 모든 타자의 의식 속에서 자신이 직접 대자적으로 존재하는 바대로 존재한다. 이를 통해 개별성은 절대적으로 구제받는다.[54]

헤겔이 『체계 기획 I』에서 추구하는 절대적 인륜성은 상호주관적으로 계몽된 자유로운 개인들의 연대적 공동체다. 이 초고에서의 승인이론이 비록 미완결에 머물고 있지만, 『인륜성의 체계』의 '실체주의적' 모델과 『체계 기획 III』의 '자유주의적' 모델 사이의 과도기적 혼합물이라기보다는 두 모델들 각각의 일면성을 극복할 수 있는 단초를 담고 있는 독자적이고 생산적인 유형으로 평가받아야 한다.[55]

Ⅳ. 『예나 체계 기획 Ⅲ』

헤겔이 『정신현상학』에 앞서 정신철학의 체계적 서술을 다시 한 번 시도한 것은 1805~1806년의 『체계 기획 III』에서다.[56] 『체계 기획 III』의 정신철학은 전체적으로 '그 개념에 따른 정신' 또는 '추상적 정신', '현실적 정신', '헌정'(憲政)이라는 3개의 장으로 구성되어 있다. '그 개념에 따른 정신'에 관한 제1장에서는[57] 『체계 기획 I』에서의 '언어의 역능'과 '도구의 역능'에 각각 상응하는 '지성'과 '의지', 그리고 그 외에 가족 및 개별자들 간의 승인 투쟁이 다루어진다.

『체계 기획 III』이 지닌 방법론적 특징 가운데 하나는 『체계 기획 I』에서 사용한 '이론이성'과 '실천이성'이라는 칸트의 용어를 대신하여 '지성'과 '의지'라는 피히테의 용어를 사용한다는 점이다. 이는 이 초고가 피히테의 선험철학적 의지이론을 더 깊이 수용하고 있음을 나타낸다. 그리고 이러한 방법론적 변화는 내용적으로 승인 투쟁과 그 결과인 상호주관적 인륜성을 자유를 추구하는 개별 의지가 자율적으로 수행하는 운동의 산물로 포착할 수 있도록 만들었다. 이에 따라 헤겔은 절대적 인륜성 역시 이제 '보편 의지'라는 루소의 개념을 사용하여 규정한다.

후기 체계의 '객관 정신'에 해당하는 제2장 '현실적 정신'에서는 개별자들 간의 승인 투쟁을 통해 형성된 '승인받은 존재'에서 출발하여 교환, 계약, 범죄와 처벌, 국가적 사법(司法) 등의 범주들이 다루어진다. 여기서는 개별과 보편 간의 투쟁을 통해 개별 의지를 보편 의지로 지양하고 시민사회 및 이와 관련된 국가 권력을 수립하는 원리가 중심 논제가 된다.

'헌정'에 관한 제3장에서는 절대적 인륜성의 현실태인 국가의 내적 구조에 관한 이론으로서 국가론과 계층론이 전개된다. 마지막으로 이에 연이어 제3장 내에서 (그러나 내용상으로는 헌정에 관한 논의와 독립적으로) 후기 체계의 '절대 정신'에 해당하는 '예술과 종교, 학문'이 다루어진다.

『체계 기획 III』에서 헤겔은 사랑과 승인 투쟁에 관해 논하기에 앞서 우선 '지성'과 '의지'라는 형태 속에서 자아가 자연으로부터 스스로를 해방시키는 과정을 서술한다. 자아는 외적 사물로부터 출발하는 지성의 활동 속에서는 "**사물**을 **자아**로 만드는" 언어적 노동을 통해, 그리고 자신의 내적 충동으로부터 출발하는 의지의 활동 속에서는 "자신을 차안적(此岸的)으로 **사물**로 만드는" 실천적 노동을 통해 외적 대상성을 지양하고 오직 자기 자신을 대상으로 갖는 대자 존재로 발전한다.[58] 이로써 "의지의 고독한 실존은 완성되었다."[59] 이렇게 형성된 원자적 주관성으로부터 최초에 사랑의 관계로 나타나는 상호주관성으로의 이행을 헤겔은 실천적 노동을 통해 산출된 '도구'가 자연에 대해 행하는 '간계'(奸計, List)와 여성이 남성에 대해 발휘하는 여성스러움의 힘을 동일시함으로써 논증하려고 한다.

자아가 자연적 사물이 아닌 주체적 타자와 처음 관계를 맺게 되는 형식이 사랑이다. 사랑은 "자립적 자아에 대한 자립적 자아의 첫 번째 앎"이다.[60] 이러한 최초의 '앎'(Wissen)이 확고한 '인식'(Erkennen)으로 이행하는 과정,[61] 즉 양자의 즉자적인 통일이 각자의 의식 속에 대자적으로 정립되어가는 과정이 사랑의 운동을 이룬다.

> 각자가 타자 속에서 자기 자신을 알게 되고, 이로써 각자는 스스로를 포기했다. **사랑**. … 이러한 자기 지양은 자신의 **타자를 위한 존재**다. 그의 **직접적** 존재는 이런 **타자를 위한** 존재로 전도된다. 그의 자기 지양은 타자에게서 각자에게 타자를 위한 존재로 된다. 따라서 타자는 나를 위해 존재한다. 즉, 타자는 내 안에서 자기 자신을 안다. 타자는 단지 타자를 위한 존재다. 즉, 그는 자기 바깥에 있다. 이러한 인식이 **사랑**이다.[62]

『체계 기획 III』에서 사랑이 차지하는 체계적 위상이나 개인을 개별화하면서 동시에 인류화하는 기능은 『체계 기획 I』과 다르지 않다. 다만 『체계 기획 III』에서는 사랑의 변증법적 운동에 관해 헤겔의 어느 다른 저작에서보다도 더 상세한 서술을 발견할 수 있다. 그러나 동시에 사랑의 한계에 대한 가장 날카로운 비판도 이 초고에 담겨 있다. 사랑의 자연성과 직접성 그리고 타자와 대립해서 자신의 절대적 대자 존재를 관철시키려는 자유로운 의지의 결여 등 때문에 사랑은 "단지 인륜성에 대한 예감"에 머문다.[63]

자아가 자기의식적 대자 존재를 획득하게 되는 것은 개별자들이 배타적 전체로서 서로 대립하여 마주 서는 승인 투쟁을 통해서다. 『체계 기획 III』에서도 승인 운동은 투쟁이라는 부정적인 양식으로 시작된다. 그러나 이제는 점유에 대한 침해가 아니라 그에 앞서 배타적 점유 취득의 행위 자체가 승인 투쟁을 유발하는 동기로 제시된다. 보편적 승인 관계가 형성되기 이전의 자연 상태에서 "점유의 **권리**는 직접적으로 사물과 관련된 것이지 제3자와 관련된 것이 아니기" 때문에 타자에 대해서는 아직 법적 구속력을 갖지 못한다.[64] 그러므로 이 상태에서 점유에 대한 침해는 아직 불법으로 규정될 수 없다. 더욱이 배타적 점유 취득의 행위는 바로 법의 기초가 되는 평등의 원리에 어긋나는 것이기에 그 행위 자체가 이미 법의 원리와 배치된다. 배타적 점유취득의 행위는 필연적으로 타자의 절대적 대자 존재를 제약하게 된다. 이런 "**가짐**(Haben)과 **대자 존재**의 모순" 때문에 승인 투쟁은 점유자에 의해 제약받게 된 자신의 대자 존재를 회복하려는 배제된 자의 편에서부터 부정적인 방식으로 시작될 수밖에 없다.[65]

그러나 배제된 자의 자기 회복 행위는 타자의 점유물을 침해할 뿐만 아니라 본의 아니게 점유물 속에 정립되어 있던 타자의 대자 존재까지 침해하게 된다. 따라서 침해받은 자는 침해 행위를 '모욕'으로 받아들인다. 그러므로 단지 자신의 대자 존재를 평등하게 회복하려는 침해자의 행위는 오히려 더 높은 차원의 불평등을 초래하게 된다. "타자는 자신의 현존재를 회복했지만, 이 복구는 타자의 희생을 대가로 해서 일어났다."[66] 그리고 침해받은 자는 이에 맞서 같은 방식으로 대항할 수밖에 없다. 이러한 모순적 상호 행위에 의해 양자는 '승인을 위한 투쟁'(Kampf um Anerkennung)에 들어서게 된다.

『체계 기획 III』에서도 개별자들 간의 승인 투쟁이 자아의 미분화된 추상적 전체성 때문에 필연적으로 "삶과 죽음을 건 투쟁"이라는 격렬한 형식을 띠게 된다.[67] 그러나 투쟁을 지양하는 주된 계기는 더 이상 『체계 기획 I』에서처럼 생명을 건 투쟁 속에서 개별자가 직면하게 되는 자기 모순의 경험이 아니다. 여기서는 개별자들이 투쟁을 통해 추구하는 목표가 실은 타자로부터 절대적 대자 존재로 승인받으려는 것이고 또 이러한 승인은 각자가 점유물 속에 정립했던 특수한 현존 방식과 자신의 배타적 개별성을 스스로 지양할 때에만 비로소 가능하다는 사실에 대한 투쟁 당사자들 공동의 의식에 의해 투쟁 상태의 지양이 이루어진다.

> 이러한 불평등은 지양되어야 한다. 그런데 이 불평등은 이미 그 자체로(즉 자적으로) 지양되었음이 틀림없다. 그리고 두 사람의 행위는 단지 이 사실이 그 둘에게 대자적으로 되는 일일 따름이다. 배제의 지양은 이미 일어났다. 양자는 **자기 바깥에** 있는 것이다. 양자는 앎이고 자기 자신에게 대상이다. 각자는 타자 속에서 자신을, 그것도 지양된 존재로서 자각한다. 하지만 이에 못지않게 양편 각자에게 긍정성도 존립한다. 각자는 타자에게 유효**하고자** 하며, 타자 속에서 **자기 자신을** 직관하는 것이 두 사람 모두에게 **목적**이다.[68]

즉, 상호 승인에 도달하기 위해서는 더 이상 『체계 기획 I』에서처럼 극단적인 투쟁 방식이 요구되는 것이 아니라, 단지 내가 타자 속에서 순수한 대자 존재로 승인받으려고 하듯이 타자 역시 내 안에서 승인받고자 한다는 공동의 목표에 대한 공통된 자각이 필요한 것이다. 그리고 또 행위자의 입장에서도 의식이 모순을 내포한 승인 투쟁 속에서 이러한 자각을 즉각적으로 얻게 된다고 헤겔은 상정한다.[69)]

그런데 이렇게 타자 속에서 자신을 알고 타자의 의지에 의해 승인받은 의지가 바로 "**보편적 의지**"다.[70)] 이런 보편 의지로서만 개인은 참으로 현실적인 개별성, 즉 타자와 인륜적 관계에 들어설 능력을 지닌 "**인격자**"가 될 수 있다.[71)] 배타적 개별 의지로서 투쟁에 들어섰던 의식은 투쟁 속에서의 자기 지양을 통해 내적으로 개별성과 보편성의 통일을 획득한 보편 의지로 고양되었다. 이러한 보편 의지가 바로 인륜성의 주체가 된다.

그러나 개별자들 간의 승인 투쟁이 직접 절대적 인륜성으로 이행하는 『체계 기획 I』의 구조와는 달리 『체계 기획 III』에서 개별자들 간의 승인 투쟁이 산출하는 직접적인 결과는 절대적 인륜성이 아니라 형식적인 법이다. 법이 인륜성의 한 형식이긴 하지만 그것의 직접적 형식에 불과하다. 즉, 법은 서로를 자유로운 대자 존재로 승인하는 공통 의지의 산물임이 틀림없지만, 법적 관계에서 유효한 것은 "보편적이고 추상적인 승인받은 존재"일 따름이다.[72)] 이 때문에 법은 개별자의 구체적 특수성을 고려하지 않는다. 이는 역으로 법의 영역에서는 개인의 의지가 내용적으로 보편성을 획득하지 못한 특수한 개별성으로 남을 수 있다는 것을 의미한다. 여기서 헤겔은 개별자들 간의 상호 승인을 의식의 측면에서 단지 개별자의 외적 현존재를 지양함으로써 순수하고 추상적인 대자 존재를 획득하는 과정으로만 제시한다. 이 점에서 『체계 기획 III』은 개별자들 간의 승인 투쟁의 결과를 개별자의 배타적 자기동일성의 지양을 통한 타자 속에서의 전면적 자기 부정과 전면적 자기 회복, 즉 절대적 인륜성으로의 고양으로 파악하는 『체계 기획 I』과 분명하게 대비된다.

이에 따라 『체계 기획 III』에서는 투쟁 상태와 절대적 인륜성 사이에 하나의 중간 단계로서 추상적 법과 소유의 체계, 즉 시민사회가 독자적인 영역으로 등장한다. 이것이 이 초고에서 전개되는 승인 모델의 가장 큰 특징이다. 이를 통해 이 초고의 승인이론은 근대의 자유주의적 자연법 사상에 근접한다. 우선 헤겔은 법이란 자유의 제한이 아닌 자유의 실현이요 확장이라는 지금까지의 신념에 반하여 이제 법을 "자유의, 즉 개별적이고 우연적인 것 안에서의 자유의 자의(恣意)의 제한"으로 규정한다.[73] 또한 『체계 기획 I』에서는 승인 투쟁이 포괄적인 1단계로 설정되었던 반면에, 『체계 기획 III』에서의 승인 투쟁은 자유주의적 사회계약론과 유사하게 2단계 형태를 갖게 된다. 개별자들 간의 승인 투쟁은 추상적 법의 체계(시민사회)만을 형성해낼 뿐이며, 이 단계로부터 절대적 인륜성(국가)으로의 이행은 개별자와 보편자 간에 벌어지는 또 한 번의 승인 투쟁을 거쳐야만 한다. 이와 같은 체계적 변화를 통해 헤겔은 처음으로 시민사회를 인륜성의 한 독자적인 영역으로 인정하게 된다. 그리고 이런 이론 구조는 후기 『법철학』에까지 변함없이 유지된다.

그러나 이러한 근대 자연법 사상으로의 접근이 곧 자유주의적 정치사상으로의 전향을 의미하지는 않는다. 법은 이제 직접적 형식 속의 인륜성으로서 국가와는 구분되는 시민사회라는 독자적인 영역을 갖게 되지만, 바로 그 직접성 때문에 스스로는 극복할 수 없는 원리적 한계를 지니고 있는 것으로 파악된다. 그리고 이 한계가 시민사회에 대한 내적 비판의 준거점이 된다. 법의 원리는 보편성이다. 그러나 이 보편성은 개별성을 내포한 참된 보편성(Allgemeinheit)이 아니라 아직 추상적인 보편성, 개별자의 의지에 의해 형성되었으면서도 개별자의 특수성을 전적으로 사상한 '공통성'(Gemeinsamkeit)에 불과하다. 공통성 속에서는 개별 의지와 보편 의지 간의 차별이 여전히 존속하고 있으며, 양자는 언제든지 분리될 수 있다. 그러므로 법적 승인과 이에 기반을 둔 시민사회는 아직 절대적 인륜성이 아니다. 그것이 절대적 인륜성으로 지양되기 위해서는 개별 의지에 따른 범죄와 이에 대한 보편 의지의 보복(처벌)이라는 또 한 번의 승인 투쟁의 과정을 필요로 한다.

범죄는 "보편 의지에도 불구하고" 개별 의지가 자신의 "개별성으로 복귀하여" 자신을 관철시키고자 하는 행위다.[74] 범죄는 이미 보편적 승인 상태를 전제한다는 점에서 법적 승인 이전에 벌어졌던 점유의 침해와는 본질적으로 다르다. 따라서 범죄는 단순히 개인적 모욕이 아니라 승인받은 존재 자체의 침해, 즉 이미 현존하는 유효한 보편 의지에 대한 불법적 침해다. 그러나 범죄의 원인은 개별자에게만 있는 것이 아니라 개별성을 사상해버린 채 보편성을 강요하는 추상법이라는 형태의 보편 의지에게도 있다. 『체계 기획 I』에서는 개별자들 간의 승인 투쟁이 이미 절대적 인륜성을 산출하기 때문에 범죄가 아무런 역할도 하지 못했다. 그러나 『체계 기획 III』에서는 범죄가 『인륜성의 체계』에서처럼 개별과 보편을 매개하는 핵심적인 기능을 다시 한 번 담당하게 된다.

그러나 범죄가 초래하는 결과는 더 이상 『인륜성의 체계』에서처럼 지배와 예속의 관계가 아니라 훼손된 승인 관계를 복원하려는 "보편 의지의 보복"인 처벌이다.[75] 『체계 기획 III』에서는 범죄가 보편 의지에 의해 이미 구속력을 지닌 것으로 수립된 법관계를 자의적으로 부정하는 불법 행위로 설정되기 때문이다. 범죄와 처벌은 개별자와 보편자 간의 투쟁이며, 이 투쟁의 변증법 속에서 "개별자의 지양"을 통해 개별 의지와 보편 의지의 화해가 이루어진다.[76] 보편적 정의(正義)로서 법의 관철은 개별 의지에 대립한 보편 의지의 실현일 뿐만 아니라 동시에 개별자의 진정한 승인받은 존재의 실현이기도 하다. 이렇게 개별 의지에 의해 매개된 보편 의지의 실존으로서 사법적(司法的) 법률은 사법(私法) 영역에서의 추상적인 '승인받은 존재'와는 달리 "개별자의 자기를 내포"하고 있으며, 또한 보편 의지를 받아들인 개별 의지는 그 자체가 "절대적으로 그러한 것으로 유효한 화해한 보편 의지"가 된다.[77] 바로 이러한 "**개체**

성과 보편의 통일" 이 절대적 인륜성, 즉 국가의 원리를 이룬다.[78)]

『자연법』과 『인륜성의 체계』에서 헤겔은 아직 절대적 인륜성이 개별성의 '제압'(Bezwingen)이나 전적인 '파괴'를 통해서만 실현될 수 있다는 견해였다. 그러나 이미 『체계 기획 I』에서는 절대적 인륜성을 상호 승인의 운동 속에서 일어나는 개별자의 자율적 자기 지양으로부터 내재적으로 구성하기 시작했다. 『체계 기획 III』에서는 개별자들 간의 승인 관계 위에 개별자와 보편자 간의 승인 관계를 설정하기는 하지만 절대적 인륜성이 개별성으로부터 시작되는 승인 운동의 산물이라는 점을 명시한다. "보편 의지는 **먼저 개별자의 의지로부터** 보편 의지로 **구성되어야 한다**."[79)]

더 나아가 『체계 기획 III』에서는 이후 헤겔의 법철학의 발전에 중요한 의미를 갖게 되는 두 가지 변화가 일어난다. 첫째, 헤겔은 이제 전통적 자연법 개념으로부터 완전히 벗어난다. 그는 자연 상태를 더 이상 플라톤과 아리스토텔레스의 전통에 따라 '절대적 인륜성의 자연적 상태'가 아니라 홉스 이후의 근대 자연법 사상가들과 마찬가지로 투쟁과 무법의 상태로 규정한다. 권리는 그 개념상 상호 승인을 전제하기 때문에 자연 상태에서의 권리와 법(자연법 또는 자연권)이란 허구일 뿐만 아니라 술어적 모순이다. 이렇게 자연 상태와 사회적 법상태를 원리적으로 구분함으로써 헤겔은 권리와 법이 보편적 승인 관계에 의해 구성되는 사회적 범주임을 분명하게 밝힐 수 있게 되었다.[80)]

둘째, 헤겔은 이제 고대 폴리스에 대한 동경으로부터 벗어나 근대 시민법과 이에 기초한 시민사회에 의해 수행되는 개인의 해방이 지닌 역사적 의미와 성과를 명확히 이해할 수 있게 되었다. 절대적 개별성의 원리야말로 "고대인들, 플라톤이 알지 못했던 근대의 더 높은 원리다."[81)] 이런 역사철학적 통찰은 한편으로 헤겔이 개별성의 원리를 탈전통적인 근대성에 기반을 둔 절대적 인륜성의 필수적인 구성 계기로 인정하게 되는 긍정적인 결과를 가져왔다. 그런데 헤겔은 개별성의 보존이 시민사회를 국가와 분리된 고유한 작동 기제를 지닌 영역으로 설정할 때에만 가능하다고 믿었다. 이 때문에 그는 이제 그 이전의 저작들과 비교해 볼 때 시민사회에 대해 훨씬 더 긍정적이고 개방적인 태도를 취하게 된다.

그러나 다른 한편 헤겔은 시민사회를 개별성의 원리에 고착시킴으로써 스스로 시민사회와 절대적 인륜성(국가)이 변증법적 통일을 이룰 가능성을 봉쇄해버린다. 『체계 기획 I』에서 시도되었던 시민사회 속에서 절대적 인륜성의 직접적 실현이라는 기획은 포기된 것이다. 이로써 시민사회와 국가가 서로 독립성을 지닌 고유한 영역들로 분리된다. 이와 더불어 개인도 시민(bourgeois)과 공민(citoyen)으로, 그리고 국가도 '권력을 가진 법'과 '헌정', 즉 경제적 · 법적 국가(오성 국가)와 정치적 국가로 이중화된다. 이후 헤겔에게 국가와 시민사회 사이의 관계는 해결하기 힘든, 그리고 결국 해결에 실패한 난제로 남게 된다.

5

『정신현상학』과 『철학 백과전서』에서 승인이론의 차이

I. 승인이론의 서술 방법

헤겔이 자신의 승인 개념을 가장 상세하고 정교하게 제시하고 있는 곳은 『정신현상학』의 「지배와 예속」 장 서두다. 이보다 초기 저작인 『인륜성의 체계』에서부터 후기의 『철학 백과전서』(*Enzyklopädie der philosophischen Wissenschaften im Grundrisse*)에 이르기까지 여러 저작에서 헤겔은 다양한 형태의 승인이론들을 전개하면서 승인 개념을 설명한다. 그러나 헤겔의 승인이론을 이해하는 데에 표준적인 역할을 할 수 있는 가장 완성된 형태의 승인 개념이 발견되는 곳은 바로 『정신현상학』이다. 여기에 제시된 승인 개념을 토대로 하여 헤겔의 승인이론이 지향하는 바를 정확하게 이해할 수 있을 뿐만 아니라 「지배와 예속」 장에서 실제로 전개된 승인 운동의 미완결성 그리고 『정신현상학』과 『철학 백과전서』에서 승인이론이 지닌 차이를 보다 명확하게 파악할 수 있다.

따라서 이런 문제들을 논하기 위해 먼저 『정신현상학』의 「지배와 예속」 장 서두를 중심으로 헤겔의 승인 개념과 그 행위이론적 형성 과정을 살펴볼 것이다. 하지만 이에 앞서 우선 승인 개념과 승인 운동 사이의 관계와 관련된 방법론적 문제를 해명할 필요가 있다. 이를 통해 헤겔의 승인 이론에 대한 오해와 불필요한 논쟁을 피할 수 있기 때문이다.

「지배와 예속」 장의 서두에서 헤겔은 먼저 "승인의 순수한 개념"을 제시하고서 그다음에 "그 과정이 자기의식에게 어떻게 나타나는지"를 서술한다.[1)] 이런 특이한 서술 방식 때문에 승인 운동에 관한 헤겔의 논변이 목적론적이며 엄밀한 내재성을 갖지 못한다는 비판이 제기되곤 한다. 하지만 이런 비판은 헤겔의 발생론적 서술 방법에 대한 무지 또는 오해에서 비롯된 것이다. 이른바 헤겔의 '존재론적 일원론'에 대한 사르트르의 비판이 대표적인 사례다.

> 헤겔은 타자의 문제를 다루는 데에 진리의 관점, 즉 전체의 관점을 취한다. 다시 말해 헤겔의 일원론은 의식들 간의 관계를 고찰할 때 자신을 결코 개별적 의식 속에 놓지 않는다. 전체는 비로소 실현되어야 하는 것임에도 불구하고 전체가 모든 참된 것의 진리로 미리 놓여 있다. 헤겔이 "자기의식은 처음에는 … 모든 **타자를 자기 자신으로부터** 배제함으로써 자기동일적이다"라고 말할 때, 그는 의식들 외부에서 전체 속에 머물면서 의식들을 절대자의 관점에서 고찰하고 있는 것이다.[2)]

그러나 바로 사르트르가 인용한 헤겔의 구절이야말로[3)] 헤겔이 얼마나 엄격하게 고찰 대상인 '경험하는 의식'의 내부자 관점을 견지하고 있는지를 입증한다. 헤겔에게 '타자의 배제를 통한 자기동일성'은 결코 자기의식의 '진리'가 아니다. 그것은 단지 경험적 의식으로서의 자기의식이 처음에 지니는 '억견', 자기의식이 자기 지양의 운동을 통해 극복해야 할 미숙한 행위 방식일 뿐이다.

사르트르는 헤겔이 자기의식의 운동을 서술하면서 서술하는 헤겔 자신의 시점을 망각했다고 질책한다.[4] 그런데 헤겔에게는 바로 그런 관찰자 시점의 망각과 철저한 행위자 내부 관점의 견지야말로 참된 학적 서술 방법이다. 헤겔에 따르면 주체는 대상 속으로의 완전한 침잠과 자기 상실을 통해서만 왜곡되지 않은 대상적 진리를 획득할 수 있다.

> 그러나 학문적 인식에 요구되는 것은 오히려 대상의 삶에 자신을 내맡기는 것, 다시 말해 대상의 내적 필연성을 직시하고 이를 언표하는 데 있다. 학문적 인식이 대상에 몰입하게 되면 내용과 동떨어진 지(知)의 자기반성에 그치는, 위로부터 사태를 조망하는 자세를 탈피하게 된다.[5]

『정신현상학』에서 승인이론은 자기의식에 관한 의식이론이라는 틀 내에서 전개된다. 그리고 헤겔의 자기의식 이론은 자기의식이 그와 마주한 모든 대상에 대해 자신의 이념적 자립성과 자기동일성을 절대적으로 관철시키고자 하는 일종의 본성적 충동을 가지고 있다는 전제에서 출발한다. 그런데 헤겔은 이런 자기의식의 본성을 선행하는 '의식'의 운동을 거쳐 생성된 자기의식의 개념을 통해 정당화한다. 이에 따르면 자기의식이란 "자기 자신에 대한 확신", 즉 오직 "**자기 자신**과 관계하는 것, 나는 나(Ich=Ich)라는 것"에 있다.[6] 자기의식이 이런 자기 지시성과 자기반성성을 가지고 있다는 사실을 일단 받아들이고 나면, 그다음에는 '욕망', '승인을 위해 투쟁하는 자기의식', '보편적 자기의식' 등의 형태로 전개되는 자기의식의 운동은 내재적 필연성을 가지고서 일어난다. 이때 자기의식은 "스스로를 검증하기" 때문에 우리는 이런 자기의식의 운동을 단지 "순수하게 관망"하면 되고 "우리의 개입은 불필요해진다."[7] 헤겔의 승인이론은 상호 승인과 화해라는 규제적 이념을 외부에서 끌어들여 궁극 목적으로 미리 설정해놓고 나서 관찰 대상인 자기의식의 행위 속에 이 이념을 강제로 외삽하는 방식의 일반적인 목적론이 결코 아니다.

헤겔이 승인이론을 전개하면서 채택하는 논변은 다음과 같은 근본 명제를 방법론적 원리로 가지고 있다. '자기의식은 자신의 자립성을 절대적으로 관철시키고자 하기 때문에, 그는 필연적으로 어떤 특정한 방식으로 (즉, 헤겔이 서술한 방식에 따라) 행위할 수밖에 없다.' 헤겔의 승인이론은 승인 개념을 목적론적으로 전제하지 않고서도 행위자인 의식의 내재적 자기 검증 그리고 수행적 자기모순의 회피라는 원칙에 따라 그 논변의 타당성을 입증할 수 있고 또 그렇게 입증되기를 헤겔 자신이 요구한다. 그러나 우리가 헤겔의 논변이 과연 타당한가를 검증하는 데에는 실은 자기의식의 본성에 관한 규정을 내포하고 있는 위의 명제조차 불필요하다. 다음과 같은 가언명법의 형식을 가진 보다 약화된 실천 명제로도 충분하기 때문이다. 즉, '자기의식이 자신의 자립성을 온전히 관철시키고자 한다면, 그는 자기 자신의 목표를 성취하기 위해 합리적인 이유에서 특정한 방식으로 행위해야 한다.'

물론 그렇다고 해서 승인이론의 핵심 주장들—즉, 개인은 자신의 자립성을 다른 개인에 대해 입증해야 하고, 타인과 생사를 건 승인 투쟁에 뛰어들어야 하며, 마침내는 타인과의 상호 승인을 통해 상호주관적인 보편적 자기의식에 도달해야 한다는 등의 주장—이 어떤 사실적 필연성을 가지는 것은 아니다. 개인이 애초부터 타인과의 충분한 상호 관계에 들어서지 못하거나 욕망의 직접적 충족에 만족하거나 또는 승인 투쟁이 어느 한쪽의 죽음으로 종결되거나 등등의 일들은 경험적으로 얼마든지 가능하다. 단, 이와 같은 경우에는 행위자가 스스로 의지한 목표인 자립성의 온전한 실현과 자기 확신을 성취하지 못할 테고, 따라서 수행적 자기모순에 빠지게 될 것이다.

자기의식은 외부에 주어져 있는 자연적 대상과 관계하던 '직접적 의식'이 스스로 자신의 대상적 직접성을 지양하는 운동의 산물이다. 그래서 자기의식에 관한 논의는 의식의 자기 지양의 결과로 등장하는 자유로운 대자 존재의 자기 확신을 전제하고서 시작된다. 이제 자기의식은 그 자신의 고유한 차원에서 자신을 실현해야 한다. 그런데 자기의식의 운동에서 관건이 되는 것은 자기의식의 순수한 대자 존재가 자신의 즉자적 자립성을 그 자신에 대해 대자적으로 입증하고 이를 통해 자신을 즉자 대자적으로 자유로운 존재로 고양시키는 일이다. 그런데 이는 헤겔에 따르면 오로지 다른 자기의식(타인)과의 관계 속에서만, 그것도 호혜적이고 대칭적으로 상호 승인하는 관계 속에서만 성취될 수 있다. 자기의식의 운동이 출발하는 지점은 '나=나'다. 그러나 이런 추상적 자기동일성의 진리는 '나=우리', 좀 더 정확히 말하면 '나=(나=우리)', 즉 상호주관적 보편성이다.

헤겔의 자기의식 이론에 의하면 한 개인의 구체적 주관성은 사회적 상호주관성을 매개로 해서만 성취될 수 있다. 바로 여기서 헤겔의 철학은 데카르트적 전통의 유아론적 주관주의 철학과 근본적으로 구별된다. 그렇다고 해서 사회적 상호주관성이 존재론적으로 또는 경험적으로 미리 주어져 있는 사태도 아니고 또한 더 이상 근거 지음이 불가능한 선험적 요청도 아니다. 구체적 주관성의 형성을 가능하게 만드는 상호주관성은 역으로 자율적으로 행위하는 개인들이 이루어내는 상호 행위의 산물이다.

자기의식이 자신의 자립성을 대자적으로 입증하는 자기 구성의 과정은 동시에 최초의 유아론적 자기의식의 탈중심화 그리고 상호주관적으로 공유하는 보편성의 형성 과정이기도 하다. 즉, 그것은 자기의식의 단순한 자기 보존이 아니라 오히려 타인을 향해 자신을 열고 간(間)개인적 관계 속에서 자기 보존의 강박으로부터 해방되는 길이다. 자기 자신에 대한 절대적 확신이라는 목표에 도달하기 위해 자기의식은 처음에는 철저하게 타자에 대해 지배 지향적이고 전략적인 방식으로 행위한다. 그러나 이런 자아 중심적 행위 방식이 초래하는 실패와 좌절을 경험하면서 자기의식은 상호 승인의 원리에 따라 자신의 행위 방식을 수정하고 자기를 상호주관적·보편적 자기의식으로 고양시켜야 한다는 점을 스스로 깨닫게 된다. 헤겔의 승인이론은 바로 이런 자기의식이 경험하는 "**회의**(懷疑)의 길"을 철저하게 행위자의 내재적 관점에서 서술한다.[8)]

II. 승인 개념의 형성 과정

승인 개념의 발생을 파악하기 위해 먼저 '승인하는 자기의식'의 전 단계를 이루는 '욕망'에서부터 논의를 시작하자.[9)] 왜냐하면 '욕망'에서 '승인하는 자기의식'으로의 이행은 이제 막 타인과 상호작용에 들어서는 자기의식이 지니는 최초의 관점을 규정하기 때문이다. 그뿐만 아니라 바로 이 이행을 통해 '자아'와는 본질적으로 구별되는 '다른 자아'가 범주적으로 도출되고, 또 이것이 나중에 승인 개념 안에 함축되어 있는 강한 호혜성을 근거 짓게 된다.

1. 욕망하는 자기의식

자기의식은 자기 자신과의 동일성에 대한 자기의 의식이다. 다시 말해 자기의식은 "자신의 타자 존재 속에서 자기 자신에 대한 의식"이다.[10)] 자기의식은 직접적 의식처럼 자신의 진리를 외적 대상 속에 찾지 않고 자기 자신 속에서, 즉 자신에 대한 자신의 앎 속에서 찾는다. 직접적 의식과는 달리 자기의식은 더 이상 외적 대상과 관계하지 않는다. 물론 자기의식 역시 여전히 자신의 타자 존재를 가지고 있고 이 타자 존재와 관계를 맺지 않을 수 없다. 그러나 자기의식과 타자 존재의 구별은 자기의식에게는 본질적으로 지양되어 있다.

> 자아는 관계의 내용이자 관계 자체다. 자아는 타자에 대립하면서도 자기 자신이며 동시에 이 타자를 장악하는데, 이 타자는 자아에게 자아 자신일 뿐이다.[11)]

자기의식은 외부로 향하던 의식이 자기 자신으로 되돌아온 것이기 때문에 즉자적으로는 이미 자신과 타자의 통일이다. 그러나 자기의식이 진정한 자기의식이 되기 위해서는 자신을 자신에 대해 "자신의 타자 존재 속에서 자기 자신과의 통일"로 비로소 정립해야 한다.[12)] 하지만 이제 막 의식의 단계를 벗어난 자기의식에게는 자기 자신과의 추상적 동일성, 순수한 무차별적 동일성만이 정립되어 있을 뿐이다. 자기의식의 순수한 동일성 속에는 분명 "절대적 **이성**과 **자유**의 원리"가 담겨 있다.[13)] 그러나 "나는 나라고 하는, 운동을 결여한 동어 반복"의 직접적 형식에서는 단지 "**추상적 자유**, 순수한 관념성"만이 언표되어 있을 따름이다.[14)] 오직 자기 자신과만 관계하는 직접적 자기의식은 자신 안에 그 어떤 현실적인 구별도 포함하고 있지 않기 때문에 아무 내용도 갖지 못하고 공허한 내면성에 머문다.

더 나아가 이런 무차별적 동일성 속에서 자기의식은 오히려 내적으로 분열되어 있다. 왜냐하면 직접적 자기의식은 자기 자신만을 대상으로 가지고 있는데, 바로 이 대상적 자기는 아직 자기 자신이 아니라 다른 그 무엇(타자)이기 때문이다. 즉, 직접적 자기의식은 의식으로서의 자신을 대상으로 가지고 있을 뿐이지(나=나), 아직 자기의식으로서의 자신을 대상으로 가지고 있는 것(나=(나=나))은 아니다. 자기 자신과의 전면적 통일이어야 할 자기의식이 이렇게 자신과 불일치하는 상태에서는 아직 진정한 자기의식이 아니라 또 다른 형식의 의식에 불과하다. 그리고 이

"**의식**으로서의 자기의식"에게는 이미 극복했다고 여겼던 "감각적 세계의 폭넓은 펼쳐짐이 여전히 존속"한다.[15] 따라서 추상적 자기의식은 아직 자신과 대립해 있는 대상을 가지고 있다. 그것도 의식이라는 대상과 또 자기의식이 의식으로서 관계를 맺게 되는 감각적 대상이라는 이중의 대상을 타자로서 갖고 있다. 자기의식 내부에서 일어나는 자기의식과 의식 간의 분열 속에서 자기의식은 내적 모순에 빠지게 된다. 즉, 자기의식이 한편으로는 의식의 부정이고 따라서 순수한 자기 관련이면서, 동시에 다른 한편으로는 타자 관련적 의식이고 따라서 자기 자신의 반대인 것이다.

그러나 자기의식이 자기의식일 수 있는 것은 그 대상이 독립적인 존재성을 갖지 않고 자기의식 자신인 한에서다. 그렇기 때문에 자기 확신으로서의 자기의식은 "감각으로부터 자신을 해방시키고 주어진 객관성을 지양하여 자신과 동일하게 정립하려고 하는 **충동**"을 갖게 된다.[16] 추상적 자기의식이 이렇게 스스로를 내실 있고 견고한 주관성으로 도야하는 과정은 동시에 최초의 공허한 주관성을 지양하고 대상 속에서 자기 확신을 객관화하는 과정이기도 하다. 의식이론의 관점에서 볼 때 자기의식의 운동은 자기의식이 자신의 내적 모순을 해소하고 스스로를 자기 동일성으로서 자기 자신에 대해 객관적으로 정립해가는 과정이다.

이러한 내적 모순을 해소하기 위해 자기의식이 취하는 첫 번째 시도는 "대상의 순수한 부정"을 통해 "흐트러지지 않은 자신감"을 확보하는 것이다.[17] 이렇게 "전적으로 **대자적**이고 그 대상을 직접 부정적인 것으로 특징짓는" 자기의식의 형태를 헤겔은 '욕망'이라고 부른다.[18] '욕망하는 자기의식'은 대상의 긍정성과 독립성을 인정하지 않는 오로지 부정적인 대자 존재다. 욕망의 형태로 나타나는 자기의식은 "**자연적이고 개별적이며 배제하는** 자기의식"이고, 그의 활동은 자신의 배타적 독자성을 지키기 위해 타자를 파괴하는 것이다.[19] 욕망이 추구하는 자유는

"타자 존재의 희생을 대가로 한 자기 보존"이다.[20]

그러나 자기의식은 타자에 대한 오로지 부정적인 행위 방식을 통해서는 그가 보존하려고 하는 자기동일성을 대자적으로 정립할 수 없음을 경험하게 된다. 비록 욕망하는 자기의식이 '만족'을 통해 자기 확신을 대상적으로 회복하긴 하지만, 직접적 욕망의 만족은 자기의식에게 참된 만족이 되지 못한다. 왜냐하면 자기의식이 진정 욕망한 것은 감각적 대상 자체가 아니라 대상을 매개로 하여 자신의 주관적 자기동일성을 객관화하려는 이념적 대상성이었기 때문이다.[21] 그런데 "아직 타자를 독립적인 것으로서 견뎌낼 힘을 갖지 못하는" 욕망하는 자기의식은 대상의 독립성을 단순히 파괴하는데, 이를 통해 그는 자신의 자기 확신이 객관적으로 존립할 수 있는 조건도 함께 파괴하는 것이다.[22] 감각적으로 욕망을 충족시킨 자기의식은 여전히 자연적인 개별적 자기의식으로 정체된다. 욕망하는 자기의식은 스스로를 도야시키지 못한 채 극복되어야 할 공허한 주관성으로 무한 퇴행할 뿐이다.[23] 추상적 주관성은 단지 형식적으로만 자유로울 뿐이지 내용적으로는 오히려 욕망을 제약하는 외적 대상에 의해 그 본질이 규정된다. 따라서 욕망하는 자기의식은 자기 확신의 객관성에 도달하기는커녕 오히려 "그 대상의 자립성에 대한 경험"을 하게 된다.[24]

객체의 파괴적 동화를 통해 자기 확신을 확보하려는 자기의식의 시도는 결국 실패한다. 그렇게 되는 까닭은 단지 (플라톤 이래로 줄곧 지적되어온) '만족할 줄 모르는 탐욕'(pleonexia)이 빠져드는 자기 오해 때문만이 아니다. 욕망이라는 형태에서조차 자기의식은 본질적으로 자립적이다. 따라서 외적 대상에 대한 자기의식의 부정적 행위는 욕망하는 자기의식의 관점에서 볼 때 불가피할 뿐만 아니라 자기의식에 대해 대상의 본질적인 공허함을 드러낸다는 점에서 전적으로 정당하기도 하다. 그러나 욕망하는 자기의식이 대상을 파괴함으로써 자기 자신도 파괴하는 부정적 변증법을 경험하고 나서 이제 자기의식은 한낱 외적 사물과의 관계 속에서는 자신의 자기동일성에 대한 객관적 의식과 자기 확신을 확보할 수 없다는 점을 통찰하게 된다.

2. 자기중심적 주관성에서 간주관성으로의 이행

헤겔은 대상 파괴적인 욕망하는 자기의식이 겪은 좌초의 경험으로부터 자기의식의 성공적인 자기동일성의 정립을 위해서는 다른 자기의식(타인)의 존재가 필수적이라는 조건을 이끌어낸다. 즉, 대상의 자립성에 직면한 자기의식은 그 대상이 (대상 외부에 있는 자기의식에 의해 타율적으로 부정되는 것이 아니라) 자신의 독자성 속에서 스스로 자기 부정을 수행함으로써 자기의식의 부정적 활동을 견뎌내는 그런 대상일 경우에만 그 대상을 통해 참된 만족에 도달할 수 있다. 그런데 그런 주체적 대상이 될 수 있는 존재는 오직 타아의 대자적 자기의식뿐이라는 것이다.

이처럼 고독한 유아론적 자기의식으로부터 간주관성으로 이행하는 운동을 헤겔은 "자기의식의 이중화"라고 표현한다.[25] 이것이 의미하는 바는 "**다수의** 욕망들의 실존"이라는 '더 이상 추론될 수 없는 실존적 전제'도 아니고,[26] 또 그렇다고 해서 역으로 "**하나의** 관념론적 자기의식의 양태들"에 관한 것도 아니다.[27] 그것은 타아의 자기의식과 만나는 존재론적 사건이 자아의 자기의식의 발전에 필수적인 계기고 이 계기가 욕망하는 자기의식의 경험으로부터 내재적으로 발생한다는 점을 말하려는 것이다.[28] 욕망하는 자기의식은 대상에 대한 부정적 행위가 실패할 수밖에 없음을 경험함으로써, 다른 자립적 존재를 통해서만 자기 확신에 도달할 수 있으며 자신의 자유를 위해서는 다른 대자적 자기의식이 필요하다는 점을 깨닫게 된다. "**자기의식은 오직 다른 자기의식 속에서만 만족을 얻는다**."[29] 그러므로 유아론적 자기의식으로부터 간주관적 자기의식으로의 이행은 자기의식이 자신과 실체적으로 구별되는 타아를 향해 자신의 폐쇄성을 넘어서고 타아와의 상호 관계 속에서만 비로소 충만한 주관성을 획득할 수 있다는 진리를 자각하는 "**의식** 자신**의 반전**"(Umkehrung des Bewußtseins sebst)을 의미한다.[30]

> 자기의식은 **자기의식에 대한 자기의식**이다. 이를 통해서만 자기의식은 비로소 실제적으로 존재한다. 왜냐하면 여기에 비로소 자신의 타자 속에서 자기 자신과의 통일이 자기의식에 대해 존재하게 되기 때문이다.[31]

이제 타인의 자기의식 속에서 자기의식은 단지 '나'가 아니라 '나=나'를 대상으로 갖는다. 다시 말해 자기의식에게 자아는 더 이상 자기의식과 대립해 있는 대상(의식)이 아니라 자기의식 자신이다. 이로써 욕망하는 자기의식이 극복하지 못했던 자기의식의 내적 불일치가 해소된다.

3. 승인 개념

이로써 자기의식의 운동을 관찰하는 '우리에게는' 이미 정신의 개념이 생성되었다. 여기서 정신의 개념이란 "그 대립자, 즉 상이한 대자적 자기의식들의 완전한 자유와 자립성 속에서 양자의 통일, **우리**인 **나** 그리고 **나**인 **우리**"를 말한다.[32] 헤겔의 정신 개념은 (『정신현상학』에서뿐만 아니라 흔히 독백론적 형이상학이라는 비난을 받는 후기 철학에서도) 상호주관적 구조를 가지고 있다. 정신은 강제 없이 서로 동화하는 개인들의 상호주관적 자유의 주체다. "상호 승인이야말로 **절대** 정신이다."[33]

> 보편적 정신 속에서는 누구나 오직 자기 자신에 대한 확신을 가지며, 존재하는 현실 속에서 오로지 자기 자신만을 발견할 뿐이다. 사람들은 자기 자신에 대해 확신하는 만큼이나 타인들에 대한 확신을 갖는다.—나는 모든 타인들 속에서 내가 자립적인 존재인 한에서 그들이 대자적으로 자립적인 존재

들이라는 점을 직관한다. 나는 타인들 속에서 그들이 나를 통해 존재하듯이 그들 자신을 통해 존재한다는 그런 타인들과의 자유로운 통일을 직관한다. —즉, 나를 타인들로 직관하고 타인들을 나로 직관한다.[34]

이런 대자적 자기의식들의 정신적 통일이 바로 승인 개념을 이룬다. 승인은 타자 속에서의 자기 발견과 타자로부터의 자기 회복이라는 쌍방적 이중 운동을 통한 두 대자적 자기의식들의 융화다. 이러한 쌍방적 이중 운동 속에서 두 자기의식은 그들의 직접적인 배타적 개별성을 지양하면서도 자신의 자립성을 잃지 않는다. 이런 자기 부정과 자기 회복의 변증법을 통해 두 대자적 자기의식들은 상호주관적으로 공유된 보편성을 자율적으로 창출하고, 이 보편성 속에서 각자가 자유로운 타자 속에서 자신의 구체적인 자유를 발견한다. '승인받은 존재'는 "다른 자유로운 자기의식 속에서 자기 자신에 대한 확신을 가지고, 바로 여기에서 자신의 진리를 지니는" 자기의식이다.[35] 이러한 승인받은 존재가 바로 자기의식이 지금까지 추구해오던 '자기 확신의 진리'다.

자기의식은 그가 타자에 대해 즉자 대자적인 한에서, 즉 그가 오직 승인받은 자로 존재하는 한에서 그리고 이를 통해서만 **즉자 대자적**이다.[36]

4. 생사를 건 승인 투쟁

그러나 행위자인 의식의 관점에서 보면 자기의식이 자신의 객관적 자기동일성을 위해 타인과의 간주관적 관계가 필수적이라는 점은 자각했지만 아직 상호 승인을 통해 타인과의 상호주관적 동일성을 대자적으로 성취한 것은 아니다. 이제 '의식의 경험에 관한 학'으로서 『정신현상학』은 어떻게 관찰자인 우리에게 이미 개념적으로 형성되어 있는 상호주관성을 행위하는 의식 자신이 대자적으로 실현해나가는지를 행위이론적으로 서술하고 이를 통해 승인 개념을 의식철학의 틀 안에서 내재적으로 정당화할 필요가 있다.

다른 대자적 자기의식과의 만남에도 불구하고 경험하는 의식으로서의 자기의식은 처음에는 여전히 욕망의 관점에 머물러 있다.[37] 즉, 자기의식은 아직 "단순한 대자 존재고, 모든 **타자를 자신으로부터** 배제함으로써 자기동일적"이다.[38] 그런 자기의식에게 타인은 아직 한낱 "**사물**의 형태"로 현전한다.[39] 그러므로 타인에 대한 자기의식의 행위 방식은 처음에는 전적으로 지배 지향적이고 전략적이다. 즉, 자기의식은 타인을 자신의 의지에 아무런 저항 없이 굴복하고 단지 자신의 자기동일성을 확인하기 위한 수단으로 사용되는 비본질적 대상으로 대한다.

그러나 자기의식의 대상인 타인은 실은 한낱 사물적 객체가 아니라 "그 또한 자기의식"이다.[40] 스스로가 자립적 자기의식으로서 타인은 자기의식의 폭력에 저항할 뿐만 아니라 자신의 자립성에 대한 절대적 권리를 주장한다. 나에 의해 장악되지 않는 타인과의 만남으로 나의 절대적 권리 주장은 근본적인 장애에 부딪히게 되며, 타인 역시 마찬가지 경험을 한다. 그래서 두 자기의식은 어떤 대가를 치르고서라도 자신의 무제약적 자기동일성을 회복하려는 노력을 하게 된다. 그리하여 이제 하나의 내적 총체성으로서의 개인이 또 다른 총체성으로서의 개인에 대립하게 된다. 이러한 대립 속에서 각각의 자기의식은 타자에 대해 자신이 순수한 대자 존재임을 보여주고 입증해야 한다. 타인에 대해 자신의 절대적 자립성을 입증하려는 것은 공연한 허세가 아니라 타인의 존재에 의해 침해받게 된 자기 확신을 회복하기 위해 불가피한 일이다.

자기의식에게 상호주관성이 처음에는 단지 즉자적일 뿐이어서 자기의식이 다른 자기의식을 자신의 자유를 입증하기 위한 사물적 수단으로 대한다는 사실은 상호 승인의 과정이 '투쟁'이라는 부정적 계기를 매개로 해서 진행될 수밖에 없도록 만든다.

> 두 자기의식은 이러한 투쟁에 들어서야만 한다. 왜냐하면 그들은 **대자적으로 존재한다**는 자기 자신에 대한 확신을 타인에게서나 자기 자신에게서나 진리로 고양시켜야 하기 때문이다.[41]

물론 투쟁하는 자기의식에게도 그의 행위가 지향하는 목표는 '승인받은 존재'다. 하지만 투쟁 상태 속에서 자기의식이 염두에 두고 있는 것은 단지 그 무엇에도 의존하지 않는 자신의 절대적 자립성뿐이다. 따라서 투쟁하는 자기의식이 취할 수 있는 가장 철저하고 일관된 태도는 자기 자신의 육체와 삶을 포함한 모든 개별적 현존재에 대한 절대적 부정, 즉 주저함 없이 죽음을 감수하는 일이다.

한편으로 자신을 죽음의 위험에 내맡기는 태도는 욕망하는 자기의식이 아직 구속되어 있던 감각성과 특정한 현존재에 의한 제약으로부터 자기의식을 실질적으로 해방시킨다는 긍정적인 인륜화의 기능을 갖고 있다.[42] 타인의 죽음을 지향하는 부정적 행위는 실은 동시에 자기 자신의 죽음, 즉 자기 자신의 자연적 개별성의 지양을 지향한다. 물론 대타존재의 계기인 생명 역시 순수한 대자 존재 못지않게 진정한 자립성을 실현하는 데에 본질적인 요소다. 그러나 생명에 대한 일면적인 집착은 인간을 경멸받을 만한 '노예'로 만든다.

그러나 다른 한편 '주인'에 의해 체현되는 순수한 대자 존재의 절대적 자기주장은 "실존적인 막다른 골목"에 봉착하고 만다.[43] 나와 맞서던 타인의 죽음이나 혹은 주인과 노예의 관계는 승인받기 위해 투쟁하던 자기의식의 내적 모순을 해소하기는커녕 오히려 확대 재생산할 뿐이기 때문이다. 오직 자기 자신만을 위해 존재하는 자기의식은 타자를 부정하고 지배하는 부정적 행위를 통해 오히려 자신이 의도한 목적이 무산되도록 만드는 것이다. 즉, 자기의식의 부정적 행위를 통해 죽거나 노예가 된 타인은 모든 도덕적 · 법적 귀책 능력을 박탈당하게 된다. 그런데 이처럼 한낱 사물적 존재로 전락한 '비본질적 자기의식'으로부터 승인을 받고자 기대하는 것은 무가치하고 부조리한 일이다.

이런 내적 모순을 안고 있는 승인 투쟁의 과정을 거치면서 자기의식이 깨닫게 되는 것은 두 가지다. 첫째, 그가 추구하는 절대적 자립성은 현존재(그리고 그 총체성인 삶) 밖에서가 아니라 바로 현존재 안에서 구체적으로 실현되어야 한다는 점이다. 그리고 둘째, 자신이 자유로운 대자 존재로 승인받기 위해서는 자기의식이 자신의 직접적 개별성과 타인에 대한 배타적 행위 방식을 지양하고 타인을 동등한 권리를 지닌 자유로운 존재로 승인해야 한다. 이러한 경험을 통해 자기의식은 마침내 승인 개념을 대자적으로 실현하게 된다.

5. 승인받은 존재

그 완전한 개념에 따르면 승인은 두 자기의식들이 동등한 자격을 가진 대자 존재들로서 대칭적이고 타자 요청적으로 참여하는 이중적 상호 관계를 통해서만 가능하다.[44] 그들은 "**서로를 승인하는 존재로서** 서로 **승인한다**."[45] 이런 이중적 이중 운동 속에서의 상호 승인을 통해 승인 개념의 완성태인 "보편적 자기의식"이 발생한다.[46] 보편적 자기의식은 자신의 자기 이해 속에서 동시에 타인의 정당한 요구와 이해를 고려한다. 그뿐만 아니라 그는 "자유롭게 방면된 타인" 속에서 자신을 자유로운 대자 존재로 구성하고, 자신과 타인을 이러한 상호주관적 통일로 파악하는 자기의식이다.[47] 승인 투쟁 그리고 주인과 노예의 관계라는 고통스러운 학습 과정을 거치면서 경험하는 의식은 타자 속에서의 자기 구성의 상호성을 마침내 깨닫고 상호주관적으로 계몽된 자기의식이 되는 것이다.[48]

더 나아가 상호 승인을 함으로써 두 자기의식은 "그들 **모두에게** 귀속되는 **자유**에 대한 의식과 이를 통해 그들 **서로 간의 특정한 동일성**에 대한 직관"에 도달한다.[49] 즉, 상호 승인은 개별적 존재인 내가 개별적 존재인 타인을 승인하고 그로부터 승인받는 개인적 승인만이 아니라 동시에 두 참여자가 서로를 승인함으로써 공동으로 창출한 보편성에 대한 승인이기도 하다. 승인 운동의 관건이자 목표는 "이기적 개별성의 **부정성**"을 통한 보편적 동일성의 형성이다.[50] 개별자들은 서로를 보편적 자기의식으로서 승인한다. 그런데 이 보편적 자기의식은 자신을 자유로운 존재로 구성하는 것이 다른 자유로운 존재와의 연대적 상호주관성 속에서만 가능하다는 점을 알고 있고 또 그에 따라 의지하고 행위하는 '인륜적' 자기의식이다.

> 자기의식은 자신을 **바로 이 개별적인 대자적** 존재로 파악한다. 그러나 이런 목적의 실현은 그 자체가 개별적 대자 존재의 지양이다. 그는 자신에게 **바로 이 개별자**로서가 아니라 오히려 자기 자신과 다른 자기의식의 **통일**, 따라서 지양된 개별자 또는 **보편자**로서 대상이 되기 때문이다.[51]

이런 '승인받은 존재'가 획득한 개별성은 최초의 원자적이고 배타적인 개별성이 아니라 『논리학』의 '개념 논리'에서 말하는 개별성, 즉 그 특수성 속에서 동시에 보편적이고 또 그 보편성 속에서 특수한 참된 개별성,[52] 나인 우리고 우리인 나다. 그리고 이처럼 상호주관적으로 구성된 개별성이 나중에 헤겔의 『법철학』이 서술하려는 인륜적 객관 세계의 구성 원리가 된다.

Ⅲ. 『정신현상학』에서의 승인이론

예나 중기의 정신철학적 초고들과 비교해 볼 때 『정신현상학』의 승인이론에서 나타나는 가장 두드러진 변화는 (헤겔의 후기 체계의 용어를 빌려 말하자면) '주관 정신'과 '객관 정신'의 체계적 분리에 있다. 예나 초고들의 승인이론에서는 주관적 의식의 운동이 동시에 객관 정신의 영역에 속하는 사회제도론과 긴밀한 상관관계 속에서 서술되면서 정신철학 전체에 포괄적으로 편입되어 있었다. 이에 반해 『정신현상학』에서는 승인 운동이 직접적으로는 오직 주관 정신의 영역인 의식이론의 틀 내에서만 다루어지고 사회제도론과는 간접적인 연관만을 갖게 된다. 이러한 체계의 변화는 개인적 의식의 형성과 사회제도의 형성 간의 상호 구성 관계가 더 이상 전면에 부각되지 않게 되는 결과를 가져온다.[53)]

또 한 가지 중요한 차이점은 『인륜성의 체계』에서 단지 주변적인 역할에만 머물렀고 그 이후의 예나 중기 초고들에서는 아예 언급조차 되지 않았던 '주인과 노예의 관계'가 『정신현상학』에서는 승인 운동의 과정 중에 핵심적인 역할을 담당하게 된다는 것이다.[54)] 『정신현상학』에서 승인 운동이 전면적으로 다루어지는 장의 제목은 바로 '자기의식의 자립성과 비자립성: 지배와 예속'이다. 주인과 노예의 관계라는 부정적 계기가 이렇게 중요성을 갖게 되는 이유는 헤겔이 직접적 개별자를 인륜적 보편 의지로 고양시키기 위해서는 개별 의지의 폐쇄성과 배타성을 깨뜨리는 강력한 '훈육'(Zucht)과 이를 통한 실제적인 자기 극복이 필요하다고 생각했기 때문으로 보인다. 주인에게 봉사하며 노동하는 노예가 바로 이런 고난의 도야 과정을 거친다. 그렇기 때문에 자신의 자립성을 관철시켜서 타자를 지배하며 향유하는 주인이 아니라 오히려 타자에게 봉사하는 노예가 더 고차원의 단계로 의식을 발전시키는 주체가 된다.

그러나 주인과 노예의 관계 자체는 "일방적이고 불평등한 관계"다.[55)] 이러한 관계 속에서는 주인도 노예도 자기의식이 본래 추구했던 진정한 '승인받은 존재'에 도달하지 못한다. 지배와 예속의 관계가 승인 투쟁을 최종적으로 해소시키지 못하는 까닭은 그것이 승인 개념에 의해 요청되는 평등의 원리를 충족시키지 못하는 비대칭적인 관계이기 때문이다.

> 본래의 승인에 이르기에는 주인이 타인에 대해 행하는 바를 자기 자신에 대해서도 행하고 또한 노예가 자기 자신에 대해 행하는 바를 타인에 대해서도 행한다는 계기가 결여되어 있다.[56)]

헤겔의 다른 저작들에서는 인륜성의 구성 원리가 개인과 개인 간의 승인 투쟁으로부터 직접 도출된다. 반면에 『정신현상학』의 「지배와 예속」 장에서 승인 운동은 주인과 노예 간의 불평등한 지배 관계 및 그것의 여전히 비대칭적인 역전(逆轉)이라는 미완결의 상태로 일단 매듭이 지어진다. 이것이 『정신현상학』에서의 승인이론이 지닌 가장 중요한 특징이다.

그러나 이 사실을 근거로 삼아 『정신현상학』에서의 승인 운동이 주인과 노예의 불완전한 관계로 종결되고 따라서 헤겔의 승인이론은 결국 '실패한 지배 이론'에 머물고 말았다고 주장하는 것은 성급한 판단이다.[57)] 왜냐하면 『정신현상학』 이전과 이후의 여러 다른 저작들에서 헤겔은 이곳에서와는 상당히 다른 내용과 구조를 지닌 승인이론들을 전개하고 있기 때문이다. 뿐만 아니라 『정신현상학』 내에서도 주인과 노예의 관계는 보다 더 포괄적인 승인 과정 중에서 단지 하나의 중간 단계일 뿐이지 결코 그 최종 결과가 아니다. 주인과 노예의 변증법으로부터 지배와 예속이라는 참되지 못한 상태를 넘어서는 "자기의식의 새로운 형태"가 출현하게 된다.[58)] 더 나아가 이후의 「이성」 장이나 「종교」 장에서 승인은 의식이 보다 더 고차적인 단계로 이행하는 데에 중요한 계기로 다시 등장한다.

『정신현상학』에서의 승인이론이 지닌 이런 특징들을 고려하면서 다음과 같은 물음들을 고찰해보자. 『정신현상학』에서 주인과 노예의 관계를 지양한 결과로 등장하는 '스토아적 자기의식'은 앞서 서술한 승인 개념에 과연 부합하는 의식 형태인가? 만일 그렇지 않는다면 「지배와 예속」 장에서 전개된 승인 운동이 지닌 결함은 무엇인가? 왜 『정신현상학』에서는 개별자들 간의 승인 투쟁이 승인 개념의 완성태인 '보편적 자기의식'을 산출하지 못하는가?

헤겔에 따르면 지배와 예속이라는 불평등한 관계의 극복은 '노예적 의식'의 편에서 일어난다. 노예적 의식은 타인(주인)과의 관계에서 비자립적이고 비본질적인 측면을 나타내지만, 그 발전 잠재력에서는 오히려 "자립적 의식의 진리"를 담지하고 있다.[59] 즉, 생사를 건 투쟁 속에서 자신을 자립적 대자 존재로 입증했던 주인은 노예에 의해 마련된 사물을 단지 '향유'하기만 하기 때문에 이미 극복되었던 욕망의 단계로 퇴행하여 고착되고 만다. 반면에 주인에게 봉사하는 노예는 "죽음에 대한 공포"와 "노동"을 통해 그를 노예로 만들었던 "자연적 현존재에 대한 집착"에서 벗어나 자신을 "자유로운 자기의식"으로 도야시킨다.[60] 향유하는 주인은 단지 자신만을 위한 존재(대자 존재)로 정체된다. 반면에 노동하는 노예는 즉자 대자적인 대자 존재로 발전한다. "그러므로 자립적 의식의 **진리**는 **노예적 의식**이다."[61]

노예적 의식은 처음에 주인을 자기 자신의 본질로 인정한다. 그러므로 타인(주인) 속에 있는 대자 존재는 노예에게 "**타자적인 것** 또는 단지 **타자를 위한 것**"이다.[62] 그러나 이처럼 타재적이던 대자 존재가 이제 노예에게 부정적인 방식으로는 존립하는 모든 것을 동요시키고 와해시키는 죽음의 공포를 통해 "**그 자신에게 있는 것**"(즉자적인 것)이 되고, 또한 긍정적인 방식으로는 형성하는 노동을 통해 "그 자신에 대해 자기 **자신의 것**"(대자적인 것)이 된다.[63] 그리하여 노예적 의식은 "자기의식이 타자에 대해 즉자 대자적으로 존재한다"는 자기의식의 진리를 실현한다.[64] 이렇게 해방된 노예의 자기의식은 자기 자신을, 그것도 단지 "**추상적 자아**로서가 아니라 그것이 동시에 **즉자** 존재의 의미를 지니고 있는 자아로서의" 자기 자신을 자신의 대상으로 갖는다.[65] 이를 통해 자기의식은 자신에 대해 대자 존재와 대타 존재의 통일, 즉 즉자 대자적으로 자유로운 자기의식이 된다.

이제 헤겔은 이 새로운 형태의 자기의식을 철학사적 관점을 끌어들여 '스토아주의'와 동일시한다. 스토아적 자기의식은 순수 사유 속에서 "**개별적** 의식이 **즉자적으로** 절대적인 본질"이라고 파악한다.[66] 이는 개별 주체가 획득한 내면적 자유의 표현이다. 그러나 헤겔에 따르면 이러한 자유는 "타자 존재에 대한 불완전한 부정"을 통해, 즉 번잡한 현존재의 세계로부터 내면으로 도피함으로써 얻은 '추상적 자유'에 불과하다.[67] 스토아적 자유는 아직 '객관적 자유'를 산출할 능력을 지니지 못할 뿐만 아니라 그 내용에서는 오히려 단지 관념적으로 추상화되었을 뿐 실제로는 여전히 존립하고 있는 외적 현실에 구속되어 있다. 더 나아가 스토아적 자기의식의 자유란 한낱 "순수하게 **공허한 일자**(一者)"가 지닌 "정신을 결여한 자립성"에 불과하다.[68] 이러한 개별자의 추상적 자립성은 그 대립자인 형식적 보편성 속에서 그리고 종국에는 자신에게 전혀 낯선 폭군으로 나타나는 "세계의 주인" 속에서 자신의 모든 현실성을 상실하게 되면서 자신의 비본질성과 비진리성을 스스로 드러낸다.[69]

스토아적 자기의식의 현실적인 현존재는 "인격자라는 법적으로 승인받은 존재"다.[70] 그런데 이때 '인격자'는 "절대적 개별자, 모든 타인을 배제하고서 소유하는 자"로 규정된다.[71] 이렇게 규정된 스토아적 자기의식은 이후 『법철학』에서 법의 최초 형태로 등장하는 '추상법'의 의식 이론적 원리를 이루게 된다.[72] 추상법이 형식적일 수밖에 없는 까닭은 바로 스토아적 자유의 추상성에 있다. 즉, 스토아적 자유는 주어진 현실을 단지 '무차별적인 것'(adiaphora)으로 간주함으로써 오히려 주어진 현실을 암묵적으로 정당화한다. 이와 마찬가지로 추상법의 실질적인 내용은 현실의 우연과 개인의 자의(恣意)에 의해 좌우되는데, 이런 내용의 특수성은 단지 형식적 보편성을 통해서만 질서를 갖출 수 있는 것이다.

이상의 서술을 통해 『정신현상학』에서 주인과 노예의 변증법으로부터 발생하는 스토아적 자기의식은 승인의 참다운 개념을 실현하지 못한 결함 있는 의식 형태임이 밝혀진다. 스토아적 자기의식은 승인 운동이 본래 목표로 삼는 추상적 개별성의 지양과 보편성의 창출을 완수하기는커녕 오히려 자기의식을 "단지 개별적인 개체성"으로 고착시킨다.[73] 그렇기 때문에 스토아적 자기의식은 다시 '회의적 자기의식'과 '불행한 의식'이라는 형태로 부정적 변증법의 과정을 거쳐야만 하며, '이성'의 단계에 들어서서야 비로소 자신의 추상적 개별성을 지양할 수 있게 된다. 더구나 이러한 지양은 "자기 자신을 통해서가 아니라 제3자, 즉 매개자를 통해서" 일어난다.[74] 즉, 『정신현상학』에서 개별성의 지양은 개별자 자신에 의한 자율적 자기 지양이 아니다. 더 나아가 자기의식은 고독한 자기반성 속에서 '법칙을 제정'하고 '법칙을 검증'하는 (칸트적) 이성의 실패를 경험하고 나서야 비로소 타인과의 긍정적 상호 관계 속에서 자신의 실제적인 자유를 발견하고 승인 개념을 실현하는 인륜적 '정신'으로 도야된다.[75]

그러므로 『정신현상학』에서 승인 운동은 「지배와 예속」 장에서 서술된 개별자들 간의 승인 투쟁이 끝난 이후에도 완결되지 않는다. 지배와 예속의 관계를 극복한 새로운 의식 형태로 등장하는 스토아적 자기의식은 그 '배타적 개별성'이라는 규정에서는 오히려 '욕망'의 단계로 퇴화한 것이다. 이와 같은 명백한 의식의 퇴행 내지 정체 현상을 어떻게 설명할 수 있을까?

헤겔이 주인과 노예의 관계에 뒤따르는 '스토아주의', '회의주의', '불행한 의식' 등으로 단지 사유 속에서만 자유로울 뿐이지 현실적으로는 해방되지 못한 노예의 "허위의식들"을 서술하려고 했다는 해석이 있다.[76] 그러나 이는 타당하지 않다. 이 새로운 형태의 의식이 지닌 자유는 아직 예속의 상태에 머물러 있던 공허한 자유를 죽음의 공포를 통해 이미 극복한 것이어야 하기 때문이다.[77] 또한 '지배와 예속'으로부터 '스토아주의'로의 이행과 더불어 사회적인 차원에서 개별적 의식의 차원으로 서술의 관점이 변화되기 때문이라는 설명 역시 설득력이 없다.[78] 「자기의식」 장 전반이 본래부터 개별적 의식의 도야 과정에 관한 서술이며, '지배와 예속'으로부터 '스토아주의'로의 이행 역시 의식의 연속적인 발전 과정이라는 점은 명백하기 때문이다.

이보다는 『정신현상학』에서 노예적 의식의 극복이 단지 '노동'을 통해, 다시 말해 외적 대상과의 관계를 통해 일어날 뿐이지 타인과의 상호주관적 관계에 의해 매개된 것은 아니라는 지적이 조금 더 설득력 있는 답변이다.[79] 노예가 노동을 통해 사물을 형성하고 그 산물에서 자신의 자립성을 재발견한다고 하더라도 그가 다른 주체, 즉 주인으로부터 자유로운 존재로 승인받은 것은 아니라는 것이다. 그러나 헤겔이 명시하지는 않았지만 『정신현상학』에서도 주인 역시 노예를 자유로운 존재로 승인할 수밖에 없으리라고 상정하는 것이 헤겔의 의도와 논변의 맥락에서 어긋나지 않을 것이다.[80] 자기의식은 본질적으로 자기반성적이다. 그렇다면 주인의 자기의식 역시 그의 지배가 실패로 끝날 수밖에 없음을 경험하고 나서 자신이 승인받은 존재가 되는 것은 노예가 자유로운 존재가 되는 것에 의존해 있다는 사실을 깨달아야만 할 것이기 때문이다.

관찰자인 '우리'의 관점에서는 주인과 노예의 변증법으로부터 발생하는 새로운 의식 형태가 이미 즉자 존재와 대자 존재의 통일이어야 한다. 그러나 행위자인 스토아적 자기의식 자체는 여전히 추상적 개별성이다. 이런 스토아적 자기의식의 퇴행성이 어쩌면 『정신현상학』이 취하는 독특한 서술 방식을 상기함으로써 어느 정도 내재적으로 해명될 수 있지 않을까? 헤겔에 따르면 자연적 의식으로서의 의식은 그가 각각의 단계에서 도달한 진리의 발생 과정을 망각하게 되며, 따라서 새로운 단계에서는 그 직접성으로부터 출발하는 운동을 처음부터 다시 시작해야 한다.[81] 스토아적 자기의식은 "**대자 존재와 즉자 존재의 통일의 직접성**"이다.[82] 그가 자각하고 있는 것은 자신이 이러한 통일이라는 '사실'뿐이지, 자신이 '어떻게' 이러한 통일에 도달하게 되었는지는 망각한다. 그렇기 때문에 자연적 의식으로서의 스토아적 자기의식은 처음에는 여전히 개별성에 머물러 있을 수밖에 없다는 것이다. 그러나 이 설명이 과연 설득력이 있는가? 헤겔이 어떻게 스토아적 자기의식을 법의 개념과 연관시키는지를 살펴보면서 이 문제를 검토해보자.

먼저 헤겔이 『정신현상학』에서 법적 상태를 스토아적 자기의식과 연관시켜 논할 때 역사적으로 특정한 법의 형태, 즉 로마법을 염두에 두고 있다는 점에 유의해야 한다. 헤겔에 따르면 로마법은 개별적 주체로서의 개인의 자유를 그 원리로 가지고 있다. 그러나 현대의 법개념에서는 로마법의 원리가 비록 하나의 계기로서는 보존되지만 더 이상 보편적인 법원리로서 유효성을 갖지는 못한다. 헤겔이 『법철학』의 「추상법」 장에서 다루고 있는 개인들 간의 사법적(私法的) 관계조차도 로마법에는 결여되어 있던 만인의 보편적 자유에 기초를 두고 있다. 헤겔이 서술하는 대로의 스토아적 자기의식은 헤겔 자신의 법개념에 비추어볼 때도 현대적 법체계에 대해 역사적 · 발생적 의의만을 가질 뿐이지 법의 규범적 타당성을 정초하는 원리로서는 적합하지 않다.

더 나아가 헤겔에 의하면 '법적 인격자'는 승인 투쟁을 거치지 않은, 따라서 결함을 지닌 승인받은 존재에 불과하다. 반면에 스토아적 자기의식은 승인 투쟁을 거쳐서 그 진리로 생성된 것이다. 따라서 자유로운 자기의식의 '직접성'은 헤겔 자신의 논리에 의거하더라도 '개별자의 직접성' 내에서의 즉자 존재와 대자 존재의 통일이 아니라 즉자 존재와 대자 존재의 '통일의 직접성'을 의미하는 것이 옳다. 그렇다면 지배와 예속의 변증법으로부터 발생하는 새로운 의식의 형태는 개인주의적인 로마법보다는 오히려 개인이 보편과 직접적 통일 속에 있는 고대적 인륜성의 토대가 되어야 마땅할 것이다.

이러한 비판적 분석이 옳다면, 자연적 의식의 망각성을 고려하더라도 의식 상태의 과도한 퇴행을 초래하는 '지배와 예속의 관계'로부터 '스토아적 자기의식'으로의 이행에 관한 헤겔의 논변에 일정한 문제가 있는 것이다. 그것은 다름 아닌 '개념적 직접성'과 '직접적 현존재'라는 두 상이한 범주 간의 혼동이다. 즉, 개념적으로는 승인 투쟁의 결과가 개념 논리적 의미에서의 '개별성'(Einzelheit)이어야 하지만, 스토아적 자기의식은 존재 논리적 '일자'(Eins)에 불과하다. 그리고 이 점에 관해서는 승인받은 자유로운 자기의식의 공허함에 대한 사르트르의 다음과 같은 비판이 타당하다.

> 주인과 노예 간의 격렬하고 위험에 찬 투쟁에서 단지 '나는 나다'라는 그토록 보잘것없고 추상적인 허식이 관건이 된다는 점은 정말로 이해가 되지 않는다. 그뿐만 아니라 최종적으로 도달한 목표가 보편적 자기의식, 즉 '즉자적으로 존재하는 자로서의 자신에 대한 직관'이라면, 바로 이러한 투쟁에 어떤 속임수가 있었을 것이다.[83)]

사르트르의 이 비판은 『정신현상학』에서의 승인이론뿐만 아니라 후기 『철학 백과전서』에서의 승인이론까지도 그 표적으로 삼는다. 그러나 우리는 이 비판이 『철학 백과전서』의 승인이론에 대해서는 더 이상 타당하지 않다는 점을 보게 될 것이다. 왜냐하면 헤겔 자신이 『정신현상학』 이후의 저서들에서 곧바로 이러한 결함을 스스로 정정하기 때문이다.[84)] 사르트르가 여기서 문제로 삼고 있는 '보편적 자기의식'은 실은 '스토아적 자기의식'과는 전혀 다른 차원의 인륜적 역량을 지닌 의식 형태다.

IV. 『철학 백과전서』에서의 승인이론

헤겔의 최초 구상에 따르면 『정신현상학』은 "**의식의 경험**에 관한 학"이다.[85] 여기서 전개되는 의식의 형성 및 도야 과정에 관한 서술은 본격적인 학문인 『논리학』으로 들어가기 위한 예비학적 성격을 지니고 있다. 그렇기 때문에 의식 경험의 진행이 지닌 엄격한 학적 체계성과 의식이 경험 과정 중에 각각의 단계에서 도달한 진리의 개념은 단지 관찰자인 우리의 시점에서만 선취적으로 포착될 뿐이고, 행위자인 의식 자신에게는 그 학적 타당성이 '생성되어가는 지(知)'의 여정을 거쳐 비로소 입증되어야 한다.

반면에 『철학 백과전서』에 편입되어 있는 「정신현상학」은 전체 철학 체계 내에 자리 잡고 있는 정신철학의 한 부분이다. 그런데 정신철학을 포함한 구체적인 학문들은 그 개념적 학문성을 담보하는 "내적 형성자"로서 『논리학』을 미리 전제한다.[86] '현상하는 정신에 관한 학'인 「정신현상학」은 대상과의 관계 속에서 정신이 발휘하는 능력과 성과들을 이미 확보된 논리적 범주들을 가지고서 학적으로 정렬하여 서술한다. 물론 여기서도 의식은 『정신현상학』에서와 똑같은 경험 과정들을 거치면서 의식의 지(知)에 즉자적으로 담겨 있는 진리를 대자적으로 실현시켜야 한다. 하지만 여기서는 의식의 운동이 애초부터 논리학적으로 (엄밀히 말하자면 개념 논리적으로) 미리 구성되어 진행된다.

이와 같은 체계의 차이로부터 왜 헤겔이 '욕망'에서 '승인하는 자기의식'으로의 이행을 『철학 백과전서』의 「정신현상학」에서는 『정신현상학』과 다른 방식으로 서술하는지 이해할 수 있다. 「정신현상학」에서 헤겔은 자기의식의 개념이 내포하고 있는 상호주관성을 더 이상 욕망하는 자기의식이 대상의 자립성을 경험하는 것에서 이끌어내지 않고 개념 논리에 따라 욕망을 충족한 자기의식의 보편성이 스스로를 분화하고 특수화하는 것으로부터 도출한다.[87] 즉, 욕망의 충족이 직접성과 개별성에 대한 부정이므로 욕망의 충족을 통해 자기의식은 즉자적으로 자신과 대상 간의 동일성이라는 의미에서 보편성에 도달한다. 이렇게 자신의 개별성 내에서 보편적인 자기의식은 스스로를 '근원적으로 분리(urteilen)'하여 "**타자**를 **자아**로 채우고 어떤 **비자기적**(非自己的)**인 것**에서 **자유롭고 자기적인** 객체"를 만든다.[88] 바로 이 자유로운 객체가 자기의식과 마주 선 "**다른** 자아", 즉 "**상이한 자아**"로 나타난다.[89] 여기서는 승인 관계가 하나의 특수한 자기의식과 다른 특수한 자기의식 간의 관계로 파악된다. 상호 승인 속에서 각각의 특수한 자기의식은 타인과 비동일적이었던 자신의 특수성을 서로 지양하고, 이를 통해 스스로를 타인 속에서 자기 자신을 직관하는 보편적 자기의식으로 도약한다. 더 나아가 『철학 백과전서』에서는 의식이 자연에 얽매여 있던 '영혼'으로부터 발생하기 때문에 "자기의식의 육체성"이 생사를 건 투쟁에서 더욱 중요한 역할을 담당하게 된다.[90]

『철학 백과전서』에서 승인 운동이 서술되는 장의 제목은 더 이상 '지배와 예속'이 아니라 '승인하는 자기의식'이다. 그러나 체계와 서술 방식이 변했다고 해서 행위자인 자기의식이 승인 운동 속에서 실제로 어떻게 행위하고 어떤 경험들을 하는지가 달라지지는 않는다. 『철학 백과전서』 내의 「정신현상학」에서 승인 운동의 구체적인 과정은 『정신현상학』에서의 그것과 어떤 유의미한 차이를 보이지 않는다. 그럼에도 불구하고 『철학 백과전서』에서의 승인이론과 『정신현상학』에서의 승인이론은 그 결말에서 매우 중대한 차이를 보인다. 즉, 『정신현상학』에서는 승인 투쟁의 결과가 추상적 개별성에 고착되어 있는 '스토아적 자기의식'이었던 반면에, 『철학 백과전서』에서는 그 결과가 '보편적 자기의식'이다. 그리고 헤겔은 이 보편적 자기의식을 매우 강한 상호주관성을 실현하고 있는 의식으로 규정한다.

> **보편적 자기의식**은 다른 자기 속에서 자기 자신에 대한 긍정적 인식이다. 이들 각자는 자유로운 개별성으로서 **절대적인 자립성**을 갖지만, 그의 직접성 내지 욕구의 부정을 통해 타자와 구별되지 않고 보편적이고 객관적이며, 자유로운 타자 속에서 자기 자신을 승인받은 존재로 알고 있고 또 그가 타인을 승인하고 자유로운 존재로 아는 한에서 자기 자신을 승인받은 존재로 아는 그러한 상호성으로서의 실제적인 보편성을 지닌다.[91]

보편적 자기의식은 상호 승인을 통해 실현되고 또 자신이 그렇게 상호주관적으로 구성되었다는 사실을 자각하고 있는 개인의 주관성을 의미한다. 『정신현상학』에서는 단지 관찰자인 우리에게만 선취되었던 투쟁 상태의 지양과 상호 승인이 『철학 백과전서』에서는 (적어도 이 부분과 관련된 강의에서는 명시적으로) 행위자인 자기의식 자신에 의해 완수된다. 여기서는 주인이 "노예가 자유롭게 됨으로써 비로소" 자신도 진정 자유로워질 수 있다는 점을 인식하고, 지배와 예속의 관계에서는 노예만이 일방적으로 수행했던 "직접적인 개별 의지의 지양"을 주인 역시 수행한다.[92] 주인적 자기의식과 노예적 자기의식 양자가 모두 승인 투쟁을 통해 자신이 처음에 고집했던 배타적 개별성으로부터 자신을 해방시키고 그들의 자립성을 상호적으로 구성하면서 서로 간의 보편적 동일성을 형성한다. 그들은 서로를 승인하면서 그렇게 '승인하는 존재'로서 '승인받는 존재'가 된다. 따라서 『철학 백과전서』의 승인이론에서는 "**타인**의 자립성 속에서 타인과의 완전한 **통일**에 대한 직관"이라는 '순수한 승인 개념'을 자기의식 자신이 대자적으로 실현한다.[93]

보편적 자기의식은 그가 자유로운 타인에게서 자유로운 존재로 승인받았다는 점과 또한 오로지 자유로운 존재로 승인받은 타인의 승인을 매개로 해서만 자신이 진정으로 자유로운 대자 존재가 될 수 있다는 점을 자각하고 있다. 이와 같은 상호 승인의 상태가 바로 "내가 **내** 안에서 나를 반성함으로써 직접 **타인** 속에서 반성되고 또 역으로 내가 **타인**과 관계함으로써 직접 **나 자신**과 관계하는" 그런 "보편적 자유의 상태"다.[94] 헤겔에 따르면 보편적 자기의식의 이러한 자유는 단지 다른 특수한 자기의식과의 관계 속에서 "실체적인 것의 **현상**"으로 획득되었을 뿐이지 실체적 보편 자체 속에서 획득된 것이 아니기 때문에 아직은 불완전한 것이다.[95] 다시 말해 참다운 자유에 도달하기 위해서는 개별자와 개별자 사이의 승인 관계를 넘어선 개별자와 보편자 사이의 승인 관계가 아직 필요하다. 그럼에도 불구하고 보편적 자기의식의 상호주관적 자유는 "가족, 조국, 국가 같은 모든 본질적인 정신성의 **실체** 그리고 사랑, 우애, 용맹성, 명예, 명성 같은 모든 덕들의 **실체**", 간단히 말해 바로 인륜성의 토대를 이룬다.[96] 『철학 백과전서』의 승인이론에서는 자기의식 자신이 배타적 개별성으로부터 상호주관적 보편성으로의 이행을 자율적으로 완수한다. 그리고 이를 통해 생성된 보편적 자기의식은 단지 내면적 자유와 형식적인 법적 인격성에 머무르는 스토아적 자기의식보다 훨씬 광범위하고 심도 있는 인륜적 잠재력을 갖추고 있다.

그렇다면 이제 다음과 같은 물음들이 제기된다. 어떻게 해서 『정신현상학』과 『철학 백과전서』에서의 승인이론들은 동일한 승인 운동의 과정에도 불구하고 전혀 상이한 결말을 갖게 되었는가? 그리고 『철학 백과전서』의 체계에서 '보편적 자기의식'은 그 이후의 정신의 발전에서 어떤 역할을 하는가?

첫 번째 물음에 대해 우선 『철학 백과전서』에서는 승인 투쟁의 결과가 "정신의 개념에 의해" 유도된 반면에,[97] 『정신현상학』에서는 그것이 오로지 의식의 주관적 경험에만 의거하여 서술되어야 했다는 서술 방식의 차이를 지적할 수 있겠다. 그러나 이런 방법론적 차이만으로는 충분한 답변이 되지 못한다. 왜냐하면 『정신현상학』에서와 마찬가지로 『철학 백과전서』의 「정신현상학」에서도 '개념'은 정신의 현상하는 현존재인 의식의 구체적인 형태들 속에서 논증적으로 서술되어야 하고 의식의 내재적 운동을 통해 그 타당성이 비로소 입증되어야 하기 때문이다. 그런데 자기의식의 실제적인 운동 과정은 『철학 백과전서』와 『정신현상학』에서 대동소이하다. 따라서 서술 방식의 변화만으로는 승인 투쟁의 결과가 그토록 달라지는 점이 충분히 설명되지 않는다.

이 물음에 관해서는 헤겔이 『정신현상학』에서 자기의식의 내재적 운동과 그에 대한 자신의 서술 간의 부정합성을 인식하고 이를 수정했다고 보는 것이 옳을 것이다. 『정신현상학』에 곧이어 집필된 1808~1809년의 『의식론 I』에서 이미 헤겔은 지배와 예속의 변증법의 결과로 더 이상 '스토아적 자기의식'이 아니라 '보편적 자기의식'을 제시한다.[98]

> 보편적 자기의식은 생동하는 정신이자 그것이 동시에 개체성인 보편성이며—자신의 특수성을 지양했고 자신을 오로지 즉자적으로 존재하는 것, 따라서 타인들과 동일한 존재로 알고 있는바, 보편적 자기의식은 승인받으면서 승인한다.[99]

더 나아가 1809년의 『의식론 II』에서는 보편적 자기의식의 상호주관적 구조와 이에 대한 자기의식의 자각이 보다 더 선명하게 표현된다.

> 보편적 자기의식은 자기 자신을 특수하고 타인들로부터 구별되는 것으로서가 아니라 즉자적으로 존재하는 보편적 자기(allegemeines Selbst)로서 직관하는 것이다. 그러므로 보편적 자기의식은 자기 자신과 그리고 다른 자기의식들을 자신 안에서 승인하며 또한 다른 자기의식들로부터 승인받는다.[100]

자기의식이 자기반성적이고 자기 수정의 능력을 지니고 있다는 헤겔의 전제 아래에서는 이런 보편적 자기의식이 스토아적 자기의식보다 자기의식의 실제적인 승인 운동에 보다 잘 부합한다.

의식의 운동을 순전히 방관하면서 기술하는 현상학자의 관점만을 취했던 그 이전 장들에서와는 달리 '스토아주의'로 시작되는 『정신현상학』의 「자기의식의 자유」 장에서부터 헤겔은 의식의 형태들을 역사철학적으로 해석하는 철학자의 관점을 병용한다.[101] 『정신현상학』이 지닌 강점과 매력 중의 하나가 의식철학적 계기들을 역사적 계기들과 통합시키려는 시도에 있다는 점은 부인할 수 없다. 그러나 구체적인 서술에서는 이 두 계기가 서로 합치되지 않는 경우가 종종 목격된다. 「지배와 예속」 장에서 「자기의식의 자유」 장으로 이행하는 부분 역시 그 한 사례다.

이에 반해 『철학 백과전서』에서는 헤겔이 처음부터 전체를 조망하는 정신철학자의 관점에 선다. 그렇기 때문에 여기서는 자기의식의 운동에 관한 서술이 매우 축약적이고 부분적으로는 너무 조화주의적인 성향을 드러내기도 하지만 그 내용에서는 자기의식의 실제적 운동에 훨씬 더 정합적이다. 우리는 오히려 후기의 헤겔 철학에서 개인에 대한 강한 신뢰를 발견할 수 있다. 『정신현상학』에서는 보편성으로의 고양이 '제3자'의 매개를 통해서야 비로소 가능했던 반면에, 『철학 백과전서』에서는 개인이 자기반성을 통해 스스로를 보편성으로 고양시키고 인륜성의 자율적 주체로 등장할 수 있는 능력을 부여받고 있는 것이다.

그러나 『철학 백과전서』의 「정신현상학」에서도 '보편적 자기의식'에서 그다음 단계인 '이성'으로 이행하는 곳에서 우리는 『정신현상학』에서 '지배와 예속'으로부터 '스토아주의'로 이행할 때 마주쳤던 것과 유사한 난점에 부딪히게 된다. 헤겔은 이성을 단지 "의식과 자기의식의 통일"로 파악할 뿐이지 (논변의 문맥에서 기대할 수 있듯이) 동시에 '타인 속에서 자유로운 자기의식들의 통일'로 파악하지는 않는 것이다.[102] 이는 명백하게 의식의 내재적 운동을 통해 이미 확보된 상호주관성의 차원으로부터 순수한 주관성의 차원으로의 후퇴를 의미한다. 물론 『철학 백과전서』 내의 「정신현상학」이 아직 정신을 단지 "자기 자신과의 관련이라는 형식 속에서" 고찰하는 '주관 정신'의 영역에 속해 있다는 사실로부터 이러한 후퇴가 어느 정도 설명되기는 한다.[103)]

『철학 백과전서』의 체계에서 상호주관성의 실현은 '주관 정신'의 철학이 완결된 이후에 다루어지는 '객관 정신'의 철학에 이르러서야 다시 주제화된다. 보편적 자기의식의 상호주관성은 『법철학』의 「도덕성」 장에 도달하기 이전에는 행위하는 의식의 관점에서는 정신의 발전을 위해 아무런 능동적 역할도 하지 못하거나 혹은 기껏해야 관찰하는 우리의 관점에서만 선취될 뿐이다.[104)] 그러나 『철학 백과전서』의 승인이론에서 상호주관성은 행위하는 의식 자신에 의해 단순한 주관성의 진리로 이미 자각되었다. 그럼에도 불구하고 왜 『철학 백과전서』의 「자기의식」 장 이후에 상호주관성이 정신의 발전에서 주관적 의식의 행위 원리로 작동하지 않는지 그리고 이러한 상호주관성의 배제 또는 유보가 과연 헤겔의 체계 논리에 의거하여 정당화될 수 있는지에 관해서 비판적으로 검토할 필요가 있다. 『정신현상학』에서부터 부분적으로 이루어졌고 『철학 백과전서』의 체계에서 확립된 의식이론(주관 정신)과 사회이론(객관 정신)의 분리가 승인 운동을 통해 획득한 정신의 상호주관성을 무효화하지는 않지만 규범적 사회이론을 구성하려는 헤겔의 시도에는 심각한 부정적 결과를 가져오게 된다.

6

『법철학』에서 상호주관성의 문제

I. 헤겔의 『법철학』은 무엇을 의도하는가?

『법철학』이 의도하는 바는 무엇인가? 『법철학』이 헤겔의 여러 저작들 중에서 가장 많은 논의가 이루어져온 저서임에도 불구하고 이 원론적인 질문에 대해 우리는 아직 만족스러운 답변을 얻지 못하고 있다. 물론 그 동안의 많은 연구와 분석을 통해 『법철학』이 어떤 역사적 · 정신사적 배경을 가지고서 탄생했으며 또 어떤 법적 · 정치적 제도들을 지지했는지는 비교적 상세하게 알려져 있다. 그러나 지금까지의 논쟁은 대부분 『법철학』을 단지 하나의 정치철학적 저서로 다루어왔다. 즉, 『법철학』에서 제시된 사회 정치 제도가 당시 프로이센 제국에서 실제로 시행되었던 제도들과 어느 정도 일치하는지, 또는 헤겔의 국가론이 후대 파시스트 정권의 전체주의적 폭력 정치와 어느 정도의 이론적 친화성을 가지고 있는지 등을 밝힘으로써 이 저서의 보수적인 또는 진보적인 성격을 포괄적으로 규정하려는 것이었다. 이러한 논쟁이 지닌 학문적 의의는 그 나름대로 충분히 인정되어야 한다. 하지만 이 논쟁은 헤겔 외적인 시각에서 비롯된 비판이나 옹호에 그치는 것이어서 『법철학』이 다루고자 하는 본질적인 물음을 내재적으로 이해하고 해결하는 데에 그리 도움을 주지 못한다. 이러한 결함은 특히 다음의 두 가지 문제에서 잘 드러난다.

첫째, 우리는 『법철학』을 일차적으로 특정한 시대의 특정한 국가에서 실제로 적용되고 있는 사실적인 법에 관한 기술적(記述的) 이론으로 이해해야 하는지, 아니면 역사적 우연성과 특수성을 초월하여 보편타당성을 갖는 법에 관한 규범적 이론으로 이해해야 하는지에 대해 아직 합의를 보지 못하고 있다. 다시 말해 헤겔의 법이념이 한편으로는 자연법 사상, 그리고 다른 한편으로는 법실증주의 및 역사법학파와 어떤 관계에 있는지가 여전히 논쟁점으로 남아 있다. 현실 정치에 대한 관심에서 『법철학』에 접근하려는 시도는 많은 경우 헤겔이 제기한 "'철학적 법학'이란 무엇이고, 그것이 대상으로 삼는 '법의 이념'은 무엇인가?"라는 근본적인 물음을 그 정확한 의미와 함축된 전제들을 해명하지 않은 채 너무 쉽게 지나치는 경향을 보인다.

둘째, 헤겔이 자신의 법론을 정합적으로 잘 근거 지어진 체계로 구축하기 위해 사용했던 『법철학』의 내적 구조 논리와 서술 방법이 아직 명확하게 파악되지 못하고 있다. 1930년대에 둘카이트와 빈더 사이에서 일시적으로 벌어졌던 논쟁 그리고 1979년에 헤겔의 법철학을 주제로 한 국제헤겔회의에서 발표된 몇 편의 논문을 제외하고는 이 문제는 오랜 기간 전혀 인식되지 못했거나 아니면 그 난해함 때문에 의도적으로 회피되어왔다.[1)]

그러나 구조 논리와 서술 방법에 대한 분석은 『법철학』의 내용을 이해하는 데에 단지 주변적인 역할을 하는 문헌학적 관심사만이 아니다. 『법철학』에 관한 수많은 해설서와 논쟁서들을 둘러보면 이 저서가 얼마나 상이하게, 때로는 전혀 상반된 시각에서 해석되곤 하는지를 쉽게 알 수 있다.[2)] 이는 『법철학』에서 주제화되는 법개념의 여러 형태들, 즉 '추상법', '도덕성', '인륜성' 등이 각각 어떤 체계적 위상을 갖는지, 그리고 그것들이 동시에 서로 어떤 연관을 갖고 있는지가 아직 확실히 파악되지 못했음을 말해준다. 내용에 관한 해석의 차이는 최소한 일부분 헤겔의 『법철학』에서 법의 원리가 어떻게 구조적으로 전개되고 있는가의 문제에 대한 견해 차이, 즉 『법철학』의 구성 논리와 방법론에 대한 해석의 차이에 기인한다. 그러므로 방법론적 문제에 대한 해명은 우리에게 『법철학』의 올바른 이해뿐만 아니라 동시에 그에 대한 내적 비판의 가능성을 열어줄 것이다.

이번 장에서는 헤겔의 『법철학』이 지닌 구조 논리를 분석함으로써 앞서 제기한 원론적인 물음에 대해 헤겔 내적 관점에서 부분적으로나마 답변해보고자 한다. 물론 독립적인 하위 체계면서 동시에 전체 철학 체계의 한 부분으로 편입되어 있는 『법철학』의 구조 논리를 정확하게 파악하기 위해서는 그 내용의 세밀한 분석 이외에도 『논리학』과 자연 및 정신에 관한 이른바 '실재철학' 간의 관계, 더 나아가 각 실재철학들 간의 체계적 연관에 대한 해명이 선행되어야 할 것이다. 그러나 이러한 작업은 이 글의 범위를 넘어서는 과제다. 여기서는 다만 헤겔이 『법철학』에서 보편적 자기의식의 상호주관적 자유를 법개념의 존재 근거로 설정하고 있다는 전제에서 출발하여 『법철학』의 구조 논리를 방법론적인 관점에서 비판적으로 재구성해보려고 한다. 물론 이러한 전제 설정도 앞으로의 분석을 통해 정당화되어야 할 것이다. 이 시도가 『법철학』의 구조 논리를 남김없이 밝히기에는 미흡하겠지만, 최소한 이 문제와 얽혀 있는 난점들을 보다 명확하게 제시하고 그 원인을 헤겔의 철학 체계 내부에서 찾으려고 노력할 것이다. 법의 근거로서 자유의 상호주관성이라는 개념적 원리에 비추어 볼 때 헤겔이 실제로 전개한 법론이 내용적 부정합성을 드러내는 곳은 특히 개인들 간의 기초적인 법관계를 다루는 「추상법」 장이다. 그렇기 때문에 우리의 비판적 고찰도 주로 이 「추상법」 장에 집중될 것이다.

II. 『법철학』에서의 상호주관성 문제에 관한 논란

자유의 상호주관성이 과연 그리고 어느 정도 헤겔의 『법철학』에서 근본적인 구성 원리로서 작동하고 있는지에 관해서는 많은 논란이 있다. 우선 『논리학』과 『법철학』 사이의 체계적 연관성과 관련하여 회슬레는 다음과 같이 주장한다. 즉, 『법철학』은 뛰어난 상호주관성 이론의 하나인 반면에, 『논리학』은 이런 상호주관성을 적절하게 포착할 수 있는 논리적 범주를 제공해주지 못하고 있다. 따라서 『논리학』과 『법철학』 사이의 범주적 불일치를 해소하기 위해서는 주관성 이론의 틀 내에 머물고 있는 『논리학』을 상호주관성의 차원으로 확장해야 한다는 것이다.[3] 이와 정반대로 토이니센에 따르면 헤겔은 『논리학』에서 이미 확립한 상호주관적 자유의 이념을 『법철학』에서는 부당하게 억눌렀으며, 따라서 오히려 『법철학』이 『논리학』의 이념에 따라 수정되어야 한다.[4]

이와 유사한 논란은 『법철학』 자체에 대한 해석에서도 반복된다. 『법철학』 내에서 좁은 의미로 이해된 법론, 즉 「추상법」 장에서 전개된 법론이 '개인주의적'인 혹은 더 나아가 '점유 개인주의적'인 경향을 지니고 있다고 많은 사람들이 지적한다.[5] 심지어는 추상법에 관한 헤겔의 논변이 자유주의적 자연 상태론의 대용 이론으로 간주되기도 한다.[6] 예를 들어 헤어링은 여기서 헤겔이 옹호하는 사유 재산에 대한 개인의 추상적 권리는 "헤겔의 초개인적인 공동체의 관점에서 볼 때 생각할 수 있는 가장 극단적인 대립"을 나타낸다고 진단한다.[7] 반면에 리터는 헤겔이 개인의 사유 재산권을 "종교적, 정치적, 인륜적 실체의 모든 범위에서 자유의 실현을 위한 가능성의 조건"으로 제시하고 있다고 이해한다.[8)]

이러한 문제 상황에 바탕을 두고서 일팅과 토이니센은 『법철학』을 일반적으로 이해하듯이 규범적 · 실천적 법철학의 정초로 볼 것이 아니라 법의 형태 속에서 서술된 '자유 의식의 현상학' 또는 '근대적 법현실의 서술을 통한 비판'으로 이해해야 한다고 주장한다.[9)] 이런 현상학적 · 부정이론적 해석은 현실의 법제도에 대해 『법철학』이 비판적인 기능을 수행하고 있다는 점을 밝혀줌으로써 『법철학』이 보수적인 법실증주의의 성향을 지니고 있다는 비난으로부터 헤겔을 성공적으로 옹호하고 있다. 뿐만 아니라 일팅과 토이니센의 논의는 오랫동안 주목받지 못하던 『법철학』의 방법론적 문제점들을 드러내는 데에도 많은 공헌을 했다. 그러나 헤겔의 『법철학』이 엄격한 논리성과 절대적인 규범적 타당성을 가지고 있다고 자부한다는 점에서 이들의 해석은 헤겔 자신을 증인으로 끌어들이기에는 무리가 있다.

이에 대해 짚과 풀다는 헤겔의 『법철학』이 이미 「추상법」 장에서부터 개인의 법적 권리 능력에 대한 사회적 승인 상태와 보편적 상호주관성을 전제하고 있다고 반론을 제기한다. 이들도 『법철학』이 소유권을 개인주의적으로 규정하면서 시작되고 있다는 점을 인정한다. 하지만 이들은 이렇게 시초 단계에서 나타나는 상호주관성의 결여가 굳이 『정신현상학』의 특수한 논변 방식을 끌어들이지 않고도 『법철학』의 구성 논리의 틀 안에서 사변적 『논리학』의 모델에 따라 체계 정합적으로 설명될 수 있다고 주장한다.[10)]

이러한 해석은 분명히 헤겔의 명시적인 자기 이해에 더 잘 부합한다. 그러나 짚과 풀다는 또한 그들 편에서 일팅과 토이니센이 제기한 방법론적 문제점들을 과소평가하고 있을 뿐만 아니라, 이들이 제시한 몇 가지 중요한 논점들을 놓치고 있다. 일팅과 토이니센은 헤겔이 『법철학』

에서 상호주관적 자유를 개념적으로 전제하고 있다는 점을 부인하지 않는다. 그들이 문제로 삼는 것은 바로 헤겔이 그런 개념적 전제에도 불구하고 법론을 내용적으로 전개할 때에는 상호주관성을 올바로 또는 충분히 적용하지 않았다는 점이다. 그리고 『법철학』을 법에 관한 규범학의 정초로 이해할 때에는 이렇게 시초 단계에서 상호주관성을 억누른 것이 『법철학』 전체에 심각한 부정적 결과를 수반하게 된다는 것이다.

이 두 가지 상반된 해석은 각기 나름대로의 타당성을 지니는 만큼이나 또한 모두 일면적이고 불충분하다. 이제 앞으로의 고찰을 통해 이런 해석의 차이가 실은 상호주관성의 문제와 관련하여 『법철학』 자체 내에 구조적으로 놓여 있는 방법론적 모호성에서 기인한다는 점이 밝혀질 것이다.

III. 상호주관성 문제에 관한 헤겔의 입장과 그 모호성

앞서 언급한 방법론적 문제를 해명하기에 앞서 먼저 자유와 법의 상호주관성 문제에 관해 헤겔 자신이 『법철학』에서 실제로 어떤 입장을 취하고 있는지를 살펴보자.

우선 헤겔의 『법철학』이 잘 질서 지워진 공동체의 삶 속에서 개인의 상호주관적 자유가 실현되는 것을 목표로 삼고 있다는 것은 이론의 여지가 없다. 헤겔에 따르면 법의 개념은 인륜성의 단계에서 완성된다. 그런데 인륜성은 상호주관적 · 긍정적 자유가 객관적으로 제도화되고 또한 행위하는 개인의 의식 속에서 주관적으로 각성되어 완전하게 현실화되는 것을 의미한다. 인륜성의 영역에서는 타자와의 관계가 승인 원리에 따라 대칭적이고 상호적이며 평등하다.[11] 그리고 이런 상호주관적 승인 관계가 법률이라는 보편적인 제도 형식으로 확립되면서 구속력을 지니게 된다. 추상법과 도덕성의 영역에서는 아직 분리되어 있던 타자에 대한 권리와 타자를 향한 의무가 여기서는 하나의 관계 속에서 대칭적으로 상응한다.

> 이와 같은 보편 의지와 특수 의지의 동일성 속에서 의무와 권리는 하나로 귀착되며, 인간은 인륜을 통해 그가 의무를 지니는 한에서 권리를 지니고 또 권리를 지니는 한에서 의무를 지니게 된다.[12)]

인륜성 속에서 개인은 "나의 실체적 이해 관심과 특수한 이해 관심이 개별자로서의 나와 관계 속에 있는 타자의 이해 관심과 목적 안에 보존되어 포함되어 있고, 따라서 타자가 나에게 타자가 아니며 이러한 의식 속에서 내가 자유롭다는 의식", 즉 타자와의 깊은 연대 의식을 갖게 된다.[13)] 여기서 인간은 더 이상 고립된 개별자가 아니라 타자와 함께 자율적으로 구성한 공동체 속에서 자신의 구체적인 자유와 실체적인 개별성을 발견하는 "보편자의 구성원"이다.[14)] 이런 자유로운 개인들의 연합 속에서 처음에는 단지 즉자적으로만 존재하던 '자유의 개념'이 객관 세계에서 보편적으로 실현된 "**자유의 이념**"으로 비로소 완성되는 것이다.[15)]

그런데 헤겔의 『논리학』에 따른 독특한 서술 방법에서는 선행하는 논리 범주가 이로부터 도출되는 후속의 논리 범주를 통해 역진적으로 그 근거를 입증하여 확보한다. 이에 따라 『법철학』에서도 논증적 서술에서는 마지막 귀결로 등장하는 인륜성이 실제로는 오히려 이에 앞선 추상법과 도덕성을 자신의 계기로 산출하는 "**첫 번째** 것"이자 "**진정한** 근거"가 된다.[16)] 그러므로 추상법과 도덕성은 인륜성에 의거할 때에만 비로소 현실적일 수 있으며, 인륜성 없이는 실체성을 갖지 못한 "추상물들"에 불과하다.[17)] 이는 곧 개인의 개별적이고 주관적인 권리 요구와 행위 준칙이 구체적인 공동체 속에서 비로소 보편타당한 제도적 형식과 안정성을 획득할 수 있다는 것을 의미한다. 뿐만 아니라 그것은 또한 법적 인격자의 형식적 권리와 도덕적 주체의 특수한 권리가 인륜성을 근거로 할 때에만 구속력 있는 규범으로서의 타당성을 얻을 수 있다는 의미도 함축한다. 따라서 상호주관적 · 인륜적 자유의지야말로 법의 진정한 출발점이자 원리다. 『법철학』은 바로 이런 의미로 이해된 법의 이념과 그 발전을 대상으로 삼는다.

이와 같은 점은 『법철학』의 개념적 시초에서도 다시 확인된다. 『법철학』의 서론에서 헤겔은 자유의지를 먼저 즉자 대자적인 보편 의지로 발전시킨 다음,[18] 그 연후에 비로소 법을 "**자유의지의 현존재**"로 정의한다.[19] 즉자 대자적 보편 의지는 "개별성"(Einzelheit)이라는 규정을 가진다.[20] 그런데 이때의 '개별성'은 『논리학』에 따르자면 보편성과 특수성의 통일, 즉 '구체적 보편성'을 의미하는 개념 논리적 범주다. 이 '개별성'은 존재 논리에 등장하는 '대자 존재'나 '일자'(一者)와 판이한 것이다. 개념 논리적 개별성으로서의 의지는 더 이상 추상적이고 형식적인 자유가 아니라 "이념으로서의 자유"를 자신의 대상으로 가진다.[21] 바로 이런 강조된 의미에서의 자유의 이념이 법의 개념을 형성하는 것이고, 『법철학』의 내용은 이 법의 개념이 내재적 발전을 통해 여러 객관적인 법의 형태를 구성해가는 과정을 서술하는 것이다. "법과 도덕성과 모든 인륜성의 원리"는 "자연성의 **직접성**과 **개별성**을 지양한 **즉자 대자적** 의지"다.[22] 이상의 고찰을 통해 헤겔에게서 법 일반의 근원은 보편적 자유의지고, 「추상법」 장에서 서술되고 있는 사적 인격자의 법률적 법 역시 이와 같은 법의 개념으로부터 도출되는 하나의 특수한 형태라는 것이 밝혀진다.[23]

헤겔에 따르면 "그 추상적 개념 속에 있는 즉자 대자적으로 자유로운 의지"가 이제 법개념의 첫 번째 형태인 '추상법'의 원리를 이룬다.[24] 하나의 개념은 그 시초에서는 아직 추상적이고 따라서 "직접성, 즉 존재의 형식” 속에 있다.[25] 이런 설정은 『논리학』의 변증법에 따른 개념 규정으로서 아무 문제가 될 것이 없다. 실상 문제는 여기서 헤겔이 ‘직접성’을 잘못 이해하여 ‘직접성의 형식 속에 있는 보편적으로 자유로운 의지’를 ‘무매개적 개별 의지’와 혼동한다는 데에 있다.

> 이 직접성의 규정에 따르면 즉자 대자적으로 자유로운 의지는 실재에 대해 부정적이며 오직 자기 자신과 추상적으로 관계하는 현실성—즉, 한 사람의 **주체**가 지닌 **내적으로 개별적인** 의지다.[26]

여기서 헤겔은 ‘존재’의 규정과 ‘현존재’의 규정을 직접 동일시하는 오류를 범하고 있다. 그리고 이를 통해 그는 이제 자유의지가 실현되는 최초의 법적 형태인 추상법의 영역에서 보편 의지가 지닌 상호주관성을 제거해버리고서는 추상법의 주체를 유아론적으로 규정한다.

물론 헤겔은 의지의 직접적 형식 역시 즉자 대자적 의지의 개념 규정 가운데 하나고, 따라서 이미 내적으로 보편적인 것이라고 주장한다. 그러나 이때의 보편성이란 “형식적인 보편성, 자신의 개별성 안에서 자기 의식적인, 그러나 그 밖에는 아무 내용이 없는 **단순한** 자기 관계”를 뜻할 뿐이다.[27] 그런데 이런 무매개적 개별 의지는 헤겔이 앞에서 단지 부정적 자유만을 부여했던 ‘무규정적 의지’와 전혀 다르지 않다.[28] 헤겔은 이런 오직 자기 자신만을 위해 있는 개별 의지의 추상적 · 형식적 보편성을 ‘인격성’이라고 규정한다.[29] 그런데 추상적인 인격성의 현존재인 ‘인격자’는 “**배타적 개별성**”이다.[30] 이런 인격자는 (『논리학』의 범주를 빌려 말하자면) 타자와 아무런 관계도 갖지 않고 단지 대자적으로만 존재하는 ‘일자’고, 그의 자유는 “추상적 의지 일반의 혹은 이에 따라 단지 자기 자신과만 관계하는 **하나의 개별적인** 인격자의 자유”다.[31] 헤겔의 추상법은 이렇게 (개념 논리의 ‘개별성’이라는 참다운 규정 대신에) 존재 논리에서의 추상적 개별성으로 규정된 인격자의 부정적 자유에 기초하여 구축된다.

> 인격성은 법적 권리 능력 일반을 포함하고 있으며 추상적인, 따라서 형식적인 법의 개념을 그리고 그 자체 추상적인 기초를 형성한다.[32)]

이렇게 법적 인격성을 유아론적으로 규정함으로써 발생하는 내적 모순은 우선 이 규정으로부터는 헤겔이 법론의 원리로 삼는 "**하나의 인격자가 되어라. 그리고 다른 사람들을 인격자로 존중해라**"라는 "법의 명령"이 결코 도출되지 않는다는 점이다.[33)] 왜냐하면 정언명법의 형식으로 표현된 이 명령은 그 안에 이미 상호주관성을 내포하고 있기 때문이다.

법의 주체를 배타적 개별자로 규정하는 헤겔의 (잘못된) 최초 설정을 전제한다면, '소유'와 '계약'과 '불법'의 형태로 전개되는 「추상법」 장의 논변이 일관된 논리적 정합성을 가진다. 하지만 문제는 바로 이 전제가 내용적으로 납득할 만하고 방법론적으로 모순이 없는가에 있다. 그런데 이 전제는 우선 다음과 같은 부정적인 귀결들을 초래한다.

첫째, 그 때문에 헤겔이 「추상법」 장에서 전개한 법론은 그가 비판하는 자유주의적 자연법론보다도 표면상 오히려 더 개인주의적인 논변 형태를 띠게 된다. 헤겔은 그의 소유론에서 외적 사물에 대한 개별 의지의 직접적 관계, 즉 타자의 동의가 필요 없는 주관적 의지 표명에서 소유권의 법적 근거를 찾는 점거론을 옹호한다. 그런데 이는 모든 권리와 법이 그 개념상 법적 주체들 간의 상호 승인을 전제로 하는 사회적 범주라는 예나 시기 헤겔 자신의 통찰을 무효화하는 것이다. 예나 초고들에서 헤겔은 승인이론에 의거하여 '점유'(자연 상태에서의 감각적 사실)와 '소유'(사회 상태에서의 승인된 권리)를 범주적으로 명확하게 구분했었다. 반면에 『법철학』에서는 그의 소유론이 적어도 외형상 로크의 자연권 모델로까지 후퇴하는 것처럼 보인다. 여기서는 개별 의지의 외화(外化)를 통해 취득한 점유가 곧바로 구속력을 지닌 법적 권리인 소유로 파악된다. 그리고 계약은 그렇게 대상과의 사물적 관계 속에서 이미 완성된 소유권을 자유의지에 더 적합한 비물질적 형태로 실현하는 후속 절차로 제시된다. 그의 소유론은 (적어도 주관적 의지의 운동을 기술하는 차원에서는) 상호 승인의 이념과 상호주관성을 고려하지 않고 있는 듯이 보인다. 그리고 이러한 상호주관성의 배제 또는 억압이 '계약'과 '불법'으로 전개되는 추상법의 영역에서 내내 회복되지 못한다.

> 형식적인 법 속에서 의지가 스스로에게 부여하는 **현존재**는 **하나의 직접적인 사물** 속에 있고 그 자체가 직접적이며, 그 자체로 처음에는 개념과 어떠한 **명시적인** 관계도 … 또 타자의 의지와 **긍정적인** 관계도 갖지 않는다.[34]

둘째, 이러한 상호주관성의 결여는 헤겔의 법론을 (보편적 이기주의에 기초하여 구축되는 피히테의 법론과 유사하게) 권력 이론의 성격을 갖도록 만든다. 『법철학』에서 엄밀한 의미에서의 법은 기본적으로 "인격성과 여기서 비롯되는 것을 **훼손하지 말라**"는 "금지"의 규정만을 가지며, 권리는 타인에 대한 강제적 권한 주장으로 나타난다.[35] 그러나 추상법에 대한 이런 규정은 법이 그 어떤 형태에서건, 즉 추상법이라는 형태 속에서조차 "자유의 규정이고 현존재"이지 결코 자유의 제한이 아니라는 헤겔 자신의 법개념과 융화되지 않는다.[36]

> 강제(Zwang)는 이러한 법의 영역 일반에서 이미 사물을 점유할 때, 그리고 이에 대해 다른 사람이 취하는 것으로부터 권리 주장을 할 때 일어난다.[37]

셋째, 헤겔이 「추상법」 장에서 서술하는 것은 개인의 기본적인 자유와 행위 능력의 법적 현존재다. 그런데 바로 이런 기본권에 "다른 모든 것이 달려 있기" 때문에,[38] 법적 주체에 대한 개인주의적 규정은 「추상법」 장에서뿐만 아니라 「인륜성」 장에서까지 지속적으로 영향을 미친다. 예를 들어 시민사회의 모순을 극복하지 못하는 '사법'(司法)의 형식주의, 군주제만이 유일하게 정당성을 갖는 지배 형태라는 주장, 그리고 무엇보다도 국제 연합의 불가능성과 전쟁의 인륜적 필연성에 대한 헤겔의 믿음 등은 모두 법적 인격자는 오직 자기 자신과만 관계하는 배타적 대자 존재라는 규정에 기인한다. 하지만 다른 한편으로 개인의 사적 권리는 헤겔의 법철학 체계에서 다른 형태의 권리, 즉 도덕성이나 인륜성에 기초한 권리와 충돌할 경우 후자에 종속되는 상당히 허약한 지위를 갖는다.[39] 그런데 이는 헤겔이 사적 권리를 스스로 결함 있는 것으로 규정하고 있는 개인의 배타적 자유 위에 구축하기 때문이다. 많은 비판을 받고 있는 바와 같이 헤겔의 국가론이 지닌 실체주의적 경향은 바로 개인의 권리에 대한 개인주의적 규정에 그 뿌리를 두고 있다.[40]

지금까지 살펴본 바에 따르면 헤겔의 『법철학』이 보편 의지의 상호주관적 · 긍정적 자유를 그 원리와 출발점으로 삼고 있다는 애초의 전제가 유지되기 힘든 것처럼 보인다. 헤겔의 법론은 오히려 전(前)사회적인 개별자의 부정적 자유에서 출발하는 듯이 보이기 때문이다. 그러나 이는 헤겔의 법론이 지닌 단지 한 측면, 그것도 논변의 표면에 나타나는 한 측면에 불과하다. "자유가 **현존재**를 갖게 되는 독특하고 참다운 기반", 즉 법의 진정한 토대는 실은 고립된 개인의 주관적 의지가 아니라 상호주관적인 "의지와 의지와의 관계"라고 헤겔은 분명히 말한다.[41] 헤겔이 이미 「추상법」 장에서도 보편 의지의 상호주관성을 개념적으로 전제하고 있다는 사실은 해설과 강의록에서 나타나는 헤겔의 여러 언명들,[42] 그리고 『법철학』 전반이 체계상 개인들 간에 이루어진 상호 승인의 과정을 이미 완결된 것으로 전제하고 있다는 점이 증명해준다.

더 나아가 이에 대한 분명한 증거는 역설적이게도 바로 극히 개인주의적인 것처럼 보이는 헤겔의 소유권 이론이다. 헤겔이 『법철학』에서 직접적 점유를 법적 소유와 동일시할 수 있었던 이유는 다름 아니라 (법 원리의 발생사로서 승인 운동을 서술하는 예나 초고들과는 달리) 처음부터 행위 주체가 상호주관적으로 '승인받은 존재'라는 조건으로부터 출발하고, 따라서 개인의 주관적 행위가 이미 보편적인 법적 유효성을 지닌다고 전제한다는 데에 있다. 이미 「소유」에 관한 장에서 헤겔은 "그러나 타자와의 관계는 일반적으로 (나중에 계약과 불법에서처럼) 실재에 속한다"라고 말한다.[43] 소유권을 근거 짓기 위해 요구되는 상호 승인은 사회계약론에서처럼 계약을 통해 비로소 처음 구성되는 것이 아니라 이미 직접적 점유 취득 속에서 "타자와의 선취된 관계"로서 즉자적으로 존재한다.[44] 이러한 상호주관성이 이후에 계약 관계나 또는 불법에 대항한 처벌을 통해 행위자의 의식 속에서 활성화되고 내면화되는 것이다.

추상법의 영역은 자연 상태가 아니라 이미 법적 상태고, 추상법은 그 원리적 한계에도 불구하고 보편 의지의 현존재 가운데 하나다. 그렇기 때문에 추상법은 '법 자체'(Recht an sich)로서 실체적인 국가법의 단계에서조차 보호를 받는 상당히 견고한 지위를 갖는다.[45] 그러므로 법적 자유의 상호주관성은 『법철학』에서는 이제 비로소 도달해야 할 목표가 아니라 그 시초부터, 즉 「추상법」 장의 소유권에 관한 논의에서부터 이미 구성 원리로 작동하고 있는 것이다.

이상의 분석을 통해 헤겔의 법론이 전체적으로 상호주관성의 문제에 관해 이중적이고 애매한 입장을 취하고 있다는 점이 분명해졌다. 한편으로 『법철학』은 보편 의지의 상호주관적 · 긍정적 자유를 법의 진정한 출발점이자 근거 원리로 삼고 있다. 그러면서도 다른 한편 『법철학』에서 법론을 내용적으로 전개할 때에는 상호주관성이 배제된 채 배타적 개별 의지의 부정적 자유에서 출발하고 있는 것이다. 이러한 모호성은 어떻게 설명될 수 있을까? 혹시 헤겔의 변증법적 방법론을 해명함으로써 이 모호성이 해소될 수 있을까? 아니면 헤겔 자신도 의식하지 못하고 있는 방법론적 문제가 실로 『법철학』의 서술 안에 숨어 있는 것이 아닐까? 다음 절에서는 『법철학』의 몇 가지 중요한 전제들을 살펴봄으로써 이 질문들에 대한 해결의 실마리를 찾아보겠다.

Ⅳ. 『법철학』의 몇 가지 전제들에 대한 비판적 분석

『법철학』은 상대적 독립성을 가진 하나의 체계지만, 그렇다고 자기 완결적이거나 아무런 전제도 전혀 갖지 않는 자기 생산적 체계는 아니다. 오히려 『법철학』은 그것을 해명하지 않고서는 『법철학』을 전혀 이해할 수 없는, 그러나 『법철학』 내에서는 더 이상 혹은 아직 주제화되지 않는 여러 가지 전제를 가지고 있다. 그중에서 우리의 논의에 중요한 것은 다음의 세 가지 전제다. 즉, ① 법개념의 발생론적 정당화, ② 법적 주체의 보편적 승인 상태, ③ 철학적 법학을 위해 유일하게 타당한 방법론으로서 사변적 논리학이 그것이다.

1. 법개념의 체계적 발생

"**철학적 법학**"으로서 『법철학』은 "법의 개념과 그 실현을 대상으로 한다."[46] 그런데 이 '법의 개념'에 관해 헤겔은 "그 **생성**에서는 법학의 영역 밖에 있고 그것의 연역은 여기서는 전제되어 있어서, 법의 개념을 **주어진 것**으로 받아들여야 한다"라고 말한다.[47]

법의 개념이 이미 주어져 있다는 언명은 두 가지 의미를 지닌다. 첫째로 법의 개념은 세계정신의 역사적 발전을 통해 객관 세계 속에 이미 실현되어 있고 철학적 법학의 과제는 다만 법현실 속의 이성을 개념적으로 파악하는 것이라고 헤겔은 믿었다. 『법철학』은 『역사철학』에서 비로소 본격적으로 다루어지는 대상인 국가와 민족정신을 발생론적 · 개념적으로 마련한다는 면에서 서술 순서에 따라서는 『역사철학』의 전단계를 형성하는 전제가 된다. 그러나 근거이론적 · 내용적인 면에서는 오히려 『법철학』이 『역사철학』의 귀결을 전제한다. 『법철학』에서 문제가 되는 것은 "자유의 의식에서의 진보"라는 원리에 따른 세계사의 진행을 거쳐 근대 세계에서 비로소 현실화된, 그러나 그 원리에서는 영원한 법의 개념이다.[48)]

법의 개념이 이미 주어져 있다는 말은 둘째로 『법철학』이 법개념의 체계적 발생을 이에 앞선 철학 체계의 어느 부분에선가 이미 완결되었다고 간주하고 전제한다는 것을 의미한다. 그런데 헤겔은 그의 후기 체계에서 법의 개념을 『법철학』 이전의 어느 곳에서도 명시적으로 주제화하지 않는다. 그렇기 때문에 법의 개념이 체계론적으로 발생하는 부분이 과연 어디인지를 선불리 단정할 수는 없다. 단, 예나 시기의 체계 기획을 참고한다면 법개념의 발생 장소는 '주관 정신'의 철학 중 '승인하는 자기의식'에 관한 장이어야 할 것이다. 그리고 이러한 추정은 후기 체계의 문맥을 살펴보더라도 상당한 설득력을 가진다.

이로써 우리는 곧이어 다룰 두 번째 전제에 들어서게 된다. 그러나 이를 논하기에 앞서 '주관 정신'에서 '객관 정신'으로의 이행에 관련된 문제점을 언급하려고 한다. 왜냐하면 바로 이 이행 논리에 『법철학』이 지닌 방법론적 문제 가운데 하나가 이미 숨어 있기 때문이다.

예나 시기의 체계 초고에서와는 달리 그의 후기 체계에서 헤겔은 개인들 간의 승인 과정과 법적 상태 사이에 「이성」 단원과 「정신학」(Psychologie) 장 전체를 삽입하고, 또 주관 정신을 '자유로운 정신'으로 발전시킨 연후에야 비로소 『법철학』이 속하는 '객관 정신'의 철학으로 넘어간다. 헤겔이 정신철학의 체계를 이렇게 변화시킨 것에는 '객관성'

의 영역으로 진입하는 정신이 이미 도달한 자유의 수준을 좀 더 분명히 부각시키려는 의도가 담긴 것으로 보인다. '자유로운 정신'은 욕구의 특수한 규정성과 자의의 추상적 개별성으로부터 해방되고 정화되어서, 이제 구체적 보편, 즉 자유의 개념 자체를 자신의 내용과 목적으로 갖는 그런 정신을 말한다.[49] 이 '자유로운 정신'을 기반으로 삼아 출발하는 객관 정신의 철학은 보편적으로 자유로운 정신이 어떠한 형태로 자신의 주관적 자유로부터 객관 세계를 구축하고, 또 그럼으로써 처음에는 단지 관념적일 뿐이었던 자신의 자유에 실재적인 현존재를 마련해주는지를 서술한다. 이때의 객관 정신은 "보편적인 객관적 의지"다.[50]

이러한 구성은 『법철학』이 보편 의지를 개념적으로 전제한다는 설정과 잘 상응한다. 그런데 문제는 객관 정신의 기반이 되는 '자유로운 정신'의 체계적 지위가 주관 정신의 철학 내에서 매우 불안정하고, 이러한 불안정성이 다시 『법철학』에서 의지를 개념적으로 규정하는 데에 심각한 영향을 미치고 있다는 점이다.[51] '자유로운 정신'을 자신의 진리로 산출하는 '실천적 정신'의 발전이 갖는 요지는 주관적 의지의 내용을 직접성과 개별성으로부터 정화시켜서 즉자 대자적인 보편 의지로 고양시키는 데에 있다. 「실천적 정신」 단원의 초입에 헤겔은 그 결과를 선취하면서 다음과 같이 말한다.

> **진정한** 자유는 인륜성인데, 이는 의지가 주관적인, 즉 이기적인 내용이 아니라 보편적인 내용을 자신의 목적으로 삼는 것이다.[52]

하지만 헤겔이 '실천적 정신'의 운동을 실제로 전개할 때에는 정신의 발전에 다음과 같은 제한을 걸어놓는다.

> (그러나 주관 정신의 영역 내에서는 정신의 발전을—필자 삽입) 의지하는 지성

이 **객관 정신**이 되는 지점, 즉 의지의 산물이 단지 향유이기를 멈추고 행동과 행위가 되는 지점까지만 추적해야 한다.[53)]

헤겔의 서술 방법에서 일반적으로 한 단계는 자신의 모든 계기들을 완전히 발현하고 이를 통해 자신의 내적 모순 그리고 대립된 계기들의 통일을 즉자적으로 드러냄으로써 다음 단계의 출발점을 내재적으로 마련한 연후에야 비로소 다음 단계로 이행한다. 이러한 변증법적 발전의 원칙에 비추어 볼 때 이와 같은 제한은 납득하기 어려운 것이다. '실천적 정신'의 마지막 단계를 이루는 「행복」 절에서 의지는 비록 욕망의 직접적 개별성으로부터는 정화되었지만 자신의 주관적 개별성으로부터는 아직 해방되지 못한 상태에 머문다. 주관적 자유에 도달하기 위해서는 의지의 자연적 직접성을 부정하는 것만으로도 충분할 수 있다. 그러나 객관적 자유는 의지의 추상적 개별성을 지양할 때에 비로소 가능하다. 그리고 '자유로운 정신'이란 바로 이런 보편적 의지를 말하는 것이다. 그렇다면 「정신학」 장에서 서술된 '실천적 정신'으로부터 '자유로운 정신'으로의 이행은 내재적 논리에 의해 정당화되지 않는다는 것, 즉 '자유로운 정신'은 실은 행위자로서의 정신이 아직 자율적으로 도달하지 못한 단계를 논리적 비약을 통해 선취하여 진술하고 있는 것이라는 결론이 나온다.

이러한 분석은 주관 정신과 객관 정신 간의 체계적 연관에 대한 새로운 해석 가능성을 열어놓는다. 즉, 객관 정신의 출발점이 제3판 『철학 백과전서』가 요구하는 것처럼 '자유로운 정신'이 아니라 실은 제1판과 제2판에서처럼 아직 직접성과 개별성으로부터 완전히 정화되지 못한 '실천적 정신'이라고 가정해보자. (이 가정은 『철학 백과전서』의 여러 판본과 『법철학』 사이의 연대기에 비추어 볼 때 타당하다.) 그러면 왜 객관 정신의 영역에 속하는 『법철학』에서도 의지가 즉자 대자적으로 자유로운 보편 의지를 (토대가 아니라) 목표로 삼아 아직 "**욕망의 순화**" 과정을 다시 거쳐야 하는지를 납득할 수 있게 된다.[54] 따라서 이 해석은 『법철학』의 시초에 주관적 의지가 지닌 상대적 미성숙성을 설득력 있게 설명해준다.

하지만 이 해석은 객관 정신에 관한 철학의 체계 원리에 부합하지 않는다. 만약 이 해석이 옳다면, 주관 정신으로부터 객관 정신으로의 이행은 정신이 질적으로 더 높은 단계로 전진하는 것이 아니라 단지 고찰 대상인 정신의 영역이 하나에서 다른 하나로 전환되는 것을 의미하게 될 것이기 때문이다. 그러나 객관 정신의 철학에서 일차적인 문제는 『논리학』에서 '개념'이 '객관성'으로 스스로를 발전 · 확장시키는 것에 상응하여 즉자 대자적으로 자유로운 정신이 실재 세계 속에서 스스로를 현현하는 것이다. 여기서는 더 이상 주관적인 개별 의지를 보편 의지로 도야시키는 일이 주된 문제가 아니다. 헤겔에 의하면 주관 정신은 세계를 미리 주어진 것으로 받아들이고 또 그의 자기규정이 내적이고 주관적인 개별성에 머무는 반면에, 객관 정신은 객관 세계를 자신의 자유로운 의지로부터 보편적인 형식으로 산출해낸다는 데에 주관 정신과 객관 정신의 근본적인 차이점이 있다. 위의 해석은 이런 발전 연관에서의 차이를 충분히 고려하지 않는다.

이상과 같은 분석은 다음의 결론에 도달한다. '주관 정신'의 철학에서 「자기의식」 단원 이후 「이성」과 「실천적 정신」을 거쳐 「자유로운 정신」에 이르기까지의 논변은 상호주관성의 문제와 관련하여 엄밀한 논리적 정합성을 갖지 못한다. 이 때문에 『법철학』이 속하는 '객관 정신'의 철학은 행위 주체인 주관적 의지의 관점에서 볼 때 '주관 정신'의 철학 말미에서 보편적 상호주관성을 충분히 마련하지 못한 채 시작된다.[55] 즉, 『법철학』은 이미 '보편적 자기의식'을 통해 확보한 인륜적 잠재력이 부당하게도 「이성」 장 이후 다시 상당 부분 거세된 상태에 있는 약화된

'자유로운 정신'을 그 출발점으로 삼게 된다.

2. 보편적으로 승인받은 존재로서 법적 인격자

객관 정신의 영역에 속하는 『법철학』은 '승인을 위한 투쟁'이 주관 정신의 영역에서 이미 종결된 것으로 간주하며, 따라서 "승인의 계기를 자기 안에 이미 내포하고 있고 전제한다."[56] 이러한 전제가 자의적인 것처럼 보일 수도 있지만, 사실은 체계적로 잘 근거 지워져 있을 뿐만 아니라 내용적으로도 수긍할 만한 의미를 지니고 있다. 타자의 자유로운 승인을 얻지 못한 주관적인 권리 주장은, 설사 그것이 강제나 권위의 힘을 빌려 사실적으로 관철될 때라도 한낱 힘에 불과한 것이지 아직 법적 권리는 아니다. 법적 권리는 그 개념상 항상 하나의 사회적 관계다. 헤겔에 의하면 행위 주체가 이미 '보편적으로 승인받은 존재'라는 전제를 통해 『법철학』의 "즉자 대자적인 정신"은 주관적 자기의식의 형태로 나타나는 "현상하는 정신"과 구별된다.[57]

> 법과 법학이 시작되는 자유로운 의지의 입장은, 인간이 자연적 존재로서 그리고 단지 즉자적인 개념으로서 노예제를 받아들일 수도 있는 것이 되는 진실하지 못한 입장을 이미 넘어서 있다.[58]

그런데 『법철학』의 「추상법」 장에서 법적 주체로 등장하는 '인격자'는 실제로 어떤 존재로서 승인받았는가? 『법철학』에서 헤겔은 인격자가 이미 자신의 법적 권리 능력을 보편적으로 승인받은 존재라는 전제에 대한 체계적 근거를 『정신현상학』에서의 승인이론과 『철학 백과전서』에서의 승인이론 양자 모두에서 찾는다.[59] 그런데 문제는 (최소한 헤겔이 『법철학』에서 직접 언급하고 있는 범위 내에서는) 이 두 가지 승인이론이 전혀 다른 귀결을 가지고 있다는 점이다.[60] 헤겔이 추상법의 주체가 되는 '인격자'를 개념적으로 규정하면서 이 두 가지 형태의 승인이론을 그 차이점을 전혀 고려하지 않은 채 이중적으로 끌어들이고 있다는 사실은 상호주관성의 문제에 관해 『법철학』이 보이는 모호성의 근원을 밝히는 데에 중요한 단서가 된다.

우선 형식 체계적인 면에서 본다면 『법철학』은 『철학 백과전서』의 승인이론에 기초를 두고 있다고 보는 것이 합당할 것이다. 그런데 앞장에서 상세히 살펴보았듯이 『철학 백과전서』에서는 승인 투쟁이 '보편적 자기의식'의 생성과 함께 결말을 맺게 된다.[61] 이때 '보편적 자기의식'이란 상호 승인을 통하여 실현되고 또 이를 자각하고 있는 자립적인 개인의 주관성, 즉 상호주관적으로 계몽된 자기의식을 뜻한다.

헤겔에 의하면 이 '보편적 자기의식'이 바로 인륜성의 토대를 형성한다.[62] 그런데 철학적 법학의 목표는 법체계가 "실현된 자유의 왕국"이라는 것을 입증하는 데에 있다.[63] 그렇다면 '보편적 자기의식'이야말로 이러한 시도에 아주 적합한 출발점을 제공한다. 더 나아가 '보편적 자기의식'을 전제할 때에만 비로소 헤겔이 왜 법론을 시작하면서 법적 권리 능력을 서로 존중하라는 '법적 명령'을 별다른 근거를 제시하지 않은 채 법의 근본원리로 설정했는지가 설명된다. 또한 헤겔은 과거의 로마법에서는 한 개인의 법적 권리 능력이 그의 특수한 사회적 지위에 매여 있었던 반면에, 근대의 사법(私法)은 모든 인간의 보편적 자유와 이에 대한 자각적 의식에 근거를 두고 있다는 데에서 자신의 법론과 로마법의 차이를 찾는다.[64]

이러한 생각들에 비추어 본다면 철학적 법학의 출발점은 '보편적 자기의식'으로서 승인받은 존재, 즉 보편적 자기의식의 상호주관적 · 긍정적 자유여야만 할 것이다. 그러나 만약 헤겔이 자신의 『법철학』을 내용적으로 전개할 때 정말 이 전제로부터 출발했었다면, 그의 법론에서 법적 주체는 배타적 개별자가 아닌 보편적 개별자가 되어야 했을 것이고 추상법도 훨씬 더 강한 연대적 인륜성을 담은 내용을 갖게 되었을 것이다.

그러나 내용적인 면에서 헤겔의 법론은 『철학 백과전서』의 '보편적 자기의식'보다는 오히려 『정신현상학』의 '스토아적 자기의식'에 기초를 두고 있다. 『정신현상학』에서는 승인 투쟁의 결과로 발생하는 의식 형태가 '스토아적 자기의식'이다. 그런데 '스토아적 자기의식'은 "순수하게 공허한 일자"에 지나지 않고 또 그의 자유는 "추상적 자유"에 불과하다.[65] 『정신현상학』에 따르면 바로 이런 추상적 개별자의 현존재가 "인격자라는 법적으로 승인받은 존재"고, 그의 부정적 자유가 법적 상태의 원리를 이룬다.[66] 이때 '법적 인격성'은 "절대적으로 개별적이고 다른 모든 사람을 배제하며 소유를 가지는 것"이라고 규정된다.[67]

『법철학』에서 등장하는 법적 주체는 바로 이런 『정신현상학』에서의 '인격자'다. 『정신현상학』에서 '스토아적 자기의식'이 실은 '불행한 의식'임이 밝혀지듯이, 『법철학』에서의 '법적 인격자'는 그 내면에서 두 가지 극단적인 규정으로 분열된 존재다. 한편으로 법적 인격성이라는 측면에서 법적 인격자는 개인의 특수성과는 전혀 무관한 추상적 보편성이다. 그러나 다른 한편 구체적인 특정인이라는 측면에서 그는 동시에 "**직접적 개별자**"여서, 그의 특수성은 "아직 개념의 특수성이 아닌 자연적 의지의 특수성"에 머무른다.[68] 그런데 형식적인 법인 추상법은 각 개별자의 특수성을 배제한 채 법적 인격성의 추상적 보편성과만 관계할 뿐이다.

부정이론적인 관점에서 볼 때 추상법에 관한 헤겔의 서술은 법의 한계에 대한 매우 날카로운 비판을 함축하고 있다. 추상법에는 단지 상호주관성뿐만이 아니라 개인적 자유의 가능성의 조건이 되는 "주관성의 계기"마저도 결핍되어 있다는 것이다.[69] '법적 인격자'는 타자와 무관한 개별자다. 그는 법적 권리 능력을 지닌 추상적인 인격성으로서만 승인받았을 뿐이다. 추상법에서는 누가 법적 인격자고 또 그가 자신의 권리를 실제로 행사하는지는 전혀 문제가 안 된다. 추상법의 주체는 그 담지자를 임의로 대체할 수 있는 내용 없는 가면(persona)에 불과하다. 이러한 추상성 때문에 '법적 인격자'라는 표현은 헤겔에 따르면 "경멸할 만한 것"이다.[70]

그러나 헤겔은 법적 주체에 대한 규정을 로마법에 관한 정신현상학적 기술로부터 끌어옴으로써 이제는 헤겔 자신의 법론이 그가 비판했던 로마법적인 성격을 띠게 된다. 헤겔에게 로마 시대의 법이란 다름 아닌 "단지 추상적이고, 엄청난 것으로 불어나는 자의를 한데 묶는 형식적인 법으로서 모든 개인을 사적 개인으로 그리고 무차별적인 것으로 몰락시키는" 상실된 인륜성이다.[71] 로마법에 대한 헤겔의 이런 신랄한 비판은 실은 헤겔 자신의 법론에 대한 자기비판이 되었어야 한다. 왜냐하면 추상법에 관한 헤겔의 서술이 바로 로마법의 원리 위에 서 있기 때문이다. 비록 헤겔이 당시에도 여전히 커다란 지배력을 갖고 있던 로마법에 포함되어 있는 여러 불합리한 규정들을 극복하는 데에 상당한 공헌을 했지만 사법(私法)의 기본 원리를 규정하는 데에는 여전히 로마법 전통의 상속자에 머무른다.

체계론적인 관점에서 볼 때 문제는 헤겔이 추상법에 관한 이론을 두 가지 상이한 승인 모델에 그 차이점을 고려하지 않고서 동시에 연관시킨다는 데에 있다. 바로 여기에 『법철학』이 상호주관성의 문제에 관해 모호한 입장을 취하게 되는 한 가지 원인이 있다. 한편으로 형식 체계적인 면에서 헤겔은 추상법의 보편적 구속력을 근거 짓기 위해서는 『철학백과전서』에서의 '보편적 자기의식'이 지닌 긍정적 상호주관성을 법의 토대로 삼는다. 그러나 다른 한편 추상법을 내용적으로 규정할 때에는 그가 『정신현상학』의 '스토아적 자기의식'을 출발점으로 삼고서 보편적으로 승인받은 존재를 자기의식의 공허한 자기 관계, 즉 추상적 개별자의 부정적 자유의 한 계기로 후퇴시킨다.

『철학 백과전서』에서의 승인이론에 의하면 개인은 자신의 직접적인 배타적 개별성을 지양하고 자신이 개별성 속에서 동시에 상호주관적으로 보편적인 존재임을 입증했을 때에 비로소 진정으로 '승인받은 존재'가 된다. 이에 따르면 법적 주체는 보편 의지에 의해 매개되고 타자를 승인하면서 타자에 의해 승인받은, 다시 말하면 상호주관적으로 계몽된 개별자여야 한다. 그러나 추상법에 관한 헤겔의 이론에서는 승인받은 존재가 단지 자신의 원자적 개별성에 집착하는 사적 개인의 추상적인 법적 권리 능력으로 그 의미가 축소된다. 이러한 의미 축소를 통해 보편적 승인 상태라는 전제는 개별자의 주관적인 의지 행위에 상호주관적으로 유효한 법적 행위라는 효력을 직접 부여하는 '현재 상태(status quo)의 정당화' 기능을 담당하게 된다.

3. 『논리학』과 『법철학』의 근거이론적 연관성

헤겔에게 '논리적 이념'은 자연과 정신에 관한 구체적인 학문의 "원형자"고 "내적 조형자"다.[72] 구체적 학문들을 고찰할 때 본질적인 관심은 "단지 순수 사유의 형식들의 특수한 표현 양식인 자연과 정신의 형태들 속에서 논리적 형식을 인식하는 것"에 있으므로, 이 구체적인 학문들은 단지 "응용 논리학"에 지나지 않는다.[73] 헤겔은 『법철학』 역시 "그 전체 및 부분들의 형성이 논리적 정신에 기초하고 있는 것"으로 이해되고 평가받기를 원했다.[74] 『법철학』은 사변적 『논리학』을 이미 확보된 유일하게 타당한 학적 방법론으로 전제한다. 『논리학』은 『법철학』에 형식적인 절차와 서술 방식뿐만이 아니라 "내용 분류를 규정하는 원리"까지도 제공한다.[75]

이러한 방법론적 전제는 『법철학』의 내용과 관련해서도 중요한 의미를 지닌다. 헤겔에 따르면 실정적 법규정에 대한 "즉자대자적으로 타당한 정당화"란 오직 논리적인 "개념으로부터의 전개"에 있기 때문이다.[76]

그러므로 『법철학』의 내용이 규범적 타당성을 지닌다는 주장에 대한 보증은 오직 법개념의 서술이 지키는 엄격한 논리성에 있다. 법을 사변적 『논리학』의 원리에 따라 자유의지의 개념으로부터 이성법적으로 정초하려는 헤겔의 법철학은 그 학적 합리성과 엄밀성의 요구에서 법실증주의 모델은 물론이고 근래의 신(新)계약주의 모델이나 담화 윤리 모델을 능가한다.[77]

그러나 헤겔의 『논리학』은 매우 복잡하고 다층적이다. 그렇다면 『법철학』의 구성 원리를 이루는 논리학은 구체적으로 무엇일까? 『법철학』의 구조 논리를 해명한다면 헤겔의 법론이 상호주관성을 억누르고 있는 이유를 정합적으로 설명할 수 있을까? 아니면 이를 통해 오히려 『법철학』이 실제로 어떤 방법론적 문제점을 안고 있다는 사실이 확인될 것인가?

이 질문에 대한 답을 구하고자 할 때 부딪치는 근본적인 어려움은 『논리학』과 『법철학』 간의 구조적 연관의 문제가 지닌 중요성에도 불구하고 헤겔 자신이 이에 대해 명확하게 언급하지 않고 있다는 점이다.

> 나는 사변적 지(知)의 본성을 나의 『논리학』에서 상세하게 개진했다. 그러므로 이 요강에서는 다만 진행과 방법에 관한 설명을 그때그때 첨부했을 따름이다. 내적으로 극히 잡다한 구체적인 대상을 다루면서 모든 개별적인 사항에서 논리적 진행을 증명하고 부각시키는 일은 등한시할 수밖에 없었다. 이는 부분적으로 학적 방법에 관해 이미 잘 알고 있다는 전제 아래 이런 일이 불필요하다고 여길 수 있었기 때문이다.[78]

이에 따라 헤겔은 『법철학』에서 하나의 법형태에서 상위의 다른 법형태로의 이행을 논증적으로 정당화해야 할 곳에 이르면 자주 자신의 『논리학』을 참조하라고 지시한다. 그러나 이는 대부분 간결하고 막연한 참조 지시에 머무르기 때문에 구체적인 논증 절차를 밝혀준다기보다는 오히려 더 모호하게 만드는 경우가 많다. 바로 그렇기 때문에 『법철학』의 체계적 구성 원리를 이루는 논리적 형식과 범주가 정확히 무엇인지를 밝히는 것이 『법철학』의 내용을 이해하는 데에 더욱 중요한 의미를 갖게 된다.

V. 『법철학』의 구조 논리와 그 문제점

그동안 많은 연구자들이 『법철학』의 세 부분을 『논리학』의 세 부분과 일대일 상응 관계로 병렬시킴으로써 『법철학』의 구조 논리를 해명하려고 시도했다. 이에 따르면 『법철학』의 「추상법」 장은 『논리학』의 「존재론」, 「도덕성」 장은 「본질론」, 「인륜성」 장은 「개념론」에 각각 상응한다.[79] 이렇게 해석하는 근거는 헤겔의 후기 체계에서 『논리학』과 실재철학 사이에 반복적인 원환적 상응 관계가 존재한다는 점이다. 헤겔 역시 추상법의 기본 규정을 "직접성, 즉 존재의 형식 속에서의" 의지로,[80] 도덕성은 "의지의 내적 반성과 그의 대자적 동일성"으로,[81] 인륜성은 "의지의 **개념**과 특수 의지인 그 현존재의 통일"로 설정한다.[82] 이러한 해석은 왜 「추상법」과 「도덕성」 장에서는 (최소한 표면상으로) 부정적 자유만이 나타나고 「인륜성」 장에 이르러서야 비로소 긍정적 자유가 실현되는지를 어느 정도 설득력 있게 설명해준다.

그러나 만약 더 깊은 세분화 없이 이런 형식적 도식 틀만을 고집한다면 『법철학』의 구조 논리가 충분히 해명되지 않을뿐더러 내용적으로 잘못된 해석으로 이끌 위험까지 안고 있다. 왜냐하면 이 해석은 헤겔 철학의 부분 체계들 사이에 원환적인 상응 관계 외에도 동시에 직선적인 발전 연관이 있음을 간과하고 있기 때문이다. 실재철학에서 한 가지 범주는 그것의 체계적 위상이 높으면 높을수록 더 많은 논리적 범주들에 의해 중첩적으로 규정된다. 이에 따라 전체 체계의 세 번째 부분을 이루는 '정신철학' 전반이 근본적으로 '개념론'에 기반을 두게 된다.[83] 그렇기 때문에 정신의 운동 형식은 '개념'의 운동 형식과 마찬가지로 '이행'(Übergang)이나 '현상'(Scheinen)과는 구분되는 엄밀한 의미에서의 '발전'(Entwicklung)인 것이다.[84] 그러므로 늦어도 '주관 정신'의 철학 중에서 「정신학」의 단계에서부터는 (따라서 그 이후의 단계인 『법철학』에서도) 정신의 운동이 정신 자신에게 의식된 자기규정의 운동이어야 한다.

이러한 분석으로부터 『법철학』은 더 이상 '존재—본질—개념'이라는 일차적 규정들의 순서에 따라서가 아니라 '보편성—특수성—개별성'이라는 개념 논리적 규정들의 순서에 따라 그 내용이 분류된다는 결론이 나온다. 헤겔 역시 추상법을 "인격성 자체의 자유의 보편적인 것"으로,[85] 도덕성을 "자신의 분리 혹은 **특수한** 실존 속에서의 이념"으로,[86] 인륜성을 "보편 의지와 특수 의지의 동일성"으로 파악한다.[87] 더 나아가 '정신철학' 중에서도 객관 정신에 관한 이론인 『법철학』은 『논리학』에서 「개념론」 중 '객관성'의 영역에 속하게 된다.[88]

이렇게 순수하게 형식 체계적인 규정에 따른다면, 결국 「추상법」 장은 '객관성의 형태로 나타난 개념 논리의 근거 위에서의 존재 논리'에, 「도덕성」 장은 '객관성의 형태로 나타난 개념 논리의 근거 위에서의 본질 논리'에, 「인륜성」 장은 '객관성의 형태로 나타난 개념 논리 자체'에 각각 자신의 논리적 기반을 둔다. 그런데 이렇게 중첩적인 규정들이 헤겔의 『논리학』 중에서 도대체 어떤 논리적 범주와 정확히 일치하는지, 그리고 이 논리적 범주들이 각각 『법철학』에서 어떻게 구체적으로 형태화되어야 하는지를 파악하기란 매우 어렵다.[89] 하지만 지금까지의 논의를 통해 명확해진 바는 『법철학』에서 정신 또는 의지가 갖는 규정들이 더 이상 직접적으로 발견되는 '현존재의 규정들'이 아니라 자유로운 "개념의 규정들"이어야 한다는 점이다.[90]

자유의지의 현존재는 이념적인 “정신적 현존재”, 즉 의지가 자기규정을 통해 산출해낸 “제2의 자연”이다.[91] 이를 논리학적 규정으로 표현하면, 그것은 존재 논리적인 ‘현존재’(Dasein)나 본질 논리적인 ‘실존’(Existenz) 또는 ‘현실성’(Wirklichkeit)과는 구별되는 개념 논리적인 ‘객관적인 것’(das Objektive)이다.[92] ‘법은 자유의 현존재’라고 헤겔이 말할 때 ‘현존재’는 이렇게 개념 논리적으로 매개된 의미에서의 ‘객관적인 것’을 뜻한다. 『법철학』의 주제는 이런 의미로 이해된 “이념의 실체적 내용의 **본질적인 발전**”이다.[93] 그리고 자유 이념이 발전하면서 산출하는 매 단계들은 “그 각각의 고유한 규정 속에서 자유의 현존재”이기 때문에 “자신의 고유한 권리”를 갖는다.[94] 추상법이 비록 도덕성이나 인륜성이 갖는 더 높은 권리에 의해 제한되거나 수정될 수는 있을지언정 결코 파기될 수는 없는 권리를 갖는 까닭은 그것이 엄연히 자유의 이념에 기반을 두고 있는 ‘개념 규정’의 하나이기 때문이다.

실재철학의 진행 속에서 논리적 형식을 찾아내는 데에는 이런 중첩적 규정성 외에도 또 다른 난점이 있다. 그것은 ‘논리적인 것’이 실재철학에서는 순수한 형식으로 나타나지 않고 각각 상이한 “구체적인 형태들” 속에서 표현되는데, 이 구체적인 형태의 경험적 현존재는 학적 사유의 순수한 논리성만 가지고는 추론되지 않는다는 점이다.[95] 그렇기 때문에 순수 학문인 『논리학』과는 달리 실재철학의 서술은 불가피하게 다차원성을 갖게 된다.

> 개념은 자연과 정신 속에서는 외면적인 서술을 갖게 되는데, 이러한 서술에서는 개념의 규정성이 외적인 것, 무상한 것, 부적당한 것에 대한 종속성으로 나타난다.[96]

논리적 사유가 『논리학』 내에서는 자기 관계적이고 이런 의미에서 일차원적인 반면에, 『자연철학』에서는 이미 이차원적인 구조(개념 규정—경험적 현상)를 갖게 되고, 『정신철학』에서는 최소한 삼차원적인 구조 층위(개념 규정—정신—경험적 현존재)를 갖는다. 더 나아가 정신은 자기 자신 속에서 자기 자신을 대상화하는 주체이기 때문에 객관 세계에서의 경험적 현존재 외에도 자기 자신 안에 '의식'이라는 형태의 주관적 현존재를 갖는다. 정신철학의 이러한 방법론적 특수성을 고려하면 헤겔이 『법철학』에서 전개한 논변이 실은 다차원적일 것이라고 추정할 수 있다.

실제로 헤겔은 『법철학』에서 자유 이념의 발전이 ① 개념 규정의 차원, ② 주체 또는 의지의 차원, ③ 사물의 차원이라는 세 가지 차원에서 서술되고 있음을 강의 노트 여러 곳에서 시사하고 있다.[97] 이를 근거로 삼아 『법철학』의 구조 논리를 분석하면 다음과 같이 더 상세하게 서술의 다섯 가지 차원을 구분할 수 있다.[98]

개념 규정	개념의 정신적 형태	정신의 주관적 실존	대상적 현존재	정신적 · 법적 현존재
개념	즉자 대자적으로 자유로운 의지	의식	대상	법
보편성	추상적 보편성이라는 형식 속에서의 자유의지	직접적이고 배타적인 개별 의지 (법적 인격자)	소유	추상법
특수성	특수성이라는 형식 속에서의 자유의지	내적으로 반성하는 특수 의지 (도덕적 주체)	주관성	도덕성
개별성	개별성(구체적 보편성)이라는 형식 속에서의 자유의지	실체적인 보편 의지 (공동체의 구성원)	공동체	인륜성

예를 들어 추상법은 자유 개념의 추상적 보편성인 인격성과 관계하며, 이때 자유의지는 직접적 개별 의지라는 형태로 소유에서 자신의 사물적 현존재를 갖는다. 하나의 개념이 그 시초에서는 아직 추상적이고 직접

성의 형식 속에 있다는 것은 헤겔 특유의 논리적 서술 방법에서 이미 잘 알려져 있는 바다. 마찬가지로 개념 규정 및 그 정신적 형태(1열 및 2열)와 법적 현존재(5열) 간의 논리적 연관, 그리고 의식 형태(3열)와 그 사물적 현존재(4열) 간의 논리적 연관을 이해하는 것 역시 별다른 어려움을 주지 않는다. 그런데 직접성의 형식 속에서의 자유의지(2열)가 배타적인 개별적 주체의 무매개적 의지(3열)인 근거는 무엇인가? 즉, 한편으로 1열 및 2열 및 5열과 다른 한편으로 3열 및 4열은 서로 어떤 논리적 관계에 있는가?

자유의지의 시초 형태가 실현되는 법(추상법)이 추상적이고 형식적이며 의지의 특수성에 대해 무관심하다는 주장은 『논리학』의 개념 규정에 비추어 납득할 수 있다. 바로 이런 형식주의에 추상법의 원리적 한계가 놓여 있는 것이다. 반면에 이 시초의 의지(2열)가 그 특수성에서는 "욕구, 욕망, 충동, 우연적인 자의 등"으로서 단지 미리 주어진 외적 세계에서 자신의 현존재를 찾을 수 있는 '무매개적 개별 의지'라는 주장(3열), 그리고 바로 이렇게 아직 순화되지 않은 개별 의지의 특수성이 추상법의 영역에서 "의지의 의식 전체의 계기"가 되고 사적 권리의 구체적인 내용을 형성한다는 주장(4열)은 수긍하기가 어렵다.[99] 이런 무매개적 개별 의지는 외부 세계를 주어진 것으로 발견하는 "**자연적** 의지"의 규정과 전혀 다를 바가 없다.[100] 그런데 헤겔에 의하면 '자연적 의지'는 주관 정신의 영역에 속하는 것이어서 객관 정신의 영역에서는 더 이상 등장할 수 없는 이미 극복된 하위의 정신 형태다.

객관 정신의 영역에서는 관찰자의 입장에서 본 '개념 규정들'(1열)뿐만 아니라 행위자인 의지 자신의 입장에서 본 '의지 규정들'(3열) 역시 앞서의 도표에서와는 달리 "정신적인 것"이어야 한다.[101] 더 나아가 이미 살펴본 바와 같이 객관 정신의 철학은 근본적으로 '개념론'의 기반 위에 서 있는데, 『논리학』에 의하면 개념 논리의 차원에서 '직접성'은 더 이상 무매개적인 개별적 현존재가 아니라 '보편적인 직접성'이라는 의미를 가지게 된다.

> 개념의 영역에서는 **즉자 대자적**으로 매개를 내포하고 있고 매개의 지양을 통해 발생한 직접성, 즉 **보편적인** 직접성 이외의 그 어떤 직접성도 있을 수 없다. … **보편성**으로서의 직접성이 비로소 개념 규정이다.[102)]

그런데 헤겔은 이런 논리적 개념 규정에 반하여 「추상법」 장 도입 부분에서 마치 자유의 단순한 개념으로부터 의지의 현존재적인 직접성이 논리적으로 추론되는 것처럼 주장한다.[103)] 여기서 헤겔은 개념 논리적인 존재 규정(추상적 보편성)을 특정한 현존재 규정(무매개적 개별성)과 잘못 동일시하고 있다. 헤겔에 의하면 자유의 즉자적인 이념의 "**현존재**"는 직접적인 개별 의지다.[104)] 그러나 이 주장은 객관 정신의 세계가 자유의지에 의해 자율적으로 창출된 자유 규정의 체계라는 헤겔 자신의 근본원칙, 그리고 정신철학에서 '현존재'의 범주가 갖게 되는 개념 논리적 의미, 즉 '객관적인 것'이라는 규정에 부합되지 않는다. 결국 헤겔은 관찰 대상인 자유의지가 이미 그 자체로 개념 논리적 구조를 갖고 있어야 함에도 불구하고 존재 논리적인 현존재의 논리에 따라 논증하고 있는 것이다. 이런 논리적 오류를 통해 행위 주체의 의식(3열)이 개념상 마땅히 지니고 있어야 할 상호주관성이 체계적으로 제거된다. 그런데 헤겔로 하여금 『법철학』에서 이렇게 정합성을 지니지 못하는 논리적 퇴보를 감행하도록 만든 이유가 무엇일까?

이 물음에 대해서는 우선 『법철학』의 중심 과제가 법에 관한 순수한 규범적 학문을 정초하는 것만이 아니라 동시에 법현실을 개념적으로 포착하는 데에 있다고 답변할 수 있다. 사실 법적 인격자에 대한 헤겔의 규정은 근대 세계의 법적 관계에서 개인이 처해 있는 실제 상황과 상당히 일치한다. 그러나 단지 주어진 사실과의 일치가 철학적 법학이 추구하는 개념적 정당화가 될 수는 없다. 지금까지의 분석에서 드러난 방법론적 난점은 다음과 같은 해석을 받아들인다면 해소될 수 있을 것이다. 즉, 헤겔이 주관적인 의지의 규정(3열)을 논리학적 개념 규정(1열)에 의거해서가 아니라 이와는 별개의 서술 방식에 따라 정신현상학적인 의식의 도야 과정에 의거하여 설정하고 있다고 상정하는 것이다. 이러한 해석이 『법철학』의 내용 분석을 통해 옳은 것으로 증명된다면, 우리는 『법철학』이 근본적으로는 법개념의 사변적 논리학이지만 일정한 면에서는 또한 동시에 (일팅이 주장하듯이) 법의식의 현상학이라고 이해할 수 있을 것이다.

사실 이런 해석이 전혀 근거 없는 것은 아니다.[105] 앞의 도표에서 1열에 있는 개념 규정의 순서 '보편—특수—개별'과 비교해 볼 때 3열의 의식 규정은 정반대로 '개별—특수—보편'의 순서를 가지고 있다. 이는 『법철학』이 일정한 면에서 논리학적 서술 방식 외에 이와 다른 정신현상학적 서술 방식도 함께 채용하고 있다는 점을 암시한다. 『정신현상학』에 따르면 정신의 직접적 현존재는 오직 자기 자신과만 관계하면서 자신의 현실성을 직접적인 감각 대상 속에서 찾는 '개별적 의식'이다.[106] 또한 헤겔은 『법철학』에서도 '의식'의 여러 형태에 관해 곳곳에서 언급하고 있다. 추상법의 근본 규정을 이루는 단지 즉자적으로만 자유로운 직접적 의지는 "의식으로서의 **유한성**" 속에 있다.[107] 그리고 도덕성에서는 법이 "의지하는 의식"과 관계하며, 따라서 이제 "**의식**의 관점"이 본격적으로 표면에 등장하게 된다.[108] 마지막으로 인륜성은 "자신의 보편성으로 고양된 특수한 자기의식" 속에서 구체적인 현실성을 획득한다.[109] 그 밖에도 헤겔은 때때로 『법철학』 안에서도 『정신현상학』에서와 마찬가지로 관찰자인 '우리의 관점'과 행위자인 '의식 자체의 관점' 사이에 괴리가 있음을 지적한다.[110]

이러한 언명들은 『법철학』이 실은 두 가지 상이한 대상의 차원에 관계하는 두 가지 상이한 서술 방식을 채용하고 있다는 것을 지시한다. 즉, 『법철학』은 한편으로는 시초부터 이미 내적으로 매개된 보편자로서 항상 현재하고 있고 그 발전 속에서 "결코 포기되지 않는" '개념의 사변적 · 논리적 운동'의 순서를, 다른 한편으로는 정신이 발전의 각 단계에서 자신의 특수한 현존재로 삼지만 상위의 단계로 발전함에 따라 계속 포기해버리는 '의식 형태들의 정신현상학적 운동'의 순서를 따르고 있는 것이다. 헤겔 역시 『법철학』에서 자신이 전개한 논변이 이런 다차원성을 지니고 있다는 사실을 어느 정도 인지하고 있었던 것으로 보인다. 그 역시 "**개념의 형식** 속에서 대자적으로 있는 개념"과 "개념이 자신을 현실화하면서 마련하는 **형태**" 사이의 차이점에 관해 언급하기 때문이다.[111] 이에 따라 자유의지의 개념은 그 발전 속에서 여러 현실적인 형태들, 그것도 소유 등과 같은 경험적 형태들만이 아니라 의식이나 자기의식 등과 같은 정신적 형태들도 갖게 된다.[112]

그런데 이런 '논리학적 개념의 운동'과 '정신현상학적 의식의 운동'이라는 두 가지 서술의 차원은 서로 어떤 관계를 갖고 있는가? 이 질문에 대한 헤겔 자신의 입장은 이중적이다. 한편으로 헤겔은 이 두 가지 진행 계열은 시간적으로나 개념적으로나 서로 구별되어야 한다고 말한다.[113] 철학적 법학의 본질적이고 일차적인 고찰 대상은 개념 자체의 "**내재적 전진**과 그 규정들의 산출"이다.[114] 이러한 개념의 논리적 발전에 대해 주관적 의지의 형태로 나타나는 정신현상학적 계기는 부수적이고 이차적인 의미를 지닐 뿐이다. "단지 의지의 현상의 측면"만을 구성하는 "의식의 관계"는 객관 정신의 영역에 속하는 『법철학』에서는 "더 이상 그 자체로 고찰되지는 않는다."[115] 여기서는 의지 규정들을 "개념으로부터의 이성적 체계로 파악하는 것"이 관건이 된다.[116]

그러나 다른 한편으로 헤겔은 동시에 그 두 가지 진행 계열이 사변적 고찰 속에서는 동일한 것이라고 주장한다.

> 스스로를 산출하는 개념의 순서는 동시에 형태들의 순서다. 학문 안에서는 개념의 발전 속에서의 규정들이 이렇게 고찰되어야 한다. … 보다 사변적인 의미에서는 한 가지 개념이 지닌 현존재의 양식과 이 개념의 규정성은 같은 것이다.[117]

즉, 헤겔의 명시적인 자기 해명과는 달리 『법철학』의 내용 전개에서 정신현상학적 서술 방식이 한낱 이차적인 역할에만 머물지 않는다. 예를 들어 '추상법'에서 '도덕성'으로의 이행은 주관적 의지의 관점에서 논증되고 있다.[118] 헤겔이 『법철학』 중 여러 곳에서 정신철학의 발전 논리에는 적합하지 않는 '이행'에 관해 언급하는 것 자체가 『법철학』에서 정신현상학적 서술 방식이 논리학적 서술 방식만큼이나 방법론적으로 중요한 역할을 하고 있다는 사실에 대한 방증이다.

근본적으로 '법개념의 논리학'이어야 할 『법철학』에서 정신현상학적 계기가 등장한다는 것이 그 자체로 문제가 되는 것은 아니다. 정신현상학적 서술 방식이 동반되는 것은 정신철학의 일부분인 『법철학』에서 불가피하다. 왜냐하면 정신은 그 본성상 스스로를 자신의 구체적인 형태인 의식으로 분화하고 이렇게 분화된 의식의 내재적 운동 속에서 자기 자신으로 복귀하는 과정을 거쳐야만 스스로를 자유로운 존재로 자각하는 즉자 대자적 정신이 될 수 있기 때문이다. 이런 점에서는 '정신철학' 전체가 일정한 면에서 정신현상학적인 성격을 띠고 있다고 할 수 있다. 따라서 논리학적 서술 방식과 정신현상학적 서술 방식은 각각 상이한 차원에서 『법철학』의 정당한 방법론이 될 수 있다.

그런데 문제는 헤겔이 『법철학』을 내용적으로 전개하면서 이 두 가지 서술 방식을 주의 깊게 체계적으로 구분하지 않고 혼용한다는 데에 있다. 논리학적 진행과 정신현상학적 진행은 헤겔의 철학 체계 속에서 분명히 모종의 상응 관계를 가지고 있지만, 그렇다고 해서 양자가 곧바로 동일한 것은 아니다.[119] 이 두 가지 서술 방식은 실제로는 개념(1열 및 그에 상응하는 2열과 5열)과 의식(3열 및 그에 상응하는 4열)이라는 두 가지 상이한 차원의 고찰 대상에 관계하는 것이다. 그렇기 때문에 그 두 가지는 서로 다른 논리적 형식을 따를 뿐만 아니라 객관적으로도 서로 다른 의미를 지니고 있다. 그런데 바로 그 누구보다도 체계적 사유를 중시하는 헤겔이 『법철학』에서는 이 두 가지 상이한 차원의 논증 방식들을 마치 하나의 동일한 진행 계열에 관한 두 가지 관점에 불과한 것처럼 취급하며 혼용하고 있는 것이다.

헤겔의 『법철학』은 자유의 변증법적 의미를 밝히고 법질서가 강제의 질서가 아닌 자유의 질서가 되기 위해서는 개인의 상호주관적 · 긍정적 자유에 기초해야 한다는 사상을 설득력 있게 논증한다. 그럼으로써 헤겔은 법제도를 구성하기 위한 탁월한 규범 원리를 제시해주고 있다. 그러나 그의 『법철학』은 불행하게도 '논리학적 · 개념적 서술'과 '정신현상학적 · 의식이론적 서술'의 혼동이라는 방법론적 오류를 범함으로써 자신의 원리를 일관되게 전개하는 데에 실패했다.

이 두 가지 서술 방식의 혼동은 첫째로 『법철학』에서 '철학의 권리'가 '법의 철학'에 의해 축출되는 결과를 가져왔다.[120] 그리고 이러한 방법론적 문제점은 둘째로 헤겔 자신이 법개념의 존재 근거이자 법형태의 발전 원리로 제시한 자유의 상호주관성이 좁은 의미의 법론을 구체적으로 전개할 때에는 억압되는 결과를 가져왔다. 『법철학』에서 보편적 자기의식의 상호주관적 자유는 개념적으로는 이미 처음부터, 다시 말해 「추상법」과 「도덕성」의 단계에서도 규범적 근본원리로 전제되어 있지만 주관적 의식에게는 은폐되어 있다가 「인륜성」의 단계에 이르러서야 비로소 온전히 회복된다.

| 주 |

서문

1) 유경근 세월호 유가족 대변인, 2014년 5월 21일 세월호 추모 미사에서.
2) 케리 케네디, "해리 우", 『진실을 외쳐라』, 242쪽 이하. 해리 우(중국명: 吳弘達)는 중국계 미국인으로서 대표적인 중국 인권운동가다. 그는 1959년에 베이징지질대학을 다니던 중 정치범으로 검거되어 '라오가이'(勞改)라고 불리는 노동개조소에서 19년간 강제 노동을 하며 수감 생활을 하다가 석방된 후에 미국으로 망명했다.
3) 피히테의 실천철학은 승인이론과 계약론이라는 두 가지 요소를 모두 가지고 있고, 이 두 이질적인 요소들을 어떻게 조화롭게 통일시킬 것인지가 과제로 남게 된다. 반면에 헤겔의 실천철학에서는 칸트와 피히테에게서 아직 남아 있던 계약론의 잔재가 말끔히 일소되고 승인이론으로 완전히 대체된다.
4) E. R. Biering, *Juristische Prinzipienlehre*, Bd. I, 19쪽; G. Jellinek, *Allgemeine Staatslehre*, 333쪽 이하; H. L. A. Hart, *The Concept of Law*, Chap. IV 및 VI 참조.
5) 이하에서 언급되는 연구자들의 연구 성과에 관해서는 책 말미의 참고 문헌 목록을 참조.
6) 여기서 언급한 우리나라 학자들의 연구 성과 역시 참고 문헌 목록을 참조.

제1부 피히테

제1장 칸트의 실천철학에 대한 비판적 수용과 승인이론의 발생

1) K. Bart, *Kirchliche Dogmatik I*, 2, 46쪽 이하.
2) J. Habermas, 『탈 형이상학적 사유』, 40쪽 및 228쪽; 같은 이, "Arbeit und Interaktion", 12쪽 이하. 김오현은 피히테에 대한 하버마스의 비판을 그 타당성에 대

한 진지한 검토 없이 반복하고 있다.(Oh-Hyun Kim, *Ich, Freiheit und Moral*)

3) 김상봉, 「피히테와 '나'의 존재론」, 120쪽 이하.

4) W. Schulz, *Johann Gottlieb Fichte*, 20쪽 이하.

5) Fichte, 『학자의 사명』, 302쪽.

6) 같은 책, 308쪽.

7) 피히테의 후기 철학에서 상호주관성 문제에 관한 연구로는 특히 L. Siep, *Hegels Fichtekritik und die Wissenschaftslehre von 1804*; E. Heller, *Die Theorie der Interpersonalität im Spätwerk J. G. Fichtes*; H. J. Verweyen, *Recht und Sittlichkeit in J. G. Fichtes Gesellschaftslehre*, 3장 이하; K. V. Traver, "Die Konstitution des Ich in der Interpersonalität gemäß der Wissenschaftslehre von 1801/1802" 등을 참조.

8) B. Pascal, 『팡세』, 91, 65쪽 이하; J.-J. Rousseau, "Discours sur l'Origine de l'Inégalité parmi les Hommes", 174쪽 이하 및 195쪽 이하.

9) Th. Hobbes, *Leviathan*, Chap. 11, 86쪽.

10) 칸트 철학의 비판적 계승을 통한 독일 관념론의 발생에 관해서는 특히 R. Kroner, *Von Kant bis Hegel*; P. Rohs, *Johann Gottlieb Fichte* 참조.

11) Fichte, *Über den Begriff der Wissenschaftslehre*, 31쪽.

12) Fichte, *Erste Einleitung in die Wissenschaftslehre*, 420쪽.

13) Fichte, 『신학문론』, 7쪽.

14) 칸트의 『윤리형이상학』(*Die Metaphysik der Sitten*)은 피히테의 『자연법의 기초』가 출판된 다음 해인 1797년에야 비로소 출판되었다. 『윤리형이상학』, 그중에서도 특히 제1부인 법론에서는 피히테가 칸트에게 끼친 영향이 뚜렷하게 나타난다. 그러나 피히테의 승인 개념 및 상호주관성의 원리는 『윤리형이상학』에서도 여전히 반영되지 않는다. 또한 피히테는 자신의 법론이 칸트의 『영구평화론』(*Zum ewigen Frieden*, 1795)에 제시된 법론보다도 시기적으로 더 앞선다고 주장한다.(Fichte, *Das System der Rechtslehre*, 498쪽)

15) 헤겔은 피히테의 철학을 칸트의 주관주의적 · 형식주의적 철학이 심화된 귀결로 간주한다. 그렇기 때문에 칸트에 대한 비판을 주저하지 않고 피히테에게도 연장하거나 혹은 역으로 피히테에 대한 비판을 칸트에 소급하여 적용한다. 양자의 관계에 대한 이런 이해가 물론 근거 없는 것은 아니지만 둘 사이의 중요한 차이를 간과하는 것임은 부인할 수 없다. 칸트와 피히테의 실천철학에 대한 헤겔의 비판에 관해서는 김준수, 「근대 자연법론 비판과 절대적 인륜성의 체계」, 152쪽 이하 참조.

16) Fichte, 『학문론』, 327쪽 참조. 또한 Hegel, 『믿음과 지식』(*Glauben und Wissen*), 236쪽 이하에서 헤겔이 피히테에 대해 제기하는 매우 흡사한 내용의 비판 역시 참조.

17) Fichte, 『윤리론』, 234쪽.

18) 특히 Kant, 『실천이성비판』(*Kritik der praktischen Vernunft*), A 79 이하('순수 실천이성의 원칙들의 연역' 장) 및 A 218 이하 참조.

19) Fichte, 『자연법의 기초』, 7쪽.

20) Fichte, 『윤리론』, 131쪽.

21) 같은 책, 234쪽. Hegel, 『자연법』, 44쪽 역시 참조.

22) Kant, 『실천이성비판』, A 55 이하.

23) Fichte, 『제2서론』, 472쪽.

24) Kant, 『윤리형이상학 정초』, B 100 이하.

25) 이런 문제점은 여러 연구자들에 의해 공통적으로 지적되고 있다. 특히 H. J. Verweyen, *Recht und Sittlichkeit in J. G. Fichtes Gesellschaftslehre*, 89쪽; A. Wildt, *Autonomie und Anerkennung*, 201쪽; E. Düsing, *Intersubjektivität und Selbstbewußtsein*, 218쪽 이하; G. Beck, "From Kant to Hegel", 276쪽 이하; R. R. Williams, *Hegel's Ethics of Recognition*, 32쪽 등을 참조.

26) Fichte, 『윤리론』, 140쪽.

27) 짚은 상호주관성의 문제와 관련하여 칸트와 피히테의 차이를 다음과 같이 설명한다. "자기의식으로부터 간(間)개인성을 자기의식의 필연적 조건으로 도출하는 데에는 두 가지 방식이 있을 수 있다. 첫 번째는 '내적' 법칙 의식이 지닌 형식적 성격을 거쳐서 도출해내는 것이다: 자신의 이성적 의지를 통해 그 규칙의 창시자이자 또한 '복종자'이기도 한 다수의 존재들을 위한 보편적 규칙을 세우는 데에 자신도 공동입법자라는 의식을 누구나 가지고 있다. 이 길은 루소가 제시하고 칸트가 걸었던 길이다. 두 번째는 자기의식이 서로에게 평등한 자유 공간을 허용하는 이성적 존재들의 공동성에 대한 의식이라는 점을 입증하며 도출해내는 것이다. 이것이 피히테의 자연법론이 지닌 핵심 사상이다."(L. Siep, *Praktische Philosophie im Deutschen Idealismus*, 21쪽) 그러나 짚의 이분법적 구분과는 달리 피히테에게는 실은 이 두 가지 길이 모두 있다. 즉, 피히테는 두 번째 길을 통해 첫 번째 길의 타당성을 입증하려고 했다.

28) Fichte, 『신학문론』, 150쪽 이하.

29) Fichte, 『학문론』, 263쪽, 주.

30) Fichte, 『윤리론』, 54쪽 및 131쪽 참조.

31) L. Siep, *Praktische Philosophie im Deutschen Idealismus*, 44쪽 참조.

32) Fichte, 『자연법의 기초』, 17쪽.

33) Fichte, 『윤리론』, 75쪽.

34) Fichte, 『학문론』, 246쪽. 피히테는 『신학문론』, 62쪽, 72쪽, 212쪽 등에서 교호 작용

이라는 범주가 학문론의 구성에 중추적인 역할을 한다는 점을 분명하게 적시한다. 또한 그는 『학문론』 도처에서 자신의 관념론을 관념론과 실재론의 통일인 '비판적 관념론'이라고 규정하면서, 그것은 자아를 모든 실재성의 근거가 되는 실체로 놓고 비아는 그런 자아의 우유적 속성으로 간주하는 '독단적 관념론'과는 전혀 판이하다는 점을 거듭 강조한다.

35) 특히 Fichte, 『학문론』, 159쪽; 『신학문론』, 143쪽; 『윤리론』, 231쪽 등.

36) 피히테의 'Anstoß'는 그동안 '충돌'(유헌식), '저지'(백훈승), '동인'(動因) 등 여러 가지 용어로 옮겨졌고 영어권에서는 주로 'impulse'로 번역되었다. 이 개념은 '외부로부터 오는 기선(機先)과의 만남을 통해 받는 충격'을 뜻하는데, 이를 통해 의식은 자신과는 다른 외부의 그 무엇에 대한 의식 그리고 그것과 대립해 있는 자기 자신에 대한 의식을 획득하게 된다. 여기서는 '부딪힘'으로 옮긴다.

또한 'Aufforderung'은 영어로는 보통 'summon'으로 번역되는데, '요구', '청유', '요청', '부름'(call), '권유' 등의 다양한 의미를 함축하고 있다. 여기서는 '촉구'로 옮긴다.

37) 이런 전환의 중요성에 대해서는 특히 R. R. Williams, *Recognition*, 30쪽; G. Beck, "From Kant to Hegel", 279쪽 이하 참조.

38) Fichte, 『윤리론』, 221쪽.

39) Fichte, 『자연법의 기초』, 47쪽 이하.

40) Fichte, 『윤리론』, 221쪽. 피히테의 자연법 사상을 전적으로 수용하는 초기의 셸링은 이와 같은 생각을 다음과 같은 〔레비나스(E. Levinas)를 연상시키는〕 극적인 표현으로 서술한다. "나의 도덕적 힘이 저항에 부딪치는 곳에 존재하는 것은 더 이상 **자연**일 수가 없다. 나는 전율하며 멈추어 선다. '여기에 **인간**이 있다'고 그것은 나에게 응대하여 외친다. 나는 더 나아가서는 **안 된다**." (Schelling, *Neue Deduktion des Naturrechts*, § 13, 129쪽)

41) 이론이성에서 실천이성으로 선험적 연역에 따라 이행하는 서술 방식을 채택했던 『학문론』과는 달리 『신학문론』에서는 실천 행위에서 직접 출발하여 이로부터 이론적 인식을 이끌어내려는 시도가 이루어진다.

42) Fichte, 『학문론』, 264쪽.

43) 같은 책, 294쪽 이하.

44) Fichte, 『자연법의 기초』, 23쪽.

45) 같은 책, 1쪽, 주에서 피히테는 자신의 자아 개념이 행위에 앞서 존재하는 어떤 실체로 오해받는 것에 대해 강한 불만을 표시한다. 자아를 실체화하는 것은 극복되어야 할 '물자체'의 개념을 다시 끌어들이는 것이 될 테고, 이는 모든 실체를 자아의 절대적 정립 행위로부터 근거 지우려는 선험적 관념론의 기본 원칙에 어긋나는 일일 것

이다. 더 나아가 피히테는 실체 개념 자체를 유동화한다. "실체에서 결코 어떤 고정된 것을 생각해서는 안 되며, 그것은 단순한 변동(Wechsel)이다." (Fichte, 『학문론』, 204쪽)

46) 'Tathandlung'은 그동안 '사행'(事行), '활행'(活行, 유헌식), '실행행위'(김상봉) 등으로 옮겨졌었다. 백훈승(『피히테의 자아론』, 특히 127쪽 이하)은 이런 번역어들의 부적합성을 지적하고, 정립하는 행위(Handlung)와 정립 행위의 결과(Tat)의 동일성, 따라서 정립 주체와 정립된 객체의 동일성이라는 의미에서 '실행'이라는 용어를 제안한다. 필자도 백훈승의 제안을 따른다. 피히테 자신은 'Tathandlung'을 "어떤 객체도 전제하지 않고 스스로를 산출하며, 따라서 행위(Handlung)가 직접 행위 결과(Tat)가 되는 그런 활동(Tätigkeit)"이라고 풀이한다. (Fichte, 『제2서론』, 468쪽)

47) D. Henrich, "Fichtes ursprüngliche Einsicht", 200쪽.

48) Fichte, 『자연법의 기초』, 48쪽.

49) 예컨대 김상봉, 「피히테와 '나'의 존재론」, 109쪽 이하; 백훈승, 『피히테의 자아론』, 242쪽; P. Rohs, *Johann Gottlieb Fichte*, 101쪽; R. R. Williams, *Recognition*, 62쪽 등을 참조.

50) Fichte, 『자연법의 기초』, 80쪽.

51) 피히테에게서 개인들의 상호작용을 통한 상호주관성의 형성이 상호주관성을 비로소 생성하는 구성 과정인지 아니면 객관적으로는 삶의 지평으로 이미 주어져 있는 상호주관성을 주관적으로 자각하고 내면화하는 과정인지는 명확하게 단언할 수 없다. 다만 초기의 선험철학에서는 전자의 경향이 상대적으로 우세한 반면, 문화와 역사와 언어 속에서 현현하는 대(大)자아(das große Selbst)로서의 존재를 모든 현존재의 근거로 삼는 (대략 1800년 이후의) 후기 철학에서는 후자의 측면이 보다 더 강조된다.

52) Fichte, 『학문론』, 222쪽 및 『신학문론』, 172쪽. 여기서 '실용적'(pragmatisch)이라는 용어는 고대 그리스어의 어원에 따라 '실행적' 또는 '실천적'이라는 의미로 사용된다. 후에 헤겔 역시 자신의 『정신현상학』을 "**의식의 경험**의 학"으로 규정한다. 〔Hegel, 『정신현상학』, 80쪽〕 『정신현상학』으로 그 정점에 달하는 예나 시기, 그중에서도 특히 예나 중기 이후의 헤겔의 저작들은 피히테의 의식철학적 · 현상학적 방법론에 덕 입은 바가 크다.

53) Fichte, 『제2서론』, 454쪽 이하. 헤겔의 현상학적 방법과 관련하여 많이 논의되고 있는 '우리의 개입'(unsere Zutat) 문제도 바로 이 구절에서 벌써 거론되고 있다. '의식의 관점'과 '우리의 관점'의 구분에 관해서는 Fichte, 『신학문론』, 102쪽 및 183쪽; Hegel, 『정신현상학』, 77쪽 이하 역시 참조.

54) 이에 대해 L. Siep, *Praktische Philosophie im Deutschen Idealismus*, 46쪽 이

하 참조.

55) Fichte, 『자연법의 기초』, 39쪽.

56) Fichte, *Das System der Rechtslehre*, 498쪽 이하. 물론 피히테 이전에도 플라톤 이래 합리주의적 자연법론은 근본적으로 이성법의 체계였다. 그러나 참다운 자연법은 이성법이며 이는 이른바 자연 상태가 아닌 사회 상태에서만 가능하다고 명시적으로 선언한 최초의 사람은 피히테다. 피히테의 법론과 칸트의 법론 사이의 연대기적 선후 관계에 관해서는 논란이 있을 수 있으나 칸트도 "일체의 법명제는 이성 법칙(dictamina rationis)이다"라고 선언했다.(Kant, 『윤리형이상학 정초』, B 63)

57) Fichte, 『윤리론』, 222쪽.

58) Fichte, 『자연법의 기초』, 8쪽 및 53쪽.

59) Fichte, 『윤리론』, 253쪽.

제2장 피히테의 승인이론의 구조

1) Fichte, 『자연법의 기초』, §§ 1~4, 17쪽 이하.

2) Fichte, 『윤리론』, 212쪽 이하.

3) Fichte, 『자연법의 기초』, 85쪽.

4) 같은 책, 44쪽 및 8쪽.

5) 같은 책, 17쪽.

6) 같은 책, 30쪽.

7) 같은 책, 41쪽.

8) 이 세 가지 정리는 『학문론』에서 제시되었던 자기 정립(동일성, 실재성), 반정립(대립, 부정), 분할 정립(교호 작용, 제한)이라는 세 가지 공리에 각각 상응한다. 그 원제에서도 알 수 있듯이 『자연법의 기초』는 기본적으로 『학문론』의 원리에 토대를 두고 있다. 그러나 타아와의 상호주관적 관계가 핵심 원리로 등장하는 『자연법의 기초』와는 달리 『학문론』에서는 비아와의 교호 작용만 다루어질 뿐 비아 일반으로 환원되지 않는 고유한 질과 지위를 갖는 '너'(타아)와의 인격적 상호 관계는 아직 독립적인 범주로 논제화되지 않는다. 그렇기 때문에 상호주관성의 문제와 관련하여 『학문론』과 『자연법의 기초』 사이의 관계에 관해 많은 논란이 벌어지고 있다. 이 논쟁에서 대체로 세 가지 입장을 대별할 수 있다. 첫 번째는 『학문론』 속에 이미 상호주관성에 관한 논의가 충분히 전개되고 있고, 『자연법의 기초』에서는 그것이 단지 보다 더 구체화되고 있을 뿐이라는 입장이다. 두 번째는 이와 반대로 상호주관성에 관한 사유가 『학문론』에는 결여되어 있고 『자연법의 기초』에서 새롭게 등장한다는 입장이다. 세 번째는 상호주관성의 원리가 『학문론』에 단초적인 형태로 함유되어 있기는 하지만 『자연법의 기초』에서 비로소 변양되고 확장되면서 활성화된다는 입장이다. 이 논쟁은 E.

Düsing, *Intersubjektivität und Selbstbewußtsein*, 261쪽, 주 117; 백훈승, 『피히테의 자아론』, 238쪽, 주 438에 잘 정리되어 있다. 필자의 견해로는—『학문론』, 188쪽 이하("자아를 위한 법칙": "너 없이는 내가 없고, 나 없이는 네가 없다.") 및 『학문론』과 같은 시기에 집필된 『학자의 사명』, 302쪽 이하에서 확인할 수 있듯이—상호주관성의 문제는 초기의 피히테에게서부터 이미 그의 사유의 중심 문제 중 하나였다. 다만 선험철학적 보편 존재론이라는 틀 속에 머물던 『학문론』에서는 타아가 비아와 구별되는 고유한 범주로 미처 본격적으로 주제화되지 못했다. 그러나 피히테는 『학문론』에서 아직 해결하지 못했던 과제인 자아 안의 무한성과 유한성의 종합이라는 문제에 관해 『자연법의 기초』에서 타아와의 상호주관적 관계를 매개로 그 해결의 단초를 발견했고, 이에 대한 자각이 『신학문론』 같은 이후의 학문론에서 상호주관성을 범주적으로 반영하게 된 계기로 보인다.

9) Fichte, 『자연법의 기초』, 52쪽.

10) 같은 책, 10쪽.

11) 같은 책, 91쪽 및 123쪽.

12) 같은 책, 11쪽 및 53쪽.

13) 같은 책, 19쪽.

14) W. Weischedel, *Der frühe Fichte*, 129쪽; E. Düsing, *Intersubjektivität und Selbstbewußtsein*, 241쪽 참조.

15) Fichte, 『신학문론』, 145쪽.

16) Fichte, 『자연법의 기초』, 46쪽.

17) 같은 책, 85쪽.

18) Fichte, 『학문론』, 144쪽. 『학문론』의 자아조차도 흔히 생각하듯이 스스로를 절대화하는 어떤 신적인 자아가 아니라 무한성과 유한성이라는 두 대립된 계기 사이에서 이를 통합하려고 애쓰는 흔들리는 자아라는 점을 한자경, 「피히테의 자아론」이 균형 잡힌 시각에서 잘 분석하고 있다.

19) Fichte, 『자연법의 기초』, 32쪽.

20) 같은 책, 35쪽. Fichte, 『신학문론』, 230쪽 역시 참조.

21) 개별적 자아의 자기 정립에 선행하여 주어진 사실로서의 생활 세계적 상호주관성을 모든 구체적인 인식과 현실적 사회관계의 근거와 가능 지평으로 파악하려는 '해석학적' 경향은 피히테의 철학에서 후기로 갈수록 더욱 강화된다. 후기의 피히테는 심지어 역사, 문화, 민족, 언어 같은 '대(大)자아' 속에서 개체성의 소멸을 주장하는 '스피노자적' 입장으로까지 나아간다.

22) 이런 입장을 피히테는 자신이 견지하는 '비판적 관념론' 또는 '실재-관념론'과 구분하여 '독단적 관념론'이라고 일컬으면서 비판한다.

23) Fichte, 『학자의 사명』, 302쪽.

24) 같은 책, 304쪽.

25) Fichte, 『제2서론』, 502쪽. 물론 이미 『자연법의 기초』, 73쪽에서 "나의 필연적 사유를 내 바깥에 있는 인격자에게 전이시킴"이라는 구절이 등장한다. 그러나 여기서는 타아를 최초로 인지하는 시점이 아니라 이미 타아와의 구체적인 상호 인식 관계라는 상황에서 '전이' 개념이 언급되고 있다. 그런데 후설 역시 '감정 이입'을 대신하여 종종 '전이' 개념을 사용한다.

26) R. Lauth, "Der Begriff der Geschichte bei Fichte", 377쪽. 뒤징은 『자연법의 기초』에서의 논변을 『학자의 사명』과 대조하면서 다음과 같이 특징짓는다. "피히테에게서는 구체적인 인간 자아의 형성사가 인격적인 상대의 실제적인 현재적 실존 및 그가 나에게 미치는 영향에 의존해 있다는 점에서 타자가 탁월한 존귀함을 지닌다. … 『자연법의 기초』에서 상대방으로서의 너는 더 이상 단지 뜻을 같이하는 상대 짝을 향한 이성의 욕구를 충족시키면서 완성되는 자기의식을 위한 조건이 아니다. 이를 넘어서 독자적이고 자기의식적인 실존으로서의 너는 나의 자기의식화의 근원지다. 그렇기 때문에 타아가 단지 자아의 무의식적인 생산적 구상력이 만들어낸 허상에 지나지 않는 것이 아닐까라는 어떠한 의심도 결정적으로 제거된다." (E. Düsing, *Intersubjektivität und Selbstbewußtsein*, 247쪽)

27) Fichte, 『자연법의 기초』, 31쪽 이하.

28) 같은 책, 32쪽.

29) 같은 책, 33쪽.

30) 피히테의 이 논변은 후에 헤겔이 『정신현상학』에서 제시하는 논변과 비견할 만하다. 헤겔은 다음과 같은 방식으로 타아 존재의 필연성을 이끌어낸다. 욕망하는 자기의식은 비자립적인 사물과의 부정적인 지배 관계 속에서는 오히려 자기동일성의 파괴를 경험하게 된다. 오히려 자기의식은 욕망의 대상이 또 다른 자립적 자기의식이 되고 이런 타아와 상호주관적으로 소통할 때에만 욕망의 진정한 충족과 자기동일성을 성취할 수 있다. 즉, 타아는 자아의 자기 정립(자기의식)을 위한 필연적 조건이다. 이에 관해서는 제5장 II절 참조.

31) Fichte, 『윤리론』, 220쪽 이하.

32) Fichte, 『신학문론』, 150쪽.

33) Fichte, 『윤리론』, 223쪽 및 『자연법의 기초』, 37쪽.

34) Fichte, 『윤리론』, 223쪽 이하.

35) Fichte, 『자연법의 기초』, 114쪽.

36) 같은 책, 85쪽.

37) 같은 책, 75쪽.

38) Fichte, 『신학문론』, 230쪽.

39) 물론 레비나스에게서는 타인과의 대면적 관계가 인식 이전에 성립하는 유일한 개별자에 대한 윤리적 관계인 반면에, 피히테에게서는 타인의 신체와의 만남이 개별자를 비아의 영역에서 인간종의 영역으로 보편화하면서 견인하는, 일차적으로 인식적인 관계라는 차이가 있다.

40) Fichte, 『자연법의 기초』, 90쪽 이하.

41) 같은 책, 33쪽.

42) Fichte, 『신학문론』, 180쪽.

43) Fichte, 『자연법의 기초』, 47쪽.

44) 같은 책, 44쪽.

45) 같은 책, 45쪽.

46) 같은 책, 52쪽.

47) 특히 같은 책, 43쪽 이하 참조.

48) 이 촉구를 인간의 신체가 직접적으로 제기하는 제1차 촉구와 구별하여 '제2차 촉구'라고 부를 수 있겠다.

49) 이하는 『신학문론』, 181쪽 및 230쪽에 서술된 피히테의 사유를 현대적인 용어로 해석하고 재구성한 것이다.

50) '촉구'의 이해 가능성 문제에 대해서는 『자연법의 기초』, 36쪽 및 『윤리론』, 220쪽 이하에서도 논의된다.

51) Fichte, 『신학문론』, 181쪽.

52) 같은 곳.

53) 피히테에 대해 대단히 비판적인 하버마스의 화용론적 담화이론이 실은 피히테의 승인이론과 상당한 친화성을 가지고 있다는 점을 여기서 알 수 있다. 그렇기 때문에 짚은 피히테의 승인이론을 "일종의 법의 '의사소통이론'"이라고 특징짓는다.(L. Siep, *Praktische Philosophie im Deutschen Idealismus*, 34쪽)

54) Fichte, 『학문론』, 279쪽.

55) Fichte, 『윤리론』, 221쪽.

56) Fichte, 『자연법의 기초』, 54쪽.

57) 백훈승, 바우만, 뒤징, 헬러, 윌리엄스 등 대다수의 연구자가 이런 견해를 지지한다.(백훈승, 『피히테의 자아론』, 224쪽; P. Baumann, *Fichtes ursprüngliches System*, 181쪽; E. Düsing, *Intersubjektivität und Selbstbewußtsein*, 256쪽 이하 및 285쪽 이하; E. Heller, *Die Theorie der Interpersonalität im Spätwerk J. G. Fichtes*, 59쪽; R. R. Williams, *Hegel's Ethics of Recognition*, 36쪽) 페어바이엔 역시 이 진영으로 분류할 수 있겠는데, 다만 그는 앞서 언급한 연구자들과는 달리 『자연법의 기초』 § 3의 '촉구' 속에 내포되어 있던 근

원적 상호주관성이 § 4의 법관계에서 자유의 상호 제한으로 축소되고 있다고 비판적으로 파악한다.(H. J. Verweyen, *Recht und Sittlichkeit in J. G. Fichtes Gesellschaftslehre*, 92쪽 이하 및 341쪽)

58) 미드(G. H. Mead)의 표현을 빌려 말하자면 피히테의 '촉구'는 적어도 단순히 상호작용하는 '몸짓'(gesture)들의 메커니즘을 넘어서 자기 자신의 행위를 타자와의 관계 속에서 의식적으로 조율하는 '음성적 몸짓'(vocal gesture)의 단계에 상응한다.

59) Fichte, 『자연법의 기초』, 85쪽 및 74쪽.

60) 같은 책, 85쪽 및 50쪽.

61) 같은 책, 128쪽.

62) 같은 책, 49쪽 참조.

63) L. Siep, *Praktische Philosophie im Deutschen Idealismus*, 48쪽 참조.

64) Fichte, 『윤리론』, 226쪽 이하. Schelling, *System des transcendentalen Idealismus*, 539쪽 이하 역시 참조.

65) Fichte, 『자연법의 기초』, 142쪽.

66) Th. Hobbes, *Leviathan*, Chap. 17, 154쪽.

67) Fichte, 『자연법의 기초』, 44쪽.

68) 같은 책, 44쪽 및 47쪽.

69) L. Siep, *Praktische Philosophie im Deutschen Idealismus*, 50쪽 참조.

70) Fichte, 『자연법의 기초』, 44쪽 및 50쪽.

71) G. Beck, "From Kant to Hegel", 280쪽 참조.

72) Fichte, 『학문론』, 195쪽.

73) 같은 책, 311쪽.

74) '변화'(Veränderung)란 실체는 동일하게 유지되면서 그 속성이 바뀌는 것을 말하고, '타자화'(Veranderung)는 실체 자체가 다른 것으로 변하거나 자신의 속성으로 해체되는 것을 의미한다. '변화'와 '타자화'의 개념적 구별에 대해서는 M. Theunissen, *Sein und Schein*, 239쪽 이하 참조.

75) 백훈승, 『피히테의 자아론』, 44쪽 참조.

76) 『자연법의 기초』, 52쪽 및 142쪽 이하 참조.

77) Hegel, 『차이』(*Differenz des Fichte'schen und Schelling'schen Systems der Philosophie*), 54쪽 이하.

78) Fichte, 『자연법의 기초』, 152쪽.

79) 이 문제점은 여러 연구자들에 의해 공통적으로 지적되었다. 예를 들어 L. Siep, *Anerkennung als Prinzip der praktischen Philosophie*, 22쪽; A. Wildt, *Autonomie und Anerkennung*, 270쪽; R. R. Williams, *Recognition*, 64쪽 참조.

2부 헤겔

제3장 승인 개념의 구조와 승인 운동의 단계

1) 헤겔의 승인이론에 대한 사회이론적 분석으로는 H. Marcuse, *Reason and Revolution*; A. Kojève, 『역사와 현실 변증법』; G. Lukács, *Der junge Hegel*; J. Ritsert, "Die Dialektik der Anerkennung in Hegels 'Herr und Knecht'"; 같은 이, *Das Bellen des toten Hundes* 등이 있다. 자유주의적 입장에 선 M. Riedel, *Studien zu Hegels Rechtsphilosophie* 역시 중요한 연구 성과물이다.
2) 의식이론적 분석으로는 G. A. Kelly, "Bemerkungen zu Hegels 'Herrschaft und Knechtchaft'"; H.-G. Gadamer, "Hegels Dialektik des Selbstbewußtseins" 그리고 극단적인 의식 관념론으로 해석하는 W. Becker, "Hegels Dialektik von 'Herr' und 'Knecht'"가 있다.
3) J. Habermas, "Arbeit und Interaktion"이라는 선구적인 논문과 함께 근래의 중요한 성과물로는 L. Siep, "Der Kampf um Anerkennung"; 같은 이, *Anerkennung als Prinzip der praktischen Philosophie*; A. Wildt, *Autonomie und Anerkennung*; E. Düsing, *Intersubjektivität und Selbstbewußtsein*; A. Honneth, *Kampf um Anerkennung* 등이 있다.
4) Hegel, 『체계 기획 III』, 221쪽.
5) A. Honneth, *Kampf um Anerkennung*, 45쪽 및 211쪽 참조. 호네트는 세 번째 단계를 '절대적 인륜성' 대신 '연대성'이라고 표현한다. 호네트와 필자가 채택하는 3단계 승인 모델과는 달리 짚은 개인들 간의 법적 승인 단계 및 개별 의지와 보편 의지 간의 승인 단계, 그리고 뒤징은 사랑의 단계와 법적 승인의 단계라는 두 단계만을 받아들인다.(L. Siep, *Anerkennung als Prinzip der praktischen Philosophie*, 53쪽 이하; E. Düsing, *Intersubjektivität und Selbstbewußtsein*, 308쪽 이하) 필자에 대한 박구용의 평가는 이런 해석의 차이점을 간과한 것이다.(박구용, 『우리 안의 타자』, 218쪽, 주 6 참조) 박구용의 이 저서는 승인 원리에 입각하여 내 밖의 타자뿐만 아니라 우리 내부에서 이방인으로 배제되고 억압받는 타자에 대한 공동체 내적 식민지화를 향해 비판의 초점을 맞춘다.
6) Hegel, 『정신현상학』, 146쪽.
7) 헤겔의 승인이론의 서술 방법에 관한 좀 더 상세한 논의는 제5장 I절 참조.
8) Hegel, 『정신현상학』, 147쪽.
9) 빌트와 호네트가 이렇게 해석하고 있다.(A. Wildt, *Autonomie und Anerkennung*, 339쪽 이하; A. Honneth, *Kampf um Anerkennung*, 73쪽) 그런데 이런 해석학적 시각의 이해가 지닌 가장 큰 결함은 헤겔에게서 승인 운동이 동시에 상호주관성의 자율적 창출 과정임을 전혀 도외시한다는 점이다. 의식철학적 · 현상학적 방법을 도입하는 예나 중기

부터 헤겔은 더 이상 『인륜성의 체계』에서처럼 '자연적 인륜성'을 전제하지 않고 개별적 의식의 운동을 통해 인륜성을 비로소 구성하려고 한다.

10) Hegel, 『정신현상학』, 146쪽.

11) 같은 책, 147쪽.

12) 같은 곳.

13) 같은 책, 146쪽.

14) 같은 책, 147쪽.

15) 같은 책, 146쪽.

16) 같은 책, 147쪽.

17) 같은 곳.

18) Hegel, 『철학 백과전서』, § 435 Z. 및 § 436 Z. 헤겔의 승인이론을 하나의 전형적인 지배이론으로 보는 벤자민의 해석은 투쟁의 경험 속에서 의식의 탈(脫)자아중심화가 이루어진다는 핵심적인 내용을 간과한 잘못된 견해다.(J. Benjamin, *Die Fesseln der Liebe*, 35쪽)

19) Hegel, 『정신현상학』, 264쪽.

20) 같은 책, 145쪽.

21) 같은 책, 272쪽.

22) Hegel, 『철학 백과전서』, § 436.

23) Hegel, 『정신현상학』, 264쪽 및 145쪽.

24) 같은 책, 145쪽. 여기서 보듯이 헤겔의 정신 개념은 상호주관적으로 구성되고 구조화되어 있다.

25) Hegel, 『체계 기획 III』, 209쪽.

26) 이 때문에 토이니센은 사랑을 "**타자** 속에서 자기 자신에 거함", 반면에 승인 투쟁을 통해 획득하는 자유를 "타자 속에서 자기 **자신**에 거함"이라고 표현한다.(M. Theunissen, *Sein und Schein*, 49쪽)

27) Hegel, 「종교와 사랑」, 249쪽.

28) 같은 책, 247쪽.

29) Hegel, 『체계 기획 III』, 208쪽, 주 3 및 218쪽.

30) A. Kojève, 『역사와 현실 변증법』, 29쪽.

31) Hegel, 『체계 기획 I』, 301쪽, 주.

32) 같은 책, 302쪽.

33) Hegel, 「종교와 사랑」, 248쪽 및 243쪽. 따라서 "내가 당신을 사랑한다고 해서, 그게 당신에게 무슨 상관인가?"라는 괴테의 소설 속 대사는 참된 사랑의 표현이 아니다.(J. W. von Goethe, *Wilhelm Meisters Lehrjahre*, IV, 9)

34) Hegel, 『법철학』, § 158 Z. 사랑하는 사람은 자기에 대한 집착 때문에 타인과 온전히 하나가 되지 못하는 것을 수치스럽게 여긴다. 반면에 법적 인격자는 타인에 맞서 자립적인 권리 주체로 대우받지 못할 때 모욕을 느낀다.

35) 네이글은 '성공적인 성관계'는 "반성적 상호 인식"이라고 규정하면서, 이를 성도착 행위에서 나타나는 불완전한 성관계에 대한 비판적 평가의 기준으로 제시한다.(Th. Nagel, 「성도착 행위」, 26쪽.)

36) Hegel, 『인륜성의 체계』, 27쪽.

37) Hegel, 『법철학』, § 158 Z. 및 「종교와 사랑」, 244쪽.

38) Hegel, 『체계 기획 I』, 302쪽 및 『법철학』, § 162.

39) Hegel, 『체계 기획 III』, 210쪽.

40) Hegel, 「그리스도교의 정신과 그 운명」(*Der Geist des Christentums und sein Schicksal*), 370쪽. 이 초고는 이미 프랑크푸르트 시기 말에 집필된 것이다.

41) Hegel, 『인륜성의 체계』, 27쪽.

42) Hegel, 『체계 기획 III』, 218쪽.

43) 같은 책, 210쪽.

44) Hegel, 『인륜성의 체계』, 27쪽.

45) Hegel, 『인륜성의 체계』, 27쪽 및 『체계 기획 III』, 210쪽.

46) Hegel, 『법철학』, § 158 Z.

47) Hegel, 『체계 기획 I』, 221쪽.

48) 같은 책, 307쪽.

49) 같은 책, 308쪽.

50) 같은 책, 309쪽.

51) Hegel, 『체계 기획 III』, 218쪽.

52) Hegel, 『인륜성의 체계』, 80쪽 이하.

53) Hegel, 『체계 기획 I』, 308쪽.

54) Hegel, 『체계 기획 III』, 221쪽.

55) Hegel, 『체계 기획 I』, 310쪽.

56) 같은 책, 312쪽. 바로 이 점이 또한 『정신현상학』에서 노예를 사물화하는 주인이 "막다른 실존적 골목"에 빠지게 되는 이유이기도 하다.(A. Kojève, 『역사와 현실 변증법』, 48쪽)

57) Hegel, 『체계 기획 III』, 219쪽.

58) Hegel, 『체계 기획 I』, 312쪽.

59) 같은 책, 314쪽.

60) 같은 책, 313쪽.

61) Hegel, 『체계 기획 III』, 221쪽.

62) Hegel, 『체계 기획 I』, 314쪽.

63) Hegel, 『체계 기획 III』, 221쪽.

64) Hegel, 『체계 기획 I』, 314쪽.

65) Hegel, 『체계 기획 III』, 215쪽.

66) 이 때문에 헤겔은 『법철학』에서는 "법의 명령"으로 다음과 같은 일종의 정언명법을 제시한다. "**하나의 인격자가 되어라. 그리고 다른 사람들을 인격자로 존중해라**." (Hegel, 『법철학』, § 36)

67) Hegel, 『체계 기획 III』, 214쪽, 주.

68) 같은 책, 216쪽.

69) Hegel, 『인륜성의 체계』, 42쪽.

70) Hegel, 『체계 기획 III』, 226쪽.

71) 같은 책, 220쪽.

72) 같은 책, 229쪽.

73) 같은 책, 222쪽.

74) Hegel, 『인륜성의 체계』, 91쪽.

75) Hegel, 『체계 기획 III』, 235쪽.

76) 같은 곳. 특히 빌트가 시민법의 추상성에 대항한 범죄의 도덕적 정당성을 강조한다.(A. Wildt, *Autonomie und Anerkennung*, 100쪽 이하)

77) Hegel, 『체계 기획 III』, 235쪽..

78) 같은 곳.

79) 같은 곳.

80) Hegel, 『인륜성의 체계』, 69쪽.

81) 헤겔에 의하면 특히 위하론(威嚇論)에서는 "인간이 그의 명예와 자유에 걸맞게 대우받지 못하고 개처럼 취급받는다."(Hegel, 『법철학』, § 99 Z.)

82) Hegel, 『체계 기획 III』, 230쪽. '법을 통한 자유로의 강제'는 루소가 제시한 사회사상의 핵심이다. 단, 루소는 이 원리를 사회규범 전반에 적용했던 반면에, 헤겔은 형벌론에만 제한적으로 적용하고 법 자체는 철저하게 자유 의지의 원리에 근거를 두고서 전개한다. 법은 강제의 질서가 아닌 자유의 질서고, 법의 강제성은 다만 자유의 침해에 대한 부수적 반작용일 따름이다.

83) 같은 책, 261쪽.

84) 같은 책, 236쪽.

85) 같은 곳, 주 3.

86) 같은 책, 272쪽.

87) 같은 책, 254쪽.

88) 같은 책, 245쪽.

89) 같은 책, 235쪽 이하.

90) 이러한 문제점 때문에 헤겔의 승인이론에 대해 매우 우호적인 짚조차도 다음과 같이 지적한다. "헤겔의 승인이론에서 문제가 되는 것은 결국 환치 불가능한 개체성 속에서의 개별자의 인정과 자기 발견이 아니라 민족의 구성원으로서 개별자를 인정하는 것이다." (L. Siep, "Zur Dialektik der Anerkennung bei Hegel", 394쪽)

91) Hegel, 『정신현상학』, 24쪽.

92) 같은 책, 23쪽.

93) 레비나스도 다음과 같이 묻는다. "어떻게 나는 너 안에 흡수되지 않고 나를 잃지 않으면서 너의 타자성 안에서 나로 남아 있을 수 있는가?" (E. Levinas, 『시간과 타자』, 112쪽) 그런데 레비나스는 자아를 타자 속에서 스스로를 잃지 않는 '자동사적 단자(單子)'로 파악한다. 그래서 타자는 자아에게 (사랑의 관계에서조차) 단지 외재적 관계만을 맺는 '절대적 타자'로 남게 된다. 바로 그렇기 때문에 레비나스에게는 나와 타자의 관계가 상호주관적으로 매개된 승인이 아니라 무매개적이고 신비로운 만남, 논증적으로 서술이 불가능한 얼굴과 얼굴의 직접적 마주함을 통해서만 가능하다.

94) "타자가 순수한 자기의식에 의해 포착된 나 자신의 타자로서가 아니라 타자로서, 즉 너로서 경험되어야 한다는 반론, 헤겔 변증법의 무한성에 대한 모든 반론의 원형이 되는 이 반론은 헤겔에게 진정 들어맞지 않는다. 너에 대한 승인의 문제만큼 『정신현상학』의 변증법적 진행을 결정적으로 규정하는 것은 아마 없을 것이다. … 포이어바흐와 키르케고르의 반박들이 헤겔이 기술한 정신의 형태들 속에서 이미 앞서 사유되어 발견된다는 사실은 반론의 여지가 없다." (H.-G. Gadamer, *Wahrheit und Methode*, 349쪽)

95) 특히 A. Honneth, *Kampf um Anerkennung*은 승인이론의 이런 갈등이론적 측면에 관한 상세한 분석을 제공해준다.

제4장 예나 중기 정신철학에서 승인이론의 변천

1) Hegel, 『자연법』, 95쪽 이하.

2) "1800년 11월 2일 셸링에게 보낸 헤겔의 편지", *Briefe von und an Hegel*, Bd. 1, 59쪽 이하 참조.

3) Hegel, 『자연법』, 39쪽 이하 참조.

4) 실은 『정신현상학』에서도 승인 운동은 「지배와 예속」 장을 넘어서 예컨대 '이성'에서 '정신'으로의 이행 혹은 '종교'에서 '절대지'로의 이행에서도 계속 진행된다. 따라서 「지배와 예속」 장에 국한된 논의는 『정신현상학』 전체의 승인이론에 대한 이해로서

도 불충분하다.

5) 이는 물론 헤겔의 후기 실천철학이 승인 원리와 무관하게 전개되고 있다는 것을 뜻하지는 않는다. 이에 관해서는 후기 『법철학』에서의 상호주관성 문제를 분석하는 제6장 참조.

6) 『인륜성의 체계』는 예나 초기와 중기의 과도기에 속하는 1802～1803년에 집필된 초고 형태의 저작이다. 이 초고는 조금 앞서 집필된 것으로 추정되는 『자연법』(1802～1803)과 시기상으로나 내용상으로나 긴밀한 연관성을 가지고 있다. 『인륜성의 체계』는 헤겔이 자신의 고유한 철학을 독자적인 문체로 제시하려는 최초의 시도이자 또한 그의 전 저작들 중 엄격한 체계성을 지닌 최초의 저술이라는 특징을 가지고 있다. '인륜성의 체계'라는 제목은 헤겔이 직접 붙인 것이 아니라 그의 제자인 로젠크란츠가 본문의 한 구절을 따서 제안한 것을 나중에 몰라(G. Mollat)나 라송(G. Lasson)이 이 초고를 단행본으로 편집하면서 받아들인 것이다.(K. Rosenkranz, *Hegels Leben*, 126쪽 참조)

7) Hegel, 『자연법』, 83쪽 이하.

8) Hegel, 『법철학』, § 4.

9) Hegel, 『인륜성의 체계』, 105쪽.

10) 같은 책, 90쪽.

11) 같은 책, 45쪽.

12) 같은 책, 43쪽.

13) 같은 책, 54쪽.

14) 같은 곳.

15) 같은 책, 44쪽.

16) 같은 책, 79쪽.

17) 같은 책, 86쪽.

18) 같은 책, 10쪽.

19) 같은 책, 148쪽.

20) 같은 책, 88쪽.

21) 같은 책, 94쪽.

22) 『체계 기획 I』은 헤겔이 예나 대학교에서 1803/1804년 겨울학기에 개설한 '사변철학의 체계'라는 명칭의 강의를 위한 원고로 작성되었다. 이 초고가 처음에는 1932년에 호프마이스터(J. Hoffmeister)에 의해 『예나 실재철학 I』(*Jenenser Realphilosophie I*)이라는 제목으로 편집 · 출판되었다. 이는 (현재는 『체계 기획 III』으로 명명되는) 1805～1806년의 초고를 호프마이스터 자신이 1930년에 『예나 실재철학 II』(*Jenenser Realphilosophie II*)라는 제목으로 출판한 전례에 따른 것이었다. 그러나 1805～1806

년의 초고와는 달리 1803~1804년의 초고는 '사변철학의 체계'라는 강의 구상에 따라 본래 (현재 원고가 보존되어 있는) 자연철학과 정신철학 외에도 (지금은 그 원고가 소실되었지만) 논리학 및 형이상학을 포함하고 있었다는 사실이 밝혀짐에 따라 '실재철학'이라는 제목이 적절하지 않다고 판명되었다. 『체계 기획 I』과 『체계 기획 III』에 대한 상세한 해제로는 서정혁, 「헤겔의 예나 시기 정신철학에 대하여」 참조.

23) Hegel, 『체계 기획 I』, 273쪽.

24) 같은 책, 274쪽.

25) 같은 책, 270쪽.

26) 같은 책, 269쪽, 주.

27) 호르스트만과 킴멀레는 이와 같은 의식이론으로의 전환을 헤겔의 정신철학에서 획기적인 발전으로 평가한다.(R.-P. Horstmann, "Probleme der Wandlung in Hegels Jenaer Systemkonzeption", 114쪽; H. Kimmerle, *Das Problem der Abgeschlossenheit des Denkens*, 259쪽)

반면에 호네트는 이런 전환을 통해 헤겔이 "인간의 선행적 상호주관성의 이념을 망각"하게 되었으며, 개별자들 간의 승인 투쟁이 사회화의 기능만을 가질 뿐 개별화, 즉 개인적 자율성의 형성 과정이라는 의미는 더 이상 갖지 못하게 되었고, 이는 "인륜성에 대한 실체주의적 모델"을 결과하게 되었다고 비판한다.(A. Honneth, *Kampf um Anerkennung*, 52쪽 이하 및 99쪽) 뒤징 역시 헤겔이 『체계 기획 I』에서 "스피노자적 실체로서의 정신에 관한 반개인주의적 견해"를 표명한다고 주장한다.(E. Düsing, *Intersubjektivität und Selbstbewußtsein*, 307쪽)

그러나 호네트와 뒤징의 비판은 바로 의식이론으로의 전환이야말로 헤겔 철학의 발전 과정에서 목적론적 · 실체주의적 인륜성 모델을 극복할 수 있는 결정적인 방법론적 계기가 되었다는 점을 간과하고 있다. 스피노자적 실체로서의 인륜성의 이념은 오히려 이런 의식이론적 전환이 일어나기 이전의 저서인 『자연법』이나 『인륜성의 체계』에서 훨씬 더 강하게 나타난다. 『체계 기획 I』에서부터는 인륜성이 자기동일성을 추구하는 개별적 의식들 간의 자율적인 상호 행위를 통해서 비로소 구성되는 결과물이다. 즉, 헤겔은 의식이론적 방법론을 받아들임으로써 개별화의 과정을 동시에 사회적 보편화의 과정으로 서술할 수 있게 된 것이다. 호네트 자신도 헤겔이 의식이론으로 전환한 것이 예나 중기의 저서에서 "의식철학적 틀 내에서 주체들 간의 상호 행위의 관계들을 주체들 각자의 형성 과정의 매개체로 삼도록 강화하는 데에 방해가 되지 않았다"라고 시인한다(A. Honneth, *Kampf um Anerkennung*, 103쪽)

28) Hegel, 『체계 기획 I』, 266쪽.

29) 같은 책, 281쪽.

30) 같은 책, 296쪽.

31) 같은 책, 281쪽.

32) 같은 책, 306쪽.

33) 같은 책, 302쪽.

34) 같은 곳.

35) 제목이 붙어 있지 않은 이 단편이 본래 가족의 역능 안에 포함된 것인지 아니면 독립적인 장을 이루는 것인지는 단언할 수 없다. 그러나 언어, 도구, 가족 재산이 모두 자연과의 관계 속에서 실현되는 정신의 현존태인 반면에, 인륜적 존재로서의 정신 자체가 펼쳐지는 고유한 영역이 존재한다는 진술로 미루어 볼 때(같은 책, 281쪽), 이 단편을 독자적인 장으로 보는 것이 옳을 것이다.

36) 같은 책, 307쪽.

37) 같은 곳.

38) 같은 책, 309쪽, 주.

39) 같은 책, 309쪽.

40) 같은 곳, 주.

41) 같은 책, 309쪽.

42) 같은 책, 313쪽 이하.

43) 같은 책, 308쪽.

44) 같은 책, 309쪽.

45) 같은 책, 312쪽.

46) 같은 곳.

47) 같은 곳.

48) 같은 곳.

49) 같은 책, 312쪽 및 314쪽.

50) Hegel, 『인륜성의 체계』, 53쪽 참조.

51) Hegel, 『체계 기획 I』, 326쪽 참조.

52) 같은 책, 318쪽 이하 참조.

53) 같은 책, 314쪽.

54) 같은 책, 313쪽.

55) 다음 절에서 논할 1805~1806년의 『체계 기획 III』에 앞서 헤겔은 1804~1805년에 『체계 기획 II』(*Jenaer Systementwürfe II*)를 집필한다. 하지만 이 초고에서는 논리학과 형이상학 그리고 자연철학만 다루어질 뿐 정신철학은 누락되었고, 따라서 승인 이론 역시 전개되지 않는다. 단지 「논리학」 내에서 '관계'로부터 '사유의 관계'로 이행하는 부분이나 「형이상학」 내에서 '절대 정신'에 관한 규정 등에서 승인 원리의 개념적 구조를 해명할 수 있는 단초들이 산발적으로 발견될 뿐이다.

56) 이 초고는 헤겔이 1806년 여름학기에 개설한 자연철학과 정신철학에 관한 강의를 위해 작성한 원고로 추정된다.

57) 이 제1장의 제목은 *Gesammelte Werke* Bd. 6의 편집자인 호르스트만이 붙인 것이다. 그에 앞서 호프마이스터는 이 초고를 편집하면서 헤겔의 후기 체계와 제2장의 '현실적 정신'이라는 (헤겔 자신으로부터 유래하는) 제목과의 상응 관계를 고려하여 이 장에 '주관적 정신'이라는 제목을 붙였었다. 그러나 이미 이 장에서 상호주관적 관계인 사랑이나 승인 투쟁 등이 다루어지고 따라서 후기 체계에서의 주관 정신의 영역을 넘어서고 있기 때문에 '주관적 정신'이라는 제목이 적절하지 않은 것으로 판명되었다.

58) Hegel, 『체계 기획 III』, 195쪽 및 205쪽.

59) 같은 책, 208쪽, 주 2.

60) 같은 곳, 주 3.

61) 여기서도 피히테의 영향이 감지된다. 제2장에서 보았듯이 피히테도 승인 운동을 '개연적 인식'에서 '정언적 인식'으로의 이행으로 제시했다.

62) 같은 책, 209쪽 이하.

63) 같은 책, 210쪽.

64) 같은 책, 215쪽 이하.

65) 같은 책, 216쪽, 주 2.

66) 같은 책, 220쪽.

67) 같은 책, 221쪽.

68) 같은 책, 219쪽.

69) 이 때문에 빌트는 헤겔이 이 초고에서 "근원적인 법과 법의식의 이념"을 전제하고 있으며 승인 투쟁은 이미 즉자적으로 유효한 "법과 의무의 앎으로 나아가는 길"을 비유적으로 표현하는 것에 불과하다고 주장한다.(A. Wildt, *Autonomie und Anerkennung*, 360쪽) 그러나 이 해석은 옳지 않다. 우선 『체계 기획 III』은 『인륜성의 체계』와 달리 개인의 의식에 선행하는 인륜성을 전제하지 않는다. 그리고 헤겔의 의식 이론에서 의식의 변화는 항상 의식이 관계를 맺고 있는 대상의 변화에 의해 매개되고 또 역으로 대상의 변화를 초래한다. 즉, 승인 투쟁을 통해 개별 의지로부터 보편 의지로 이행하는 의식의 경험 과정은 단지 미리 주어져 있는 인륜성의 수동적 내면화 과정이 아니라 인륜성 자체의 창출 과정이다.

70) Hegel, 『체계 기획 III』, 222쪽.

71) 같은 곳.

72) 같은 곳, 주 3.

73) 같은 곳, 주 2.

74) 같은 책, 235쪽 이하.
75) 같은 책, 224쪽.
76) 같은 책, 235쪽.
77) 같은 책, 236쪽.
78) 같은 책, 261쪽.
79) 같은 책, 257쪽.
80) 같은 책, 214쪽 참조.
81) 같은 책, 263쪽.

제5장 『정신현상학』과 『철학 백과전서』에서 승인이론의 차이

1) Hegel, 『정신현상학』, 147쪽.
2) J.-P. Sartre, *Das Sein und das Nichts*, 441쪽.
3) Hegel, 『정신현상학』, 147쪽.
4) J.-P. Sartre, *Das Sein und das Nichts*, 441쪽 참조.
5) Hegel, 『정신현상학』, 52쪽. 반면에 오히려 사르트르야말로 대자 존재에 관한 논의에서 데카르트적인 '사유하는 나'의 관점을 고수한다.(J.-P. Sartre, *Das Sein und das Nichts*, 441쪽 이하 참조) 그런데 사르트르 자신이 후설로부터 헤겔로의 커다란 진전은 데카르트적 유아론의 탈피에 있다고 지적한 바 있다.(같은 책, 430쪽 이하) 이와 관련하여 헤겔적 관점에서 사르트르의 선험 현상학적 존재론에 대해 방법론적 비판을 가하는 K. Hartmann, *Grundzüge der Ontologie Sartres in ihrem Verhältnis zu Hegels Logik* 참조.
6) Hegel, 『정신현상학』, 137쪽 및 『철학 백과전서』, § 426 Z.
7) Hegel, 『정신현상학』, 77쪽.
8) 같은 책, 72쪽. 메를로-퐁티도 다음과 같이 말한다. "우리의 상호 관계와 공동의 인간성을 자각하지 않는 한, 우리는 갈등에 대해 자각할 수 없다. 우리의 의식에 대한 상호 승인이 없다면 우리는 서로를 부정하지 않는다. … 적(敵)으로서의 타인에 대한 나의 의식은 동등한 자로서의 타인에 대한 긍정을 내포한다."(M. Merleau-Ponty, *Sense and Non-Sense*, 68쪽) 메를로-퐁티는 헤겔이 바로 이런 통찰을 보여주었다고 높이 평가한다. 더 나아가 그는 하이데거에게서는 개인에 대한 긍정이 결여되어 있기 때문에 의식의 투쟁이나 자유의 대립이 언급되지 않았고, 또 역으로 사르트르에게는 상호 승인의 변증법이 너무 성급하게 중단되기 때문에 대자 존재와 대타 존재 간의 모순이 치유되지 않은 채 남게 되었다고 비판한다.(같은 책, 69쪽)
9) 『철학 백과전서』의 「자기의식」 장은 '욕망'(die Begierde), '승인하는 자기의식'(das anerkennende Selbstbewußtsein), '보편적 자기의식'(das allgemeine Selbstbewußtsein)

으로 세분되어 있다.

10) Hegel, 『정신현상학』, 135쪽.

11) 같은 책, 137쪽 이하. 이런 자기의식의 논리적 구조는 헤겔의 『논리학』에서 '본질'(Wesen)에 상응한다. 본질은 타자와 관계하면서 그럼으로써 자기 자신과 관계하는 것인데, 이때 타자는 본질 자신의 타자, 즉 본질에 의해 정립된 것이다. 헤겔의 자기의식 이론과 논리학의 관계에 관해서는 양운덕, 「≪정신현상학≫의 「자기 의식」 장에서의 승인 운동과 그 구조」; H. Fr. Fulda, "Zur Logik der Phänomenologie"; U. Claesges, "Zum Problem der enzyklopädischen Phänomenologie" 참조. 푀겔러에 따르면 『정신현상학』의 「자기의식」 장은 1805~1806년의 구상 단계에 머문 논리학 초안 중 '생과 인식'의 이념에 상응한다.(O. Pöggeler, *Hegels Idee einer Phänomenologie des Geistes*, 270쪽)

12) Hegel, 『정신현상학』, 145쪽.

13) Hegel, 『철학 백과전서』, § 424 Z.

14) Hegel, 『정신현상학』, 138쪽 및 『철학 백과전서』, § 424.

15) Hegel, 『정신현상학』, 138쪽.

16) Hegel, 『철학 백과전서』, § 425.

17) Hegel, 『정신현상학』, 153쪽.

18) 같은 책, 139쪽 이하.

19) Hegel, 『철학 백과전서』, § 426 Z.

20) Hegel, 『의식론 I』, § [31].

21) J. Hyppolite, 『헤겔의 정신현상학 I』, 200쪽 참조.

22) Hegel, 『철학 백과전서』, § 428 Z.

23) 라캉의 '주체'는 이런 반복 강박증적인 욕망하는 자기의식에 머물러 있다. "주체는 끊임없이 뻗어 있는 욕망의 철길 속에 거의 광적으로 사로잡혀 있다. 욕망은 늘 다른 어떤 것을 끊임없이 추구하는 환유적 운동을 보여준다."(J. Lacan, 『욕망 이론』, 81쪽) 이와 달리 헤겔에게서는 주체가 충족되지 않는 욕망의 존재에 머물지 않는다. 왜냐하면 주체는 욕망의 자기 부정성을 자각함으로써 욕망 존재라는 양식을 탈피할 수 있으며, 주체를 조건 짓는 타자 역시 단지 욕망의 대상인 '남근'(phallus)이 아니라 그 자체가 자립적인 인격자이기 때문이다. 라캉이 보는 인간은 사랑(타자와의 합일)의 실패자다. 반면에 헤겔이 보는 인간은 타인을 사랑하고 타인으로부터 사랑받을 수 있는 존재다.

24) Hegel, 『정신현상학』, 143쪽.

25) 같은 책, 144쪽.

26) A. Kojève, 『역사와 현실 변증법』, 58쪽.

헤겔은 타인의 현전과 의식의 복수성(複數性)은 자아에 의한 의식적 구성 행위의 산물이 아니라 소여되어 있는 우연한 실존적 사실이라는 사르트르의 주장에 전적으로 동의할 것이다. 그러나 헤겔에게 중요한 것은 '타자'가 오직 자아의 내적 부정과 분화를 매개로 해서만 의미론적으로 파악될 수 있다는 점이다. 그런데 이런 타자에 대한 개념적 파악을 통해 자기의식은 타자의 외재성과 자신의 고립된 대자 존재를 동시에 넘어선다.

헤겔의 "인식론적 낙관론"에 대한 사르트르의 비판은 바로 이 지점을 겨냥한다.(J.-P. Sartre, *Das Sein und das Nichts*, 436쪽) 사르트르에 따르면 헤겔은 타자에 대한 자아의 관계가 '이중적인 내적 부정'에 기초한 상호 관계라는 점을 올바로 보았다. 그러나 그는 인식과 존재의 동일성이라는 관념론적 전제 아래 이 관계를 처음부터 인식론적 관계로 파악했기 때문에, 타자가 그 실존적 고유성 속에서 나타나지 못하고 이미 자아에 의해 변형된 '대상-타자'로서만 등장한다는 것이다. 사르트르에 의하면 타자에 대한 자아의 가장 근원적인 관계는 예를 들면 타자의 '응시'(regard)라는 사건을 통해 드러나는 전(前)인식적 존재 관계다.

반성 이전의 존재 관계에 관한 사르트르의 사유는 실제로 헤겔의 승인이론에서 경시되었던 전(前)의식적 차원을 보완하고 확장시켜줄 수 있을 것이다. 그러나 그렇게 하는 대신에 사르트르는 오히려 긍정적 상호주관성의 관계가 존재론적으로 불가능하다는 점을 현상학적으로 입증하는 데에 진력한다. 사르트르에게는 나로부터 승인받은 '주체-타자'조차 여전히 세계 초월적인 타자고 나의 자유를 박탈하는, 그래서 나의 자유를 지키기 위해 부정해야만 하는 적(敵)이다. 사르트르에게 승인은 (심지어 사랑조차도) 화해가 아니라 자기 보존을 위한 지속적이고 자기 파괴적인 투쟁이다.

호네트는 사르트르의 '상호주관론적 부정주의'에 대해 이미 전(前)반성적 상호 행위 속에서도 긍정적 상호주관성이 작용할 수 있다는 사실을 현상학적으로 보여준다.(A. Honneth, "Kampf um Anerkennung. Zu Sartres Theorie der Intersubjektivität")

27) W. Becker, "Hegels Dialektik von 'Herr' und 'Knecht'", 438쪽.

28) 『논리학』의 「대자 존재」 장에서 대자적 일자(一者, Eins)로부터 다수의 일자들이 개념적으로 '산출'되는 것도 이와 동일한 논리로 추론된다.(Hegel, 『논리학 I』, 186쪽 이하 참조)

29) Hegel, 『정신현상학』, 144쪽.

30) 같은 책, 79쪽.

31) 같은 책, 144쪽 이하.

32) 같은 책, 145쪽.

33) 같은 책, 493쪽.

34) 같은 책, 266쪽.

35) 같은 책, 264쪽.

36) 같은 책, 145쪽.

37) 현대의 해석학적 전통에 선 상호주관성 이론가들은 '왜 헤겔이 자기의식 이론에서 곧바로 강한 상호주관성으로부터 출발하지 않고 자아 중심적 주관성으로부터 출발하는가?'라는 질문을 제기한다. 그런데 이 질문은 '왜 논리적 사유가 곧바로 '개념'이라는 진리에서 출발하지 않고 '순수 존재'라는 비진리로부터 출발하는가?'라는 헤겔 자신이 제기한 물음과 유사하다. 이에 대한 헤겔의 답변은 "진리는 자신이 바로 진리임을 입증해야 하기" 때문이다.(Hegel, 『철학 백과전서』, § 83 Z.) 다시 말해 상호주관성은 행위하는 의식 자신에 의해 단순한 주관성에 대한 진리로 비로소 산출되고 인식되어야 한다. 여기서 '자기의식의 발전이 어떻게 구조적으로 서술되어야 하는가?'라는 체계론적 방법론의 문제와 '개인의 자기의식은 실제로 어떻게 구성되는가?'라는 사회 존재론적 발생론의 문제는 주의 깊게 구분되어야 한다.

38) Hegel, 『정신현상학』, 147쪽 이하.

39) 같은 책, 150쪽.

40) 같은 책, 148쪽.

41) 같은 책, 149쪽.

42) 이것이 바로 '왜 상호 승인을 위해 굳이 '생사를 건 투쟁'이 필수적인가?'라는 뒤징의 물음에 대한 헤겔의 답변이다.(E. Düsing, *Intersubjektivität und Selbstbewußtsein*, 320쪽) 헤겔 자신도 『정신현상학』에서 굳이 생사를 건 투쟁이 없이도 상호 승인이 가능하지 않을지를 고심한다. 그러나 그의 견해에 따르면 생사를 건 투쟁을 거치지 않은 승인은 단지 불완전한 형태의 승인받은 존재를 산출할 수 있을 따름이다. "삶을 거는 모험을 하지 않은 개인은 분명 **인격자**로는 인정받을 수 있다. 그러나 그는 자립적 자기의식으로서 승인받은 존재라는 진리에는 다다르지 못한다."(Hegel, 『정신현상학』, 149쪽)

43) A. Kojève, 『역사와 현실 변증법』, 64쪽.

44) 승인 개념의 구조에 관한 상세한 분석으로는 제3장 III-1절 참조.

45) Hegel, 『정신현상학』, 147쪽.

46) Hegel, 『철학 백과전서』, § 436.

47) Hegel, 『정신현상학』, 146쪽.

48) 이런 의미에서 짚은 승인 투쟁이 "의식을 변화시키는 귀결"을 수반한다고 지적한다.(L. Siep, *Praktische Philosophie im Deutschen Idealismus*, 314쪽)

49) Hegel, 『철학 백과전서』, § 436 Z.

50) 같은 책, § 435 Z.

51) Hegel, 『정신현상학』, 272쪽.

52) Hegel, 『철학 백과전서』, § 163 Z.

53) 예를 들면 『정신현상학』에서는 승인 투쟁이 예나 초고들에서처럼 배타적 점유나 또는 타인의 점유를 침해하는 범죄에 의해 촉발되지 않고 다른 자기의식과의 직접적인 조우로 시작된다. 비록 『정신현상학』의 「정신」 장에 이르면 다시 의식 형태와 사회 현실 간의 관계가 고찰되지만, 그것은 「의식」과 「자기의식」 장에서 이루어진 의식이론적 논변과 우회적인 연관만을 갖는다.

54) 제4장에서 보았듯이 예나 중기의 초고들에서는 승인 투쟁이 주인과 노예의 관계로까지 첨예화되지 않고도 자기의식이 승인 투쟁의 모순 속에서 이미 즉자적으로 이루어진 자신의 개별적 대자 존재의 지양을 자각함으로써 극복된다.

55) Hegel, 『정신현상학』, 152쪽.

56) 같은 곳.

57) 뒤징이나 벤자민 등이 이런 부정적인 평가를 한다.(E. Düsing, *Intersubjektivität und Selbstbewußtsein*, 318쪽 이하; J. Benjamin, *Die Fesseln der Liebe*, 56쪽 참조) 반면에 니체와 프로이트의 투쟁 이론이나 코제브의 헤겔 해석을 수용하는 일군의 현대 프랑스 철학자들은 오히려 주인과 노예 간의 갈등 관계 속에서 영속적 해방 투쟁의 역사 또는 자아와 타자 간의 합일의 불가능성에 대한 증거를 긍정적으로 읽어내려고 한다. 특히 J. Lacan, *The Seminar of Jacques Lacan I*, 222쪽 이하; E. Levinas, 『시간과 타자』, 106쪽 참조. 이런 해석에 대해서는 다음과 같은 마르쿠제의 지적이 유효하다. "『정신현상학』이 단지 지배 논리의 발전만을 서술했다면, 그것은 서구 문화의 자기 해석이 되지 못했을 것이다. 지배 논리의 발전은 바로 타인에 대한 적대적 관계에서 나오는 자유 형식의 극복으로 이끈다." (H. Marcuse, *Eros and Civilisation*, 115쪽)

58) Hegel, 『정신현상학』, 156쪽.

59) 같은 책, 152쪽.

60) 같은 책, 153쪽 및 156쪽.

61) 같은 책, 152쪽.

62) 같은 책, 154쪽.

63) 같은 곳.

64) 같은 책, 145쪽.

65) 같은 책, 156쪽.

66) 같은 책, 178쪽.

67) 같은 책, 159쪽.

68) 같은 책, 356쪽.

69) 같은 책, 357쪽.

70) 같은 책, 546쪽

71) 같은 책, 412쪽.

72) 『정신현상학』의 '스토아적 자기의식'과 『법철학』의 '추상법' 간의 체계적 관계와 그로부터 발생하는 문제점에 관해서는 제6장 참조.

73) Hegel, 『정신현상학』, 273쪽.

74) 같은 책, 176쪽.

75) 『정신현상학』에서 승인 투쟁은 실은 「이성」 장 이후에도 지속되며, 「종교」 장에서 "**사랑**의 승인"을 통해 비로소 최종적으로 해소된다.(같은 책, 561쪽)

76) A. Kojève, 『역사와 현실 변증법』, 72쪽 이하.

77) Hegel, 『정신현상학』, 154쪽 이하 참조.

78) G. A. Kelly, "Bemerkungen zu Hegels 'Herrschaft und Knechtschaft'", 198쪽 이하.

79) E. Düsing, *Intersubjektivität und Selbstbewußtsein*, 323쪽 참조.

80) 실제로 헤겔이 『철학 백과전서』 § 435 Z.에서는 이런 결론을 이끌어낸다.

81) 자연적 의식의 망각성에 관해서는 특히 『정신현상학』, 90쪽, 180쪽, 276쪽 참조.

82) 같은 책, 272쪽.

83) J.-P. Sartre, *Das Sein und das Nichts*, 435쪽.

84) 다음 절에서 우리는 헤겔의 후기 승인이론을 살펴보기 위해 1830년의 제3판 『철학 백과전서』를 주된 전거로 삼을 것이다. 그러나 적어도 승인이론에 관한 한 『철학 백과전서』가 1817년의 제1판 『하이델베르크 철학 백과전서』나 1827년의 제2판 『베를린 철학 백과전서』와 중요한 차이를 보이지 않는다. 더 나아가 방금 언급한 자기 수정이 이미 1808~1809년 뉘른베르크 시기의 의식철학에서 이루어진다는 사실을 확인할 수 있다.

85) Hegel, 『정신현상학』, 80쪽.

86) Hegel, 『논리학 II』, 265쪽.

87) Hegel, 『철학 백과전서』, § 429.

88) 같은 책, § 429 Z.

89) 같은 곳.

90) 같은 책, § 431.

91) 같은 책, § 436.

92) 같은 책, § 436 Z. 및 § 435 Z.

93) Hegel, 『정신현상학』, 264쪽.

94) Hegel, 『철학 백과전서』, § 436 Z.

95) 같은 책, § 436 A.

96) 같은 곳.

97) 같은 책, § 436 Z.

98) 이 『의식론 I』을 헤겔은 여전히 '철학으로의 입문'으로 파악하고 있으며, 따라서 이 저서는 이미 완성된 본격적인 철학 체계인 『철학 백과전서』보다는 오히려 예비학적 성격을 지닌 『정신현상학』에 더 가까운 입장에 있다.

99) Hegel, 『의식론 I』, § [32].

100) Hegel, 『의식론 II』, § 38.

101) 푀겔러에 따르면 『정신현상학』의 「자기의식」 장은 저서의 발생사적 관점에서 볼 때 많은 문제들을 안고 있는 곳이다. 왜냐하면 여기서부터 '의식의 경험들'이라는 본래 의도했던 서술 대상 이외에 '정신의 현상들'이라는 틀 속에서 역사적 계기들이 함께 등장하기 시작하기 때문이다.(O. Pöggeler, "Die Komposition der Phänomenologie des Geistes", 352쪽 이하 참조)

102) Hegel, 『철학 백과전서』, § 417. 회슬레 역시 이 문제를 지적하고 있다.(V. Hösle, *Hegels System*, 379쪽 및 386쪽 참조)

103) Hegel, 『철학 백과전서』, § 385.

104) 이 때문에 빌트는 헤겔에게서 보편적 자기의식이 행위의 내용적 원리가 되지 못하고 있음이 분명하다고 비판한다.(A. Wildt, *Autonomie und Anerkennung*, 384쪽 참조)

제6장 『법철학』에서 상호주관성의 문제

1) G. Dulckeit, *Rechtsbegriff und Rechtsgestalt*; J. Binder, "Mein Absoluter Idealismus und Hegel" 참조. 1979년 국제헤겔회의와 관련해서는 논문집 D. Henrich / R.-P. Horstmann (Hg.), *Hegels Philosophie des Rechts* 중에서 특히 H. Fr. Fulda, "Zum Theorietypus der Hegelschen Rechtsphilosophie"; D. Henrich, "Logische Form und reale Totalität"; K.-H. Ilting, "Rechtsphilosophie als Phänomenologie des Bewußtseins der Freiheit"; L. Siep, "Intersubjektivität, Recht und Staat in Hegels ‹Grundlinien der Philosophie des Rechts›"; M. Theunissen, "Die verdrängte Intersubjektivität in Hegels Philosophie des Rechts" 등을 참조. 그러나 이들의 논쟁이 비록 『법철학』의 논리를 해명하기 위한 중요한 출발점을 제공해주기는 했지만, 문제점을 해결했다기보다는 오히려 관점의 다양성과 차이를 명확하게 만들어주었을 뿐이다. 더욱이 이 논쟁은 유감스럽게도 더 이상의 진전을 보지 못했다. 오직 H. Fr. Fulda, "Die Entwicklung des Begriffs in Hegels Rechtsphilosophie"만이 이 주제에 대해 보다 발전된 논의를 하고 있다.

2) 헤겔의 『법철학』에 대한 복잡하고 착종된 수용과 비판의 역사에 관해서는 특히 H. Ottmann, *Individuum und Gemeinschaft bei Hegel*, Bd. 1의 상세한 연구 참조. 그 밖에 K.-H. Ilting, "Einleitung. Die ‹Rechtsphilosophie› von 1820 und Hegels Vorlesungen über Rechtsphilosophie"; M. Theunissen, *Hegels Lehre vom*

absoluten Geist als theologisch-politischer Traktat; M. Riedel, "Einleitung" 등에도 이 문제가 잘 정리되어 있다.

3) V. Hösle, *Hegels System*, 123쪽 이하 및 263쪽 이하 참조.

4) M. Theunissen, *Sein und Schein*, 472쪽 이하 참조.

5) W. Euchner, "Freiheit, Eigentum und Herrschaft bei Hegel"; H. Schnädelbach, "Zum Verhältnis von Logik und Gesellschaftstheorie bei Hegel"; M. Riedel, "Natur und Freiheit in Hegels Rechtsphilosophie"; P. Landau, "Hegels Begründung des Vertragsrechts" 등의 비판적 해석 참조. 이와 대조적으로 J. Ritter, *Metaphysik und Politik*; P. G. Stillman, "Person, Property and Civil Society in the *Philosophy of Right*" 등은 헤겔의 법론을 긍정적인 관점에서 '점유 개인주의적'으로 해석하고 있다.

6) K.-H. Ilting, "Die Struktur der Hegelschen Rechtsphilosophie", 53쪽; H. Ottmann, "Hegelsche Logik und Rechtsphilosophie", 385쪽 참조.

7) Th. Haering, *Hegel. Sein Wollen und sein Werk*, Bd. I, 216쪽.

8) J. Ritter, *Metaphysik und Politik*, 267쪽. 이런 자유주의적 해석에 대해 하버마스는 헤겔이 실체적 인륜성의 이념을 척도로 삼아 추상법에 대해 제기하는 비판이 보다 더 심각하게 받아들여져야 한다고 반박한다.(J. Habermas, *Theorie und Praxis*, 141쪽 참조)

9) K.-H. Ilting, "Rechtsphilosophie als Phänomenologie des Bewußtseins der Freiheit"; M. Theunissen, "Die verdrängte Intersubjektivität in Hegels Philosophie des Rechts" 참조. 여기서 일팅과 토이니센의 중심 명제는 내용적으로 일치한다. 물론 토이니센이 일팅처럼 『법철학』을 '법의식의 현상학'이라고 명시적으로 부르지는 않는다. 그러나 그는 이미 『논리학』을 하나의 특수한 유형의 현상학, 즉 전적인 비(非)진리를 파괴함으로써 진리를 드러내는 부정이론으로 해석한다. 플리킹어가 이런 현상학적 · 부정이론적 관점에서 『법철학』을 재구성한다.(H. G. Flickinger, *Neben der Macht* 참조)

10) L. Siep, "Intersubjektivität, Recht und Staat in Hegels Grundlinien der Philosophie des Rechts"; H. Fr. Fulda, "Zum Theorietypus der Hegelschen Rechtsphilosophie" 참조. 앞에서 언급한 둘카이트와 빈더의 논쟁점이 바로 『법철학』을 일차적으로 '법의 **개념**의 **논리학**'(Logik des Rechtsbegriffs)으로 보아야 하느냐 아니면 '법적 **의식**의 **현상학**'(Phänomenologie des Rechtsbewußtseins)으로 보아야 하느냐는 것이었다.

11) 인륜성 속에서는 "상호적이지 않은 것은 없으며, 개인의 자립성이 그 대자 존재의 해체 속에서, 즉 자기 자신의 **부정** 속에서 대자 존재의 **긍정적** 의미를 얻지 못하는 경우란 없다."(Hegel, 『정신현상학』, 265쪽 이하)

12) Hegel, 『법철학』, § 155.
13) 같은 책, § 268.
14) 같은 책, § 303 A.
15) 같은 책, § 142.
16) 같은 책, § 254 A.
17) 같은 책, § 33 Z.
18) 같은 책, §§ 8~28 참조.
19) 같은 책, § 29. "헤겔은 의지를 이미 주관 정신의 장에서 모든 주관적인 내용으로부터 정화시킨 후에 객관 정신의 주춧돌로 삼음으로써 곧장 '보편 의지'로부터 출발할 수 있었던 것이다. 이 보편 의지는 이들 사상가(루소와 칸트와 피히테 — 필자 삽입)에게서와는 달리 비이성적인 개별 의지의 결과가 아니라 개별 의지 안에 이미 숨겨져 있는 보편적인 이성을 나타낸다." (Fr. Rosenzweig, *Hegel und der Staat*, Bd. 2, 106쪽 이하)
20) Hegel, 『법철학』, § 7.
21) 같은 책, § 29.
22) 같은 책, § 21 A.
23) 헤겔은 '법'이라는 개념을 때로는 주로 추상법의 영역에 한정되는 법률적인 법이라는 좁은 의미로, 또 때로는 추상법만이 아니라 도덕성과 인륜성, 심지어는 '역사의 법정'인 세계사까지도 포함하는 넓은 의미로 사용한다. 이에 관해서는 특히 같은 책, § 33 Z. 참조.
24) 같은 책, § 34.
25) 같은 책, § 34 Z.
26) 같은 책, § 34.
27) 같은 책, § 35.
28) 같은 책, § 5 참조. 추상법의 기초를 이루는 '직접적 의지'(『법철학』, § 34)와 자유 의지의 최초 계기인 '무규정적 의지'(『법철학』, § 5) 사이의 상응 관계에 관해 헤겔 자신이 『법철학』, § 34에 대한 강론에서 언급한다. 그러나 헤겔은 여기서도 자기 오해를 범하고 있다. 왜냐하면 『법철학』, §§ 5~7에서 서술한 의지의 "세 가지 계기"는 체계론적 관점에서 볼 때 추상법, 도덕성, 인륜성이라는 『법철학』의 세 영역을 나누는 기준이 될 수 없기 때문이다. 이 세 가지 계기가 가지는 체계론적 기능은 『논리학』에서 '사유의 세 가지 형식적인 면' — 즉, 오성적인 면, 변증법적인 면, 사변적인 면 — 이 지니는 기능과 일치한다. 그런데 사유의 세 가지 면은 "논리학의 세 부분을 형성하는 것이 아니라" 오히려 "모든 논리적으로 실재적인 것, 즉 모든 개념과 모든 진리 자체의 계기들"인 것이다(『철학 백과전서』, § 168 및 A.). 이로부터 추상법, 도덕성, 인륜성이라는 『법철학』의 세 영역과 『법철학』의 §§ 5~7에서 서술된 자유의지의 세

가지 계기를 단순히 일대일로 대응시키는 것은 오류라는 점이 밝혀진다. 법적 형태화의 모든 영역에서 자유의지는 실은 이 세 가지 계기의 통일, 즉 '개념'으로서 이미 정초되어 있고, 이렇게 내적으로 통합되어 있는 개념이 이제 각각의 영역에서 상이한 규정성들을 가지고서 전개되는 것이다. 『논리학』에서 논리적 사유가 그 시초의 가장 추상적인 규정에서부터 이미 사변적인 것처럼, 『법철학』은 그 체계 논리를 따른다면 처음부터 즉자 대자적 의지의 긍정적 자유에서 출발했어야 한다.

29) 같은 책, § 35.

30) 같은 책, § 34. 이와 달리 『체계 기획 I』과 『체계 기획 III』에서는 상호주관적으로 계몽된 보편 의지, 즉 보편적으로 '승인받은 존재'를 '인격자'로 규정했었다.

31) Hegel, 『법철학』, § 40.

32) 같은 책, § 36.

33) 같은 곳.

34) 같은 책, § 113 A. "**타자**는 아직 여기에 속하지 않는다."(같은 책, § 29 N.) "타자에 대한 배려—엄밀히는 아직 여기에 속하지 않음."(같은 책, § 38 N.)

35) 같은 책, § 38.

36) 같은 책, § 30 A.

37) Hegel, 『철학 백과전서』, § 501.

38) Hegel, 『법철학』, § 35 N.

39) 소유에 대한 사적 권리를 제한할 필요성에 관해서는 같은 책, § 30, § 127, §§ 323 f. 등을 참조.

40) 아도르노는 "개인주의적 사회 속의 개인이라는 상(像)이 헤겔을 인도"했고 그것이 바로 "개인적인 것에 대한 집단주의적 경멸"을 초래했다고 진단한다.(Th. Adorno, *Negative Dialektik*, 336쪽 이하.)

41) Hegel, 『법철학』, § 71.

42) "그러나 (추상법의—필자 삽입) 이런 형식들 속에서 실체적인 것은 보편적인 것이고, 이 보편적인 것은 그 진전된 발전과 형태화 속에서 동일한 것으로 남아 있다."(같은 책, § 95 A.) "하지만 정신은 정신을 향하고—의지는 의지를 향한다. 완성—타자의 의지가 이를(점유 등의 의지 행위를—필자 삽입) 유효한 것으로 받아들이는 것."(같은 책, § 8 N.)

43) 같은 책, § 38 N.

44) 같은 책, § 51.

45) "이것(소유권—필자 삽입)은 기본 규정—추상적—이 개념이 뒤따르는 것들에서 갖는 생산성—오직 그것을 통한 결과들—그것 없이는 뒤따르는 어떤 것도 규정되지 않음—구체적인 것조차—그것의 결과."(같은 책, § 40 N.) 소유에 대한 사적 권리가

국가의 단계에서도 보존되는 것에 관해서는 같은 책, § 188, § 229 Z., § 261 등을 참조.

46) 같은 책, § 1.

47) 같은 책, § 2.

48) Hegel, 『역사 속의 이성』(*Die Vernunft in der Geschichte*), 63쪽. 헤겔은 기존의 자연법을 다루는 방식들을 신랄하게 비판하고 '자연법'이라는 개념 자체에 대해서도 심각한 우려를 표명한다. 하지만 이것이 자연법론의 근본 의도를 거부하고 있다는 것을 의미하지는 않는다. 헤겔의 『법철학』은 역사적인 법현실을 파악하는 기술적(記述的) 학문이면서 동시에 법현실을 비판할 수 있는 영원법의 규범학이고자 한다. 『법철학』에 「자연법과 국가론 강요」라는 부제가 붙어 있음은 이 점에서 매우 시사적이다.

49) Hegel, 『철학 백과전서』, § 481 참조.

50) Hegel, 『하이델베르크 철학 백과전서』, § 399.

51) 1820년에 출판된 『법철학』은 1817년의 제1판 『하이델베르크 철학 백과전서』에 기초하여 쓰였다. 그런데 이 『하이델베르크 철학 백과전서』에서뿐만 아니라 1827년의 제2판 『베를린 철학 백과전서』에서도 '자유로운 정신'에 관한 논의는 아직 독립적인 제목이 없이 「실천적 정신」 단원 내에서 다루어지고 있다. '자유로운 정신'이 '정신학'의 세 번째 단계로 독자적인 단원을 갖게 된 것은 1830년의 제3판 『철학 백과전서』에 이르러서다.

52) Hegel, 『철학 백과전서』, § 469 A.

53) 같은 책, § 469 Z.

54) Hegel, 『법철학』, § 19.

55) Hegel, 『철학 백과전서』, § 482 참조.

56) Hegel, 『법철학』, § 71 A.

57) 같은 책, § 35 A.

58) 같은 책, § 57 A.

59) 같은 책, § 35 A. 및 § 57 A.

60) 만일 『정신현상학』에서 「정신」 장까지 포함하여 그 전체를 하나의 승인 투쟁의 과정으로 이해한다면 『철학 백과전서』에서의 승인이론과 대비되는 내용적 불일치가 상당 부분 해소될 수 있을 것이다. 하지만 헤겔은 『법철학』에서 『정신현상학』과 관련하여 오직 「지배와 예속」 장만을 명시적으로 언급한다. 이 범위 내에서 전개된 『정신현상학』의 승인이론은 이에 상응하는 『철학 백과전서』의 승인이론과 의식 경험의 전개 과정에서는 동일하지만 그 결말에서는 커다란 차이를 보인다. 이에 관해서는 제4장 III절 및 IV절 참조.

61) Hegel, 『철학 백과전서』, § 435.

62) 같은 책, § 436 A.
63) Hegel, 『법철학』, § 4.
64) 같은 책, § 40 A. 참조.
65) Hegel, 『정신현상학』, 356쪽 및 159쪽.
66) 같은 책, 546쪽.
67) 같은 책, 412쪽.
68) Hegel, 『법철학』, § 47 및 § 151 Z.
69) 같은 책, § 141 Z.
70) 같은 책, § 35 Z.
71) 같은 책, § 357.
72) Hegel, 『논리학 II』, 265쪽.
73) Hegel, 『논리학 I』, 84쪽.
74) Hegel, 『법철학』, 12쪽 이하.
75) 같은 책, § 33 A.
76) 같은 책, § 3 A.
77) 신계약주의적 법철학 모델로는 J. Rawls, *A Theory of Justice*; *O. Höffe, Politische Gerechtigkeit* 등을 참조. 또한 담화 윤리론적 모델에 관해서는 K.-O. Apel, "Diskursethik vor der Problematik von Recht und Politik"; J. Habermas, *Faktizität und Geltung* 참조.
78) Hegel, 『법철학』, 12쪽.
79) 특히 L. B. Puntel, "Darstellung, Methode und Struktur", 126쪽; E. Angehrn, *Freiheit und System bei Hegel*, 440쪽 참조.
80) Hegel, 『법철학』, § 34 Z.
81) 같은 책, § 105.
82) 같은 책, § 143.
83) "세 가지 논리적 단계, 즉 1) 직접적 존재 2) 내면화된 것 그리고 이를 통해 상대적인 것인 처음의 것과 관련된 존재, 즉 **본질**, 그리고 3) 매개 속에서도 자유로운 것으로서의 개념은 그 구체적인 현존재를 1) 보편적인 **논리적 이념** 자체, 2) 이념이 단지 본질로만 내재하는 **자연** 그리고 3) **정신**으로 갖는다." (Hegel, "Unveröffentlichte Diktate aus einer Enzyklopädie-Vorlesung Hegels", 21쪽)
84) Hegel, 『철학 백과전서』, § 161 및 § 442 참조.
85) Hegel, 『법철학』, § 119 N.
86) 같은 책, § 33.
87) 같은 책, § 155.

88) 이는 물론 '추상법', '도덕성', '인륜성'이 각각 『논리학』의 「객관성」 장 중에서 '기계론', '화학론', '목적론'에 각각 상응한다고 주장하려는 것은 아니다. 이렇게 병렬시키는 것이 『법철학』을 이해하는 데에 어느 정도 도움이 될 수도 있으나 이를 일대일 대응 관계로 설정하는 것은 불합리할 것이다. 『법철학』이 『논리학』에서의 '객관성'에 상응한다는 말은 단지 『법철학』 전반의 형식적인 기본 논리와 관련해서 이해되어야 한다.

89) 헤겔은 『법철학』에서 때때로 법개념의 발전과 특정한 논리적 판단 형식 간의 상응관계를 지적한다.(Hegel, 『법철학』, § 85, § 88, § 95, § 114 N. 등을 참조) 필자는 『법철학』이 『논리학』 중에서 여러 판단 형식들을 포함하고 있는 「추리론」을 기본 모델로 하여 구성되었다고 추정한다. 이에 대한 전거로는 『철학 백과전서』, § 198 A. 및 『논리학 II』, 424쪽 참조.

90) Hegel, 『철학 백과전서』, § 381 Z.

91) Hegel, 『법철학』, § 4.

92) '객관적인 것'은 "개념으로부터 산출되는 것"으로서 "개념의 **실현**"을 의미한다.(Hegel, 『논리학 II』, 125쪽 및 『철학 백과전서』, § 193)

93) Hegel, 『법철학』, § 28.

94) 같은 책, § 30 A.

95) Hegel, 『논리학 II』, 257쪽 참조.

96) 같은 책, 517쪽 이하.

97) "a) 주체(인격자), b) 사물, c) 〔법의〕 개념 규정이라는 규정 진행의 세 가지 형식들" (Hegel, 『법철학』, § 104 N.) 같은 책, § 105 N. 및 § 151 N. 역시 참조.

98) 이와는 약간의 차이를 가진 H. Fr. Fulda, "Die Entwicklung des Begriffs in Hegels Rechtsphilosophie", 310쪽의 구분 참조.

99) Hegel, 『법철학』, § 37.

100) Hegel, 『철학 백과전서』, § 437.

101) Hegel, 『법철학』, § 8 N.

102) Hegel, 『논리학 II』, 312쪽.

103) 헤겔은 『철학 백과전서』, § 482와 『법철학』, § 34에서 즉자 대자적인 자유의지의 시초적인 추상적 개념으로부터 직접적 의지를 도출하고 있다. 그런데 여기서 이렇게 도출하는 논변은 '존재'로부터 '현존재'로의 엄밀한 논리적 이행도 아니고 또 한 가지 개념에 대응하는 경험적 실존의 단순한 제시도 아니며, 이 두 가지를 한꺼번에 수행하는 "**전환**"(Umschlagen)의 역할을 하는 매우 특이한 성격을 가지고 있다.(Hegel, 『법철학』, § 280)

104) Hegel, 『철학 백과전서』, § 482.

105) 일팅이 '법적 인격자'에 관한 헤겔의 규정을 문제 삼고 있는 것에 대하여 풀다는 개념 규정(1열 및 2열)과 사물적 현존재(4열)간의 연관이 논리적 정합성을 지니고 있음을 보이면서 반박하려고 한다.(H. Fr. Fulda, "Die Entwicklung des Begriffs in Hegels Rechtsphilosophie" 참조) 그러나 이때 풀다는 일팅이 제기하는 비판의 핵심을 간과하고 있다. 일팅에게 중요한 문제는 풀다가 다룬 개념 규정(1열 및 2열)과 사물적 현존재(4열) 간의 관계가 아니라 실은 개념 규정(1열 및 2열)과 의식 형태(3열) 사이의 관계이기 때문이다. 헤겔의 『법철학』에서는 의식의 형태(3열)가 대상의 형태(4열)을 규정하지 그 역은 아니다.

106) Hegel, 『정신현상학』, 38쪽 참조.

107) Hegel, 『법철학』, § 13.

108) 같은 책, § 140 A. 및 § 108.

109) 같은 책, § 258.

110) 같은 책, § 10 및 § 66 A. 참조. 인륜성이 자유 개념의 진리라는 것은 인륜성의 영역에 들어서서야 비로소 "**우리에게는** 처음부터 그랬던 것처럼—이제는 의식의 **대상**"이 된다.(같은 책, § 141 N.)

111) 같은 책, § 33 A. 및 § 1 A.

112) "존재 혹은 현존재의 형식은 의식—그리고 개념의 규정성—전자는 우리가 보아온 형태들을 준다—후자는 개념의 규정성"(같은 책, § 141 N.)

113) 같은 책, § 32 A. 참조. 헤겔은 『정신현상학』에서도 추상적 실체성에서 출발하는 정신의 자기 안에서의 운동과 직접적 현존재에서 출발하는 의식으로 나타나는 정신의 운동을 구분하고 있다.(Hegel, 『정신현상학』, 555쪽 이하 참조)

114) Hegel, 『법철학』, § 30.

115) 같은 책, § 8.

116) 같은 책, § 19.

117) 같은 책, § 32 및 § 32 A.

118) 같은 책, § 104 참조.

119) 사변적 『논리학』은 『정신현상학』에 대해 말하자면 의식의 운동에 대한 '메타 이론'의 지위를 갖는다. 정신현상학적 방법과 논리학적 방법의 차이점에 관해서는 Th. Kesselring, *Die Produktivität der Antinomie*, 72쪽 이하; V. Hösle, *Hegels System*, 100쪽 이하 참조.

120) 풀다에 따르면 헤겔의 법철학은 현존하는 법현실에 대해 한편으로는 '철학의 권리'를 가지고서 비판적으로 수정하고, 다른 한편으로는 '법의 철학'으로서 보수적으로 보호하는 이중적인 역할을 한다.(H. Fr. Fulda, *Das Recht der Philosophie in Hegels Philosophie des Rechts* 참조)

| 참고 문헌 |

김상봉, 「피히테와 '나'의 존재론」, 『철학과 현실』 제30권, 철학과 현실사, 1996.

김성환, 「헤겔의 예나 시기 철학에서 인정 투쟁 모델의 진화」, 『근대철학』 제2집, 서양근대철학회, 2007.

김준수, 「근대 자연법론 비판과 절대적 인륜성의 체계」, 헤겔 저, 『자연법』, 김준수 역, 한길사, 2004.

남기호, 「헤겔 인정 이론의 구조」, 『사회와 철학』 제18호, 사회와 철학 연구회, 2009.

문성훈, 「인정개념의 네 가지 갈등구조와 역동적 사회발전」, 『사회와 철학』 제10호, 사회와 철학 연구회, 2005.

______, 『인정의 시대』, 사월의책, 2014.

______, 「폭력 개념의 인정이론적 재구성」, 『사회와 철학』 제20호, 사회와 철학 연구회, 2010.

박구용, 『우리 안의 타자』, 철학과 현실사, 2003.

______, 「진정성의 윤리와 인정의 정치」, 『용봉인문논총』 제31집, 전남대학교 인문과학연구소, 2000.

백훈승, 『피히테의 자아론』, 신아출판사, 2004.

서정혁, 「헤겔의 예나 시기 정신철학에 대하여」, 헤겔 저, 『헤겔 예나 시기 정신철학』, 서정혁 역, 이제이북스, 2006.

______, 「헤겔의 '인정' 개념에 대한 이해와 오해」, 『철학』 제83집, 한국철학회, 2005.

소병일, 「사랑에서 인정으로」, 『인문과학연구』 제20집, 강원대학교 인문과학연구소, 2008.
_____, 「예나 시기 헤겔의 욕망과 인정 개념」, 『철학』 제98집, 한국철학회, 2009.
양운덕, 「≪정신현상학≫의 「자기 의식」 장에서의 승인 운동과 그 구조」, 『헤겔연구』 제4집, 한국헤겔학회, 지식산업사, 1988.
정미라, 「이성과 상호인정문제」, 『철학논총』 제72집, 새한철학회, 2013.
_____, 「정치사회와 상호승인」, 『철학연구』 제60집, 철학연구회, 2003.
한자경, 「피히테의 자아론—무한과 유한 사이에서 유동하는 자아」, 『철학연구』 제53집, 대한철학회, 1994.
Th. Adorno, *Negative Dialektik*, Frankfurt/M., 1966.
E. Angehrn, *Freiheit und System bei Hegel*, Berlin, 1977.
K.-O. Apel, "Diskursethik vor der Problematik von Recht und Politik", in: K.-O. Apel/M. Kettner (Hg.), *Zur Anwendung der Diskursethik in Politik, Recht und Wissenschaft*, Frankfurt/M., 1992.
K. Bart, *Kirchliche Dogmatik I*, 2, Zürich, 1932.
P. Baumann, *Fichtes ursprüngliches System*, Stuttgart-Bad Cannstatt, 1972.
G. Beck, "From Kant to Hegel. Johann Gottlieb Fichte's Theory of Self-Consciousness", in: *History of European Ideas*, Vol. 22, No. 4, 1996.
W. Becker, "Hegels Dialektik von 'Herr' und 'Knecht'", in: H.-G. Gadamer (Hg.), *Stuttgarter Hegel-Tage 1970*, Hegel-Studien Beih. 11, Bonn, 1974.
J. Benjamin, *Die Fesseln der Liebe*. Psychoanalyse, Feminismus und das Problem der Macht, Hg. von I. Mues, Frankfurt/M., 1993.
E. R. Biering, *Juristische Prinzipienlehre*, Freiburg i. Br., 1894.
J. Binder, "Mein Absoluter Idealismus und Hegel", in: *Zeitschrift für die gesamte Staatswissenschaft* Bd. 98, Heft 3, 1938.
U. Claesges, "Zum Problem der enzyklopädischen Phänome-

nologie", in: L. Eley (Hg.), *Hegels Theorie des subjektiven Geistes in der "Enzyklopädie der philosophischen Wissenschaften im Grundrisse"*, Stuttgart-Bad Cannstatt, 1990.

G. Dulckeit, *Rechtsbegriff und Rechtsgestalt*, Berlin, 1936.

E. Düsing, *Intersubjektivität und Selbstbewußtsein*, Köln, 1986.

W. Euchner, "Freiheit, Eigentum und Herrschaft bei Hegel", in: *Politische Vierteljahresschrift* Bd. 11, Köln, 1970.

J. G. Fichte, *Fichtes Werke*, Hg. von I. H. Fichte, Berlin, 1971.

_____, *Das System der Rechtslehre* (1812), in: Werke XI.

_____, *Einige Vorlesungen über die Bestimmung des Gelehrten* (1794), in: Werke VI.(『학자의 사명』)

_____, *Erste Einleitung in die Wissenschaftslehre* (1797), in: Werke I.

_____, *Grundlage der gesammten Wissenschaftslehre* (1794), in: Werke I.(『학문론』)

_____, *Grundlage des Naturrechts nach Prinzipien der Wissenschaftslehre* (1796), in: Werke III.(『자연법의 기초』)

_____, *System der Sittenlehre nach den Prinzipien der Wissenschaftslehre* (1798), in: Werke IV.(『윤리론』)

_____, *Über den Begriff der Wissenschaftslehre* (1794), in: Werke I.

_____, *Wissenschaftslehre nova methodo* (1798/99), Hg. von E. Fuchs, Hamburg, 1994.(『신학문론』)

_____, *Zweite Einleitung in die Wissenschaftslehre* (1797), in: Werke I.(『제2서론』)

H. G. Flickinger, *Neben der Macht*. Begriff und Krise des bürgerlichen Rechts, Frankfurt/M., 1980.

H. Fr. Fulda, *Das Recht der Philosophie in Hegels Philosophie des Rechts*, Frankfurt/M., 1968.

_____, "Die Entwicklung des Begriffs in Hegels Rechtsphilosophie", in: E. Angehrn etc. (Hg.), *Dialektischer Negativismus*, Frankfurt/M., 1992.

_____, "Zum Theorietypus der Hegelschen Rechtsphilosophie", in:

D. Henrich/R.-P. Horstmann (Hg.), *Hegels Philosophie des Rechts.*

_____, "Zur Logik der Phänomenologie", in: H. Fr. Fulda/D. Henrich (Hg.), *Materialien zu Hegels 'Phänomenologie des Geistes'*.

H. Fr. Fulda/D. Henrich (Hg.), *Materialien zu Hegels 'Phänomenologie des Geistes'*, Frankfurt/M., 1973.

H.-G. Gadamer, "Hegels Dialektik des Selbstbewußtseins", in: H. Fr. Fulda/D. Henrich (Hg.), *Materialien zu Hegels 'Phänomenologie des Geistes'*.

_____, *Wahrheit und Methode*, Tübingen, 1986.

J. W. von Goethe, *Wilhelm Meisters Lehrjahre*, München, 1979.

J. Habermas, 『탈 형이상학적 사유』(*Nach metaphysisches Denken*), 이진우 역, 문예출판사, 2000.

_____, "Arbeit und Interaktion", in: Ders., *Technik und Wissenschaft als >Ideologie<*, Frankfurt/M., 1968.

_____, *Faktizität und Geltung.* Beiträge zur Diskurstheorie des Rechts und des demokratischen Rechtsstaats, Frankfurt/M., 1992.

_____, *Theorie und Praxis*, Frankfurt/M., 1971.

H. L. A. Hart, *The Concept of Law*, Oxford, 1961.

K. Hartmann, *Grundzüge der Ontologie Sartres in ihrem Verhältnis zu Hegels Logik*, Berlin, 1963.

G. W. F. Hegel, *Gesammelte Werke*, Hg. von der Rheinisch-Westfälischen Akademie der Wissenschaften, Hamburg, 1968 ff.(GW로 약기)

_____, *Werke in 20 Bänden*, Frankfurt/M., 1986.

_____, 『믿음과 지식』(*Glauben und Wissen*, 1802), 황설중 역, 아카넷, 2003.

_____, 『인륜성의 체계』(*System der Sittlichkeit*, 1802~1803), 김준수 역, 울력, 2007.

_____, 『자연법』 (*Über die wissenschaftlichen Behandlungsarten des Naturrechts*, 1803), 김준수 역, 한길사, 2004.

_____, *Bewußtseinslehre für die Mittelklasse* (1808/1809), in: Werke 4.(『의식론 I』)

_____, *Bewußtseinslehre für die Mittelklasse* (1809 ff.), in: Werke 4.(『의식론 II』)

_____, *Der Geist des Christentums und sein Schicksal* (1798~1800), in: Werke 1.(「그리스도교의 정신과 그 운명」)

_____, *Die Vernunft in der Geschichte*, Hg. von J. Hoffmeister, Hamburg, 1955.(『역사 속의 이성』)

_____, *Differenz des Fichte'schen und Schelling'schen Systems der Philosophie* (1801), in: GW 4.(『차이』)

_____, *Entwürfe über Religion und Liebe* (1797~1798), in: Werke 1.(「종교와 사랑」)

_____, *Enzyklopädie der philosophischen Wissenschaften im Grundrisse* (1817), GW 13.(『하이델베르크 철학 백과전서』)

_____, *Enzyklopädie der philosophischen Wissenschaften im Grundrisse* (1827), GW 19.(『베를린 철학 백과전서』)

_____, *Enzyklopädie der philosophischen Wissenschaften im Grundrisse* (1830), Werke 8~10.(『철학 백과전서』)

_____, *Grundlinien der Philosophie des Rechts* (1820), Werke 7.(『법철학』)

_____, *Jenaer Systementwürfe I*: Das System der speculativen Philosophie. Fragmente aus Vorlesungsmanuskripten zur Philosophie der Natur und des Geistes (1803~1804), GW 6.(『체계 기획 I』)

_____, *Jenaer Systementwürfe II*: Logik, Metaphysik, Naturphilosophie (1804~1805), GW 7.(『체계 기획 II』)

_____, *Jenaer Systementwürfe III*: Naturphilosophie und Philosophie des Geistes. Vorlesungsmanuskript zur Realphilosophie (1805~1806), GW 8.(『체계 기획 III』)

_____, *Phänomenologie des Geistes,* Werke 3.(『정신현상학』)

_____, "Unveröffentlichte Diktate aus einer Enzyklopädie-Vorlesung Hegels", Hg. von Fr. Nicolin, in: *Hegel-Studien* Bd. 5, Bonn, 1969.

_____, *Wissenschaft der Logik I/II* (1831), Werke 5-6 (『논리학 I』/『논리학 II』).

E. Heller, *Die Theorie der Interpersonalität im Spätwerk J. G. Fichtes,* München, 1974.

D. Henrich, "Fichtes ursprüngliche Einsicht", in: D. Henrich/H. Wagner (Hg.), *Subjektivität und Metaphysik,* Frankfurt/M., 1966.

_____, "Logische Form und reale Totalität", in: D. Henrich/R.-P. Horstmann (Hg.), *Hegels Philosophie des Rechts.*

D. Henrich/R.-P. Horstmann (Hg.), *Hegels Philosophie des Rechts,* Stuttgart, 1982.

Th. Hobbes, *Leviathan,* The English Works of Thomas Hobbes Vol. III, Ed. by W. Molesworth, London, 1651.

O. Höffe, *Politische Gerechtigkeit,* Frankfurt/M., 1987.

J. Hoffmeister (Hg.), *Briefe von und an Hegel,* Bd. 1, Hamburg, 1952.

A. Honneth, *Kampf um Anerkennung,* Frankfurt/M., 1992.

_____, "Kampf um Anerkennung. Zu Sartres Theorie der Intersubjektivität", in: T. König (Hg.), *Sartre,* Reinbek/Hamburg, 1988.

R.-P. Horstmann, "Probleme der Wandlung in Hegels Jenaer Systemkonzeption", in: *Philosophische Rundschau* 19. Jg., Tübingen, 1972.

V. Hösle, *Hegels System,* 2 Bde., Hamburg, 1988.

E. Husserl, *Cartesianische Meditationen und Pariser Vorträge,* Hg. von S. Strasser, Husserliana Bd. I, Haag, 1973.

_____, *Ideen zu einer reinen Phänomenologie und phänomeno-*

logischen Philosophie, 2. Buch, Hg. von M. Biemel, Husserliana Bd. IV, Haag, 1952.

J. Hyppolite, 『헤겔의 정신현상학 I』 (*Genèse et Structure de la Phénomenologie de l'Esprit de Hegel*), 이종철 · 김상환 역, 문예출판사, 1986.

K.-H. Ilting, "Anerkennung. Zur Rechtfertigung praktischer Sätze", in: G. G. Grau (Hg.), *Probleme der Ethik*, Freiburg i. Br., 1972.

_____, "Die Struktur der Hegelschen Rechtsphilosophie", in: M. Riedel (Hg.), *Materialien zu Hegels Rechtsphilosophie* Bd. 2.

_____, "Einleitung. Die ‹Rechtsphilosophie› von 1820 und Hegels Vorlesungen über Rechtsphilosophie", in: Ders. (Hg.), *G. W. F. Hegel. Vorlesungen über Rechtsphilosophie*, Bd. 1, Stuttgart-Bad Cannstatt, 1973.

_____, "Rechtsphilosophie als Phänomenologie des Bewußtseins der Freiheit", in: D. Henrich / R.-P. Horstmann (Hg.), *Hegels Philosophie des Rechts*.

G. Jellinek, *Allgemeine Staatslehre*, Berlin, 1914.

I. Kant, *Immanuel Kant Werkausgabe*, Hg. von W. Weischedel, Frankfurt / M., 1977.

_____, *Die Metaphysik der Sitten*, Werkausgabe Bd. VIII.(『윤리형이상학』)

_____, *Grundlegung der Metaphysik der Sitten*, in: Werkausgabe Bd. VII.(『윤리형이상학 정초』)

_____, *Kritik der praktischen Vernunft*, in: Werkausgabe Bd. VII.(『실천이성비판』)

_____, *Zum ewigen Frieden*, in: Werkausgabe Bd. XI.(『영구평화론』)

G. A. Kelly, "Bemerkungen zu Hegels 'Herrschaft und Knechtschaft'", in: H. Fr. Fulda / D. Henrich (Hg.), *Materialien zu Hegels 'Phänomenologie des Geistes'*.

K. Kennedy, 『진실을 외쳐라』, 이순희 역, 뿌리와 이파리, 2006.

Th. Kesselring, *Die Produktivität der Antinomie*, Frankfurt/M., 1984.

Oh-Hyun Kim, *Ich, Freiheit und Moral.* Eine Kritik der traditionellen Konzeption am Beispiel von J. G. Fichte, Freie Universität Berlin, 1993.

H. Kimmerle, *Das Problem der Abgeschlossenheit des Denkens*, Bonn, 1982.

A. Kojève, 『역사와 현실 변증법—헤겔 철학의 현대적 접근』(*Introduction à la Lecture de Hegel*), 설헌영 역, 한벗, 1981.

R. Kroner, *Von Kant bis Hegel*, Tübingen, 1961.

J. Lacan, 『욕망 이론』, 권영택 편, 문예출판사, 1994.

______, *The Seminar of Jacques Lacan*, Ed. by J.-A. Miller, Book I, New York-London, 1991.

P. Landau, "Hegels Begründung des Vertragsrechts", in: M. Riedel (Hg.), *Materialien zu Hegels Rechtsphilosophie* Bd. 2.

R. Lauth, "Der Begriff der Geschichte bei Fichte", in: *Philosophisches Jahrbuch* 72, 1965.

E. Levinas, 『시간과 타자』(*Le Temps et L'Autre*), 강영안 역, 문예출판사, 1996.

G. Lukács, *Der junge Hegel*, 2 Bde., Frankfurt/M., 1973.

H. Marcuse, *Eros and Civilization*, Boston, 1966.

______, *Reason and Revolution*, Boston, 1960.

G. H. Mead, *Mind, Self & Society*, Ed. by Ch. W. Morris, Chicago, 1934.

M. Merleau-Ponty, *Sense and Non-Sense* (*Sens et non-sens*), trans. by H. L. Dreyfus/P. A. Dreyfus, Northwestern Univ., 1964.

Th. Nagel, 「성도착 행위」, 제임스 레이첼즈 편, 『사회 윤리의 제문제』, 황경식 외 역, 서광사, 1983.

H. Ottmann, "Hegelsche Logik und Rechtsphilosophie", in: D. Henrich/R.-P. Horstmann (Hg.), *Hegels Philosophie des Rechts.*

_____, *Individuum und Gemeinschaft bei Hegel*, Bd. 1: Hegel im Spiegel der Interpretation, Berlin-New York, 1977.

B. Pascal, 『팡세』 (*Pensées*), 이환 역, 민음사, 2003.

R. B. Pippin, "What is the Question for which Hegel's Theory of Recognition is the Answer?", in: *European Journal of Philosophy*, Vol. 8, 2000.

O. Pöggeler, "Die Komposition der Phänomenologie des Geistes", in: H. Fr. Fulda/D. Henrich (Hg.), *Materialien zu Hegels 'Phänomenologie des Geistes'*.

_____, *Hegels Idee einer Phänomenologie des Geistes*, Freiburg-München, 1973.

L. B. Puntel, "Darstellung, Methode und Struktur", *Hegel-Studien* Beih. 10, Bonn, 1973.

J. Rawls, *A Theory of Justice*, Cambridge-Massachusetts, 1971.

M. Riedel, "Einleitung", in: Ders. (Hg.) *Materialien zu Hegels Rechtsphilosophie* Bd. 1.

_____, "Natur und Freiheit in Hegels Rechtsphilosophie", in: Ders. (Hg.), *Materialien zu Hegels Rechtsphilosophie* Bd. 2.

_____, *Studien zu Hegels Rechtsphilosophie*, Frankfurt/M., 1969.

_____ (Hg.), *Materialien zu Hegels Rechtsphilosophie*, 2 Bde., Frankfurt/M., 1975.

J. Ritsert, "Die Dialektik der Anerkennung in Hegels 'Herr und Knecht'", in: Ders., *Wissenschaftsanalyse als Ideologiekritik*, Frankfurt/M., 1975.

_____, *Das Bellen des toten Hundes*, Frankfurt/M., 1988.

J. Ritter, *Metaphysik und Politik*. Studien zu Aristoteles und Hegel, Frankfurt/M., 1977.

P. Rohs, *Johann Gottlieb Fichte*, München, 1991.

K. Rosenkranz, *Hegels Leben*, Berlin, 1844.

Fr. Rosenzweig, *Hegel und der Staat*, 2 Bde., München-Berlin, 1920.

J.-J. Rousseau, "Discours sur l'Origine de l'Inégalité parmi les

Hommes", in: C. E. Vaughan (Ed.), *The political Writings of Jean Jacques Rousseau*, Vol. 1, Cambridge, 1915.

J.-P. Sartre, *Das Sein und das Nichts* (*L'être et le néant*), Hg. von T. König, Reinbek / Hamburg, 1993.

F. W. J. Schelling, *Neue Deduktion des Naturrechts*, in: Ausgewählte Werke Bd. 6, Darmstadt, 1980.

_____ , *System des transcendentalen Idealismus*, in: Ausgewählte Werke Bd. 7, Darmstadt, 1982.

H. Schnädelbach, "Zum Verhältnis von Logik und Gesellschaftstheorie bei Hegel", in: O. Negt (Hg.), *Aktualität und Folgen der Philosophie Hegels*, Frankfurt / M., 1970.

W. Schulz, *Johann Gittlieb Fichte.* Vernunft und Freiheit, Pfullingen, 1962.

L. Siep, 「자아의 절대적 자립성—요한 고틀리프 피히테」 (유헌식 역), 『철학의 거장들 3』, 한길사, 2001.

_____ , *Anerkennung als Prinzip der praktischen Philosophie*, Freiburg-München, 1979.

_____ , "Der Kampf um Anerkennung", in: *Hegel-Studien* Bd. 9, Bonn, 1974.

_____ , *Hegels Fichtekritik und die Wissenschaftslehre von 1804*, Freiburg-München, 1970.

_____ , "Intersubjektivität, Recht und Staat in Hegels ‚Grundlinien der Philosophie des Rechts'", in: D. Henrich / R.-P. Horstmann (Hg.), *Hegels Philosophie des Rechts.*

_____ , *Praktische Philosophie im Deutschen Idealismus*, Frankfurt / M., 1992.

_____ , "Zur Dialektik der Anerkennung bei Hegel", in: *Hegel-Jahrbuch* 1974, Köln, 1975.

P. G. Stillman, "Person, Property and Civil Society in the *Philosophy of Right*", in: D. Ph. Verene (Ed.), *Hegel's social and political thought*, New Jersey-Sussex, 1980.

Ch. Taylor, *Multiculturalism and "The Politics of Recognition"*, Princeton, 1992.

M. Theunissen, "Die verdrängte Intersubjektivität in Hegels Philosophie des Rechts", in: D. Henrich / R.-P. Horstmann (Hg.), *Hegels Philosophie des Rechts.*

_____, *Hegels Lehre vom absoluten Geist als theologisch-politischer Traktat*, Berlin, 1970.

_____, *Sein und Schein*, Frankfurt / M., 1980.

K. V. Traver, "Die Konstitution des Ich in der Interpersonalität gemäß der Wissenschaftslehre von 1801/02", in: *Prima Philosophia* 8 (4), 1995.

H. J. Verweyen, *Recht und Sittlichkeit in J. G. Fichtes Gesellschaftslehre*, Freiburg-München, 1975.

W. Weischedel, *Der frühe Fichte*, Stuttgart, 1973.

A. Wildt, *Autonomie und Anerkennung.* Hegels Moralitätskritik im Lichte seiner Fichte-Rezeption, Stuttgart, 1982.

R. R. Williams, *Hegel's Ethics of Recognition*, Berkeley-Los Angeles-London, 1997.

_____, *Recognition.* Fichte and Hegel on the Other, Albany, 1992.

이 책의 각 장은 저자의 다음 글들을 참조했다.

제1장
「피히테의 승인이론 — 칸트의 실천철학에 대한 비판적 수용과 승인이론의 발생」, 『대동철학』 제36집, 대동철학회, 2006.

제2장
「피히테의 승인이론의 구조」, 『헤겔연구』 제21호, 한국헤겔학회, 2007.

제3장
「승인과 사회 윤리 — 헤겔의 승인이론에 의거한 현대적 인륜성의 모색」, 『철학과 합리성』(사회와 철학 3), 사회와 철학 연구회, 2002.

제4장
「헤겔의 승인이론 —예나 중기 정신철학적 초고들을 중심으로」, 『철학연구』 제51집, 철학연구회, 2000.

제5장
「승인 개념 그리고 스토아적 자기 의식과 보편적 자기 의식 — 『정신현상학』과 『엔치클로페디』에서의 승인 이론의 차이」, 『헤겔연구』 제12호, 한국헤겔학회, 2002.

제6장
「헤겔 『법철학』의 구조논리에 대한 비판적 고찰 — '추상법'에서의 상호주관성 문제를 중심으로」, 『철학연구』 제48집, 철학연구회, 2000.

승인이론

독일 관념론의 상호주관성 이론 연구

1판 1쇄 인쇄 2015년 11월 20일
1판 1쇄 발행 2015년 11월 22일

지은이 김준수
발행인 강영선
발행처 도서출판 용의 숲
주소 서울시 마포구 서교동 361-9 3F
전화번호 02-338-5113
팩시밀리 031-914-5113
휴대폰 010-9177-8210
E-mail dragonpc@hanmail.net
출판등록 2004년 3월 29일 제 313-2004-00078호

주문처 한국출판협동조합
전화 070-7119-1741 | 팩스 031-944-8234~6

ISBN 978-89-93703-37-5 93160

이 저서는 2007년 정부(교육과학기술부)의 재원으로 한국연구재단의 지원을 받아 수행된 연구임.(NRF-2007-361-AM0059)